相続相談
法律 税務 の
実践対応

<small>弁護士・税理士</small>
山名隆男 編著

<small>弁護士</small>
山崎 笑 著

<small>弁護士・税理士</small>
藤井宣行

清文社

はじめに

　本書は、相続の法律並びに税務の問題に日々対応している実務家に向けて執筆したものです。相続の案件は、端緒から最終解決までの過程において、法律・税務・登記などの異質な問題への対応を迫られます。実務家は、その過程の全部又は一部にかかわります。それが各士業の業務の内容です。その業務を遂行するなかで判断と対処に迷うことがありますが、その結果は依頼者の利益に直接影響します。また、実務家の業務は「相談」から始まります。依頼者や一般相談者だけでなく、実務家仲間からのものも含めて、常に対応を迫られるのが「相談」「質問」です。事務処理にしても相談にしても、適正な判断、適切な助言が求められます。これら実務家の避けられない緊張やリスクを知る者が本書を執筆、編集しました。「われわれ実務家が望むものを」というのが本書のコンセプトです。

　弁護士は、一般的には、相続税法に精通しているとは言い切れません。税理士は、民法を体系的に学ぶ機会が少なかったことに不安があります。司法書士は、相続の相談をもっとも受けることが多い職種と思われますが、相続登記以外の問題や税務のことになると自信を持って対応できるとは言い切れません。本書は、各士業が直面する可能性のあるリスク問題（難問という意味ではありません）について対処方法を考えるためのものです。

　本書は、実務の現場で実際に役立つことを目的とし、それを優先した結果、あらゆるアプローチからの利用を可能としました。本書が、実務について間もない若手実務家の頼もしい手引きになることを願うとともに、読者からのご叱責やご助言を得て、より内容の充実したもの、より使いやすいものへと進化することを願っております。

　最後になりますが、本書の刊行までには、清文社の中村麻美さんに多大のご尽力とご協力をいただきました。心より御礼申し上げます。

2015年7月

　　　　　　　　　　　　　　　　　　　　執筆者代表　山名　隆男

本書の構成

　本書は「精選Q&A 実務家のための相続相談」「基本解説」「実務問答NOTE」「要点解説」「索引兼用語解説」「図表一覧」で構成しています。相互はリンクしているとともに、それぞれを補完しています。

① 精選Q&A 実務家のための相続相談

　冒頭に配置していますが、本書はいわゆる "Q&A解説書" とは趣を異にし、応用編というべき、実際にあった相談や、だれが受けても不思議ではない相談事案を掲載しました。もちろん個人差はあるでしょうが、回答に窮することがありそうな相談を選んでいます。結論だけでなく解説を付けたのは、解答の射程幅を拡げて応用ができることに資するためです。本書の基幹となるのは、次の「基本解説」で、相続相談に対応する際に必要となる知識はここで述べられる内容が中心となりますが、この「精選Q&A」は基本解説の応用例であり、また、基本解説で足りないところを埋めるものでもあります。

- 関連する「基本解説」のタイトルと番号をあげています。「基本解説」との関連で対応幅を拡げることができます。
- 関連する「要点解説」を参考としてあげています。重要論点の解説部分であるため、相談の核心にもなりえます。
  ［例］　▶遺贈についての留意点

② 基本解説

　相続に係る民法と税法をできるだけ総合的に解説し、本書の基幹に据えているのが基本解説です。解説は原則2頁以内（超える場合は偶数頁）に収めています。文中の**太字の用語**は、「索引兼用語解説」で取り上げているものです。法律用語・税法用語の意味を知ることは、「基本解説」の理解に不可欠です。同時に、それだけで疑問が解消することもあります。もちろん、知っている用語について索引を繰る必要はありません。

　また、参考として「要点解説」や「図表一覧」を適宜あげているので、本文を補完しながら読み進めることも可能です。

③ 実務問答 NOTE

　実務家からの相談事例を集約したものです。「精選Q＆A」とは異なって、実務家からあった質問・相談と応答の蓄積分を、質疑に対する結論とその思考がわかる程度にまとめたものです。やはり「基本解説」の応用例です。「自分の疑問は他人の疑問」ですが、「他人の常識は自分の難問」ということもあります。それぞれの業務によって"常識"と"難問"が同じとは限りません。

④ 要点解説

　相続に関する固有の重要論点を解説しています。必要に応じて「基本解説」等に引用されています。本書全体の理解を深める一助となる"検索"の対象にもなっています。

⑤ 索引兼用語解説

　用語検索ができることはもとより必須ですが、検索対象になる法律用語、税法用語について、「基本解説」の理解に必要と思われる程度の解説をしています。検索は、「基本解説」の番号（例　1-1-1）だけでなく、必要に応じて、その検索用語が使われている解説部分を参照するための「基本解説」の番号、関連する「精選Q＆A」「実務問答NOTE」の項番号、「図表一覧」の表番号、「要点解説」の標題などを付して、検索した用語に係る法律・税務情報を縦横に参照できるようにしました。

⑥ 図表一覧

　文章による解説では把握が難しいもの、複雑なものを図解しています。本文で引用できるスペースがないのと、繰り返しの引用、参照の便宜を考えて巻末にまとめて収録しました。本文にあるものと一部は重複します。

　「基本解説」等で参考としてあげる際は、「巻末第○表」と表記しています。

著者作成による本書のデジタル版を「試供版」として無償で提供します。
清文社ホームページにアクセスして、ダウンロードすることができます。

デジタル版は、本書の内容をシンプルなアプリケーションに落とし込んでいます（ファイル形式：HTML HELP ファイル／.chm 形式）。リンク機能とポップアップウィンドウでの解説参照などの便利さを追求する試みです。

試供版の提供する内容はサンプルとして本書の一部に限定しており、本書の内容、コンセプトなどを知っていただくことができます。今回のデジタル版は、検索や参照をより機能的に実行する試みですが、書籍には書籍の利点があります。本書に代わるものではなく、みなさまのご意見を得て、将来的には本書を補完するものとして完成することを考えています。

[ダウンロード方法]

① 清文社ホームページにアクセスしてください。
　　➡ URL：http://www.skattsei.co.jp/
② トップページ下部にある、本書の「デジタル版（試供版）ダウンロード」のバナーをクリックしてください。
③ 表示されたページ上の「ダウンロード」のボタンをクリックしてください。
④ 本アプリケーションが圧縮ファイル（.zip 形式）でダウンロードされます。
　　圧縮ファイルの解凍には以下のパスワードが必要になります。
　　Password：**ap45315w**

※ 本アプリケーション（試供版）は著者作成によるもので、無償での提供となります。お使いのパソコンの設定等により、本アプリケーションが正常に動作しない場合にも、サポートは行っておりません。
※ 本サービスを使用することで直接・間接を問わずいかなる損害が生じた場合にも、著作権者および弊社（㈱清文社）は一切の責任を負いません。
※ 本サービスや内容に関するお問合せ等は、本アプリケーションに記載のメールアドレスまでお願いいたします。

目次 相続相談 法律・税務 の実践対応

はじめに

本書の構成

精選Q&A 実務家のための相続相談
―実務で直面する難問とその対処・論点と解答要領

1 未分割遺産にかかわる問題　　1
- 1-Q1　申告期限までに遺産分割ができない場合の対応　　1
- 1-Q2　遺産分割ができないので税金が払えない　　3
- 1-Q3　現金だけの先行遺産分割　　4
- 1-Q4　配偶者税額軽減特例が適用できる場合　　5
- 1-Q5　2次相続の相続人による1次相続の遺産分割　　6
- 1-Q6　遺産現金の相続分相当額の引渡請求　　7
- 1-Q7　相続開始前に引き出した預貯金の遺産性　　8
- 1-Q8　特別代理人を選任しての遺産分割　　9

2 遺産預貯金についての銀行等の対応にかかる問題　　10
- 2-Q1　遺産預貯金の解約・払戻請求　　10
- 2-Q2　遺言書で取得した預貯金の解約・払戻請求　　12
- 2-Q3　預金の取引履歴の開示請求　　13
- 2-Q4　遺言執行者が指名されている遺言書　　14

3 相続税の申告書作成についての問題　　15
- 3-Q1　共同で相続税の申告ができない場合の申告書　　15
- 3-Q2　共同相続人の申告書の閲覧　　16
- 3-Q3　他の相続人にしてもらった申告書の閲覧　　17

①

4	相続財産の処分、変動と遺産分割、申告	18
4-Q1	分割時に存在しない相続財産の遺産分割	18
4-Q2	未分割遺産の譲渡と所得税の申告	19
4-Q3	相続人間での相続分の譲渡	20
4-Q4	相続開始前に銀行から払戻しを受けた現金の性質	22
4-Q5	遺品の整理と相続の承認効果	24
4-Q6	前相続と後相続の熟慮期間の起算点	25

5	遺言書についての問題	26
5-Q1	遺言執行者がいる場合の遺言執行	26
5-Q2	遺言執行者が指名されている遺言目的財産の分割	27
5-Q3	遺言無効の主張と遺留分減殺請求	28
5-Q4	無効遺言が死因贈与と認められる要件	29

6	遺留分減殺請求にかかわる問題	30
6-Q1	遺留分減殺請求の阻止	30
6-Q2	遺留分減殺請求により取得した財産と特例適用	32
6-Q3	遺留分減殺請求による取得財産と特例の適用	33

7	その他	35
7-Q1	遺産分割できるまでの収受賃料の申告	35
7-Q2	相続開始前に相続の放棄をさせる方法	37
7-Q3	相続開始前の遺産分割	38
7-Q4	遺族年金は課税されるのか	39
7-Q5	祭祀主催者と相続分優遇	40
7-Q6	固定資産評価証明書にない家屋の評価	41

基本解説

第1章　相続人・相続分・相続権と相続税
第1節　相続の開始　　44
- 1-1-1　相続の開始と相続税　　44
- 1-1-2　失踪宣告と認定死亡　　46

第2節　相続人と相続税　　48
- 1-2-1　相続税の納税義務者　　48
- 1-2-2　法定相続人と相続税　　50
- 1-2-3　養子と相続税　　52
- 1-2-4　胎児と相続税　　54
- 1-2-5　代襲相続人と相続税法　　56
- 1-2-6　相続人の不存在と相続税　　58
- 1-2-7　半血兄弟姉妹と嫡出でない子（法改正による経過処置）　　60

第3節　相続権　　62
- 1-3-1　相続分の意義と問題点　　62
- 1-3-2　相続の順位と相続障害　　64
- 1-3-3　相続の放棄と相続税　　66
- 1-3-4　特別受益と具体的相続分　　68
- 1-3-5　特別受益に係る課税上の諸問題　　72
- 1-3-6　寄与分と相続税　　76

第2章　相続税の課税事由
第1節　相続又は遺贈　　80
- 2-1-1　相続又は遺贈と相続税　　80
- 2-1-2　包括遺贈と特定遺贈　　82
- 2-1-3　相続させる遺言　　84
- 2-1-4　死因贈与　　86
- 2-1-5　遺贈の放棄と相続税　　88

第2節　遺留分減殺請求　　　　　　　　　　　　　90

- 2-2-1　遺留分権利者と遺留分割合　　　　　　　90
- 2-2-2　遺留分の算定　　　　　　　　　　　　　92
- 2-2-3　遺留分減殺請求と相続税　　　　　　　　94
- 2-2-4　生前贈与の遺留分減殺請求と相続税・贈与税　96

第3章　相続財産

第1節　相続財産の範囲と課税価格　　　　　　　102

- 3-1-1　相続財産(1)　課税相続財産と課税価格　　102
- 3-1-2　相続財産(2)　債権と課税価格　　　　　　104
- 3-1-3　相続財産(3)　特殊な債権　　　　　　　　106

第2節　財産の種類と相続税　　　　　　　　　　110

- 3-2-1　不動産の評価額(1)　土地・家屋の評価　　110
- 3-2-2　不動産の評価額(2)　貸地、貸家及び借地権、借家権　114

第3節　みなし相続財産　　　　　　　　　　　　118

- 3-3-1　生命保険金等　　　　　　　　　　　　　118
- 3-3-2　死亡退職手当金等　　　　　　　　　　　120
- 3-3-3　生命保険契約・定期金に関する権利　　　124
- 3-3-4　特別縁故者が分与された財産　　　　　　130

第4章　相続税の計算

第1節　課税遺産総額の計算　　　　　　　　　　136

- 4-1-1　取得財産及び課税価格と「課税価格の合計額」　136
- 4-1-2　遺産に係る基礎控除額と課税遺産総額　　138

第2節　課税価格の加減事由と計算　　　　　　　142

- 4-2-1　生命保険金、死亡退職手当金の非課税限度額　142
- 4-2-2　3年以内贈与の加算　　　　　　　　　　144
- 4-2-3　相続時精算課税に係る贈与財産加算　　　148
- 4-2-4　小規模宅地等の課税価格計算特例　　　　152

| 4-2-5 | 債務控除 | 160 |

第3節　相続税額の計算　　　　　　　　　　162
| 4-3-1 | 相続税の総額と各自の相続税額 | 162 |
| 4-3-2 | 遺産未分割と相続税の計算 | 164 |

第4節　遺産分割と相続税　　　　　　　　　　166
4-4-1	遺産分割と相続税の関係	166
4-4-2	代償分割	168
4-4-3	換価分割	170
4-4-4	一部分割と相続税の申告	172
4-4-5	債務分割と相続税	174
4-4-6	遺産分割のやり直しと相続税	176
4-4-7	相続分の譲渡	178

第5節　相続税額の加算と控除　　　　　　　　180
4-5-1	相続税額計算に係る加算と控除	180
4-5-2	2割加算（兄弟姉妹等加算）	182
4-5-3	配偶者の税額軽減特例	184
4-5-4	未成年者控除	190
4-5-5	障害者控除	192
4-5-6	相次相続控除	194

第5章　相続税の申告

第1節　期限内申告　　　　　　　　　　　　　198
| 5-1-1 | 相続税の申告書提出義務者と提出期限 | 198 |

第2節　期限後申告等　　　　　　　　　　　　200
| 5-2-1 | 期限後申告 | 200 |
| 5-2-2 | 修正申告 | 202 |

第3節　更正の請求の特則　　　　　　　　　　206
| 5-3-1 | 相続税の更正の請求 | 206 |
| 5-3-2 | 遺産分割と更正の請求 | 208 |

| 5-3-3 | 相続人の変動と更正の請求 | 210 |

◆実務相談NOTE 213
　―自分の疑問は他人の疑問・他人の常識は自分の疑問

▶要点解説 235

●索引兼用語解説 257

○図表一覧 285

―― 凡例 ――

相法	相続税法
相令	相続税法施行令
相規	相続税法施行規則
相基通	相続税法基本通達
民法	民法
所法	所得税法
所基通	所得税基本通達
通法	国税通則法
法法	法人税法
措法	租税特別措置法
措令	租税特別措置法施行令
承継円滑化法	中小企業における経営の承継の円滑化に関する法律
判時	判例時報
判タ	判例タイムス
例集	最高裁判所判例集
金法	金融法務事情
家月	家庭裁判月報
税資	税務訴訟資料

[例]
相法1①一　　相続税法第1条第1項第1号

精選 Q&A
実務家のための相続相談

実務で直面する難問とその対処
論点と解答要領

　法律相談の事案は、その事案ごとに個別の事情があります。Q＆A形式の参考書は強い味方ですが、残念ながら、それが前提としている事実関係等は相談事案と同じではないのが普通です。適切な回答のためには、その事案の論点にかかわる法律と税務の知識だけでなく、実務の情報が必要です。答えるための理屈を理解していることが対応の幅を拡げることになります。アンサーに解説を付するのは理屈の理解に資するためです。

1　未分割遺産にかかわる問題

1 – Q1　申告期限までに遺産分割ができない場合の対応

　相続税の申告期限が近いのですが、遺産分割ができる見込みがありません。遺産分割ができれば相続税はかからないと聞いたのですが、申告期限にはどうすればよいのでしょう。

A　相続税の申告は、各相続人が法定相続分の割合で取得したしたものとして申告します。その場合、各種特例の適用がありませんが、後に遺産分割ができた時に適用を受けられるように手続きをしておくことが大事です。

　遺産分割が相続税の法定申告期限までに合意できなければ**法定相続分**で相続財産を取得したものとして（包括受遺者も含めて）申告します。これは回避できません。特例（配偶者税額軽減特例、小規模宅地等の課税価格計算特例）の適用があり得る事案の場合は、いずれ遺産分割ができれば税金の還付は受けられます。また、それぞれの取得財産の価額に応じた税額に**是正**されます。まず「申

告後3年以内の分割見込書」を税務署に提出するのを忘れないようにしてください。期限から3年以内に遺産分割ができれば、特例の適用が認められているからです（分割見込書を提出していることが要件です。相規1の6③二）。3年の期限が到来しても、裁判中や調停で話合い中など相応の理由があれば税務署長の許可を得て延長することも可能です（相法19の2②括弧書き、措法69の4④括弧書き）。

4-4-1 遺産分割と相続税の関係
4-3-2 遺産未分と相続税の申告

被相続人の氏名 _____

申告期限後3年以内の分割見込書

相続税の申告書「第11表（相続税がかかる財産の明細書）」に記載されている財産のうち、まだ分割されていない財産については、申告書の提出期限後3年以内に分割する見込みです。
なお、分割されていない理由及び分割の見込みの詳細は、次のとおりです。

1 分割されていない理由

2 分割の見込みの詳細

3 適用を受けようとする特例等
　(1) 配偶者に対する相続税額の軽減（相続税法第19条の2第1項）
　(2) 小規模宅地等についての相続税の課税価格の計算の特例
　　　（租税特別措置法第69条の4第1項）
　(3) 特定計画山林についての相続税の課税価格の計算の特例
　　　（租税特別措置法第69条の5第1項）
　(4) 特定事業用資産についての相続税の課税価格の計算の特例
　　　（所得税法等の一部を改正する法律（平成21年法律第13号）による
　　　改正前の租税特別措置法第69条の5第1項）

（資4-21-A4統一）

1−Q2 遺産分割ができないので税金が払えない

遺産分割ができません。小規模宅地等の税金を軽減できる特例が適用できれば相続税がかからないのに、このままでは税金を払わねばなりません。いまだ相続財産を分けてもらっていないのに、税金が支払えない相続人はどうすればよいのでしょう。

A 相続財産を取得していなくとも、課税案件であれば、相続税の納税義務は発生します。

相続税が支払えないという相談は、法律相談でも税務相談でもありません。対応しかねます。ただ、次のような助言はできると思います。

① 遺産のなかに預貯金があれば、**相続分**相当額の払戻請求は可能です。これについては「2−Q1」で具体的に論じています。

② 配偶者が取得する分だけでも先行して一部分割ができれば、**配偶者税額軽減特例**の適用は受けられます。**小規模宅地等の課税価格計算特例**についても、適用を受けられる相続人に該当土地を取得させる一部分割が考えられます。相続税の総額が減額することは、相続人の全員にとってメリットがあります。

③ 相続税の納税のためだけに限定して、相続人が全員で遺産の一部を換金して済ませます。その後で落ち着いて遺産分割の話合いをします。

④ 特例の適用を受けるためとはいえ、とりあえず今だけの遺産分割をするのは危険です。全員の合意があっても、後日の「遺産分割のやり直し」は、税法上は「遺産分割でない」と割り切るべきです。法的には、合意解除と新たな遺産分割の合意は有効にできるのですが、税法上は新たな権利関係に対する課税がされることになります。また、不動産などを共有とする遺産分割は遺産分割の先送りに過ぎません。

4-4-4　一部分割と相続税の申告
4-4-6　遺産分割のやり直しと相続税
▶ 共有化分割は危険

1 − Q3　現金だけの先行遺産分割

現金だけでも先に遺産分割をすることはできないのでしょうか。

A　一部分割はできます。現金は分割がしやすい遺産です。

　遺産分割は一部を先行してすることができます。相続税の申告書は、分割済遺産と未分割遺産とを別々に記載することになっていますが（第11表）、どちらの場合でも**課税遺産総額**は同じです。現金の分割ができれば、配偶者が取得した金額については**配偶者税額軽減特例**（相法19の2）の適用が受けられます（1−Q4参照）。

　4-4-4　一部分割と相続税の申告
　　▶ 遺産預金の払戻しと配偶者軽減特例の適用

1－Q4 配偶者税額軽減特例が適用できる場合

遺産分割未了のまま相続税の法定申告期限に申告せざるを得ない場合でも、配偶者の税額軽減特例（相法19の2）の適用が受けられる例外のことを教えてください。

A 配偶者が確定的に取得している財産、つまり遺産分割の対象にならない配偶者の取得財産であれば、本特例の適用を受けることができます。払戻預貯金、受取人指定の生命保険金などです。

　この特例は、遺産分割により配偶者が取得している財産の課税価格について適用があるのですから、もはや分割を要しない形で配偶者が取得している財産であれば適用があります。また、それが要件です。したがって、遺産分割の対象にならない相続財産であれば該当します。配偶者が受取人に指定されている死亡保険金は該当します（保険金が「みなし相続財産」の場合）。配偶者が法定相続分について払戻しを受けた預貯金の金額（2－Q1参照）は、これに該当します（平12・6・30裁決　例集59－24）。

　4-5-3　配偶者の税額軽減特例
　4-4-4　一部分割と相続税の申告
　▶ 遺産預金の払戻しと配偶者軽減特例の適用

1－Q5　2次相続の相続人による1次相続の遺産分割

父が亡くなって（1次相続）、その遺産分割ができないうちに母が亡くなりました（2次相続）。子どもらで相談していますが、今からでも1次相続の遺産分割で母が遺産の大部分を相続したという遺産分割ができますか。

A 相続人である子らが父親の相続財産について遺産分割の内容を自由に決めることができます。

1次相続の遺産分割において、今は亡くなっている母親が相続財産の大部分を取得したことにして、いわゆる配偶者の税額軽減特例（相法19の2）の適用を受けたいわけですね。子らが「父親相続人　母親相続人」という立場で1次相続の遺産分割ができます（具体的には「被相続人〇〇　相続人妻〇〇　相続人長男〇〇」という表示をします）。その際、亡くなっていても母親が相続財産を取得する遺産分割はできますし、それは分割済み遺産として軽減特例の適用があります（相基通19の2－5）。また、母親がまったく父親の財産を取得しない遺産分割も可能です。その場合は、第2次相続で子らが相続する相続財産は母親固有の財産だけになります。いずれが節税になるか、よく検討してから遺産分割の内容と形態を決めてください。

▶ 遺産分割ができないうちに次の相続が開始した場合と特例の適用

1－Q6　遺産現金の相続分相当額の引渡請求

遺産現金を保管している相続人に対して、自分の相続分相当額の引渡請求はできますか。

A 法律上の権利はないと解されています。

　遺産現金を事実上保管している相続人が、現金以外の遺産の分割割合やその他のことと絡めて、現金の分配を拒否していることについての相談はしばしばあります。お尋ねの貴殿がそうとは限りませんが、困るのは納付相続税の原資を持たない相続人です。せめて現金についてだけでも相続分に応じた引渡しをしてもらえれば、いったん相続税を納付したうえで落着いて遺産分割の話し合いをすることができるというものです。

　しかし、残念ながら、相続分相当額であっても引渡請求はできないと解されています。銀行預金が「当然分割」の理屈で相続分相当額の払戻請求を原則として認められていることを考えると奇異な感じがしますが（下記2－Q1参照）、現金は遺産分割の対象だという解釈です。可分債権については民法427条の適用がありますが、現金は動産、不動産と同様に扱われるわけです。遺産分割が未了である限り、共有物分割請求（民法256①）をすることさえできません。

1－Q7　相続開始前に引き出した預貯金の遺産性

被相続人が亡くなる前に解約などした預貯金は、どの範囲までを相続財産として遺産分割の対象にしなければならないのでしょう。相続人らが自分のために費消していた場合はどうなるのでしょうか。

A　明確な線引きは困難ですが、相続開始時に近い時期の預貯金の払戻金は、被相続人が費消したものが明らかでなければ、遺産現金として存在するものと考えざるを得ません。なお、遺産分割の対象となる財産は相続税の申告対象財産でもあります。

　相続が開始した日の被相続人の預貯金の残高証明書に載っている金額だけが相続財産というわけではありません。相続税の申告でも、残高証明書に在る預貯金だけを相続財産と申告すればよいということにはなりません。相続開始とあまり離れてない時期に預貯金の多額の引出し履歴があるとすれば、それに相応する現金が遺産として残っていなければ不自然です。

　相続人らが費消したもの、相続人らの必要に充てたものなどは、現金として存在する相続財産と扱って、（実際には存在しないものの）遺産分割の対象とするか、そうでないものは被相続人から贈与された財産として遺産分割の対象から外します。ただし、その受贈者（相続人、受遺者ら）は**特別受益者**となります。相続税の計算においては、その贈与されたことになる金額がその受贈者の**相続税の課税価格**に加算されるのですが※、相続開始の年の贈与で、受贈者が相続等により財産を取得していない場合は贈与財産の課税価格に加算されます。

　※その受贈者が被相続人から相続又は遺贈により財産を取得している場合です。
　4-2-2　3年以内贈与の加算
　▶ 相続の開始があった年に生前贈与があった場合

1−Q8 特別代理人を選任しての遺産分割

父の遺産について遺産分割をしたいのですが、共同相続の中に未成年者がいます。この未成年者に法定代理人となる父母がいないので、家庭裁判所で未成年者の特別代理人を選任してもらって、未成年者が相続を事実上放棄する内容の遺産分割をすることはできますか。

A 難しいです。特別代理人ができるのは、内容が確定している遺産分割に同意してその遺産分割を成立させることまでです。その遺産分割に同意することは特別代理人を選任する家庭裁判所が承諾していなければできません。当該未成年者が相続をしない方がむしろ有利であるとか、損害を避けられるなどの特別な理由があれば別ですが、通常はできないと思います。

この事案では、未成年者に父母がいない場合ですが、父母のいずれかはいるが未成年者と共同相続人の関係であれば、未成年者と法定代理人の親とは利益相反となるため、やはり特別代理人を選任する必要が生じます。

特別代理人は家庭裁判所が親権者や利害関係人の申請に基づいて選任しますが、選任された特別代理人は自分の判断で自由に遺産分割ができるわけではありません。まず、選任申請書に遺産分割案を添付することを求められます。また、特別代理人の候補者情報を併せて添付するのが一般です。家庭裁判所は審判の主文において特別代理人の権原の範囲を示すのが普通です。したがって、分割案をあらかじめ決めておくことが必要です。家庭裁判所は、未成年者の法定相続分を満たさない遺産分割案には、その理由について申立人に説明を求めます。合理的な理由があれば認められるのですが、本件のように、事実上の相続放棄をするについては、それが未成年者の利益の保護になるなど、よほどの理由がないと裁判所を納得させられません。なお、課税上の理由は合理性におおいに関わるものと解します。

2　遺産預貯金についての銀行等の対応にかかる問題

> **2 - Q1　遺産預貯金の解約・払戻請求**
> 遺産分割前でも、相続人が単独で預貯金の払戻しを請求できますか。

A 法定相続分に相当する金額までならできます。

　可分債権については、法律上当然に分割されて各共同相続人がその相続分に応じて権利を承継するというのが判例の見解です（最判昭29・4・8 最高裁判所民事判例集8－4－819）。この見解に基づいて、共同相続人の一部が預金等の払戻請求をすることは可能と解されています（東京地判平18・7・14 金法1787－54）。

　ただ、可分債権も当事者が遺産分割の対象にすることはできます。そのため、実務では、当該預貯金について遺産分割をする意思がないこと、また反

答弁書

答弁書第六一号

内閣参質一六六第六一号
平成十九年七月十日

　　　　　　　　　　　　　　　　　　　　内閣総理大臣　安　倍　晋　三

　　参議院議長　扇　千　景　殿

　参議院議員近藤正道君提出遺産の分割相続における郵便局・金融機関への一部払戻請求に関する質問に対し、別紙答弁書を送付する。

　　　参議院議員近藤正道君提出遺産の分割相続における郵便局・金融機関への一部払戻請求に関する質問に対する答弁書

一について

　共同相続人の一人が、相続財産中の預金債権につき、法定相続分の払戻しを金融機関又は日本郵政公社（以下「金融機関等」という。）に請求した場合において、金融機関等によっては、個別の事情を勘案し、当該払戻しに応じている事例もあるものと承知している。
　金融機関等においては、相続人全員の払戻請求書を求めるという慣行に拘泥するあまり預金者の権利を害することのないよう、御指摘の判例等の趣旨を踏まえた対応をとる必要があるものと考えられる。
　監督官庁としては、必要があれば、金融機関等の業務運営態勢について、適切な対応を行ってまいりたい。

対があってできないことを払戻請求に際して明確にしています。さらに、第166回国会参議院質問主意書第61号「遺産の分割相続における郵便局・金融機関への一部払戻請求に関する質問」に対して、平成19年7月10日付の内閣総理大臣答弁書があります（これを添付した預金払戻請求書を金融機関に提出するのも方法です）。それでも金融機関は他の相続人らに対して、異議がある場合は申し出るように催告する扱いです。異議があった場合でも、それが払戻しを拒む正当な理由になるか否かは別問題です。

なお、遺産分割を経ない預金の払戻金は分割済みの遺産として相続税の申告をします。

4-4-4　一部分割と相続税の申告

注　定額郵便貯金は他の可分債権（預金）とは別扱いです。

定額郵便貯金については、郵便貯金法によって一定の据置期間を定め、分割払戻しをしないという条件で一定の金額を一時に預け入れることになっていることから[1]、それが遺産となった場合は、「実質的には遺産の準共有と同様な事態が継続する」ことになります（福岡高判平17・12・28　家月58・7－59）。その結果、預入の日から10年が経過するまでは、共同相続人が法定相続分に応じて単独で払戻請求権を行使できるとは解されていません。最高裁判決には相続開始時の分割承継を否定したものがあります[2]。

ただし、平成19年10月1日（郵政の民営化）後に預け入れられた定額預金については、旧郵便貯金法の規定が適用されませんから、銀行預金と別に扱う理由はなくなっています。

1　郵便貯金法7条1項四号「四　定期郵便貯金　一定の預入期間を定め、その期間内には払戻しをしない条件で一定の金額を一時に預入するもの」
2　最判平成22年10月8日（判時2098－51）
「定額郵便貯金債権は、その預金者が死亡したからといって、相続開始と同時に当然に相続分に応じて分割されることはないものというべきであり、そうであれば、同債権の最終的な帰属は、遺産分割の手続において決せられるべきことになる」

2－Q2　遺言書で取得した預貯金の解約・払戻請求

「相続させる遺言」によって預貯金を相続しました。しかし、金融機関は、預貯金の解約・払戻しには相続人全員の同意書が必要と言います。そんな同意がいるのでしょうか。

A いりません。単独で解約等ができるのが遺言書のメリットです。

　被相続人が「相続させる遺言」で特定の預貯金を特定の相続人に相続させているにもかかわらず、銀行によっては、相続人全員の連名で、代表者の口座に振込みをする方法をとるように要求することがあります。しかし、遺言の効力が生じているのですから、当該預貯金は遺言書で指定された相続人の権利になっています。単独で解約請求も払戻請求もできます。遺産分割によって取得した預貯金についても同じです。分割協議書に瑕疵がなく、当事者の印鑑証明書が添付されてあれば問題ないです※。金融機関は、遺留分権利者が存在することを理由に解約や払戻しを拒むことがありますが、現に遺留分減殺請求の行使があったことを証明されているような場合でもない限り、金融機関が解約等に応じても責任を問われることはありません。また、金融機関は遺留分減殺請求が行使されていることについて調査義務はありません。遺言で預貯金を取得した者の請求を拒絶する理由にはなりません。

　※いずれの場合でもですが、相続関係を証明するための戸籍謄（抄）本は必要です。金融機関がコピーをとりますが、原本は返してくれるはずです。

2−Q3 預金の取引履歴の開示請求

共同相続人の1人ですが、遺産預金の取引履歴の開示請求ができますか。

A できると解されています。

相続開始時の前後に係る被相続人名義の預金の出入は、遺産の範囲を確定させるためにもオープンにしてほしいところですが、銀行によっては、今でも相続人の全員による申請を要求することがあるようです。相続人間で対立している場合にそれは無理です。銀行には、次の最高裁判決を示して、相続人であることを証明する戸籍謄抄本を添えて開示請求をしてください。それでも拒まれるということはないと思います。

> 最判平成21年1月22日（判時2034−29）
> 預金者が死亡した場合、その共同相続人の一人は、預金債権の一部を相続により取得するにとどまるが、これとは別に、共同相続人全員に帰属する預金契約上の地位に基づき、被相続人名義の預金口座についてその取引経過の開示を求める権利を単独で行使することができる（民法264、252条ただし書）というべきであり、他の共同相続人全員の同意がないことは上記権利行使を妨げる理由となるものではない。

なお、相続開始の時点ですでにその預金が解約されてしまっていた場合は、相続人が相続した預金は存在しなかったことになりますから、法的には開示請求をする権利はないと解されています（東京高判平23・8・3 金法1935−118参照）。もっとも、銀行が自ら開示してくれることはあるようです。

2－Q4　遺言執行者が指名されている遺言書

遺言で預金を取得する相続人が指定してある場合は、遺言執行者が払戻請求をするのがよいのでしょうか。

A 指定された相続人が払戻請求をするのがよいでしょう。

「相続させる遺言」によって特定の相続人に特定の預金の全部を相続させている場合は、当該相続人による払戻し又は解約請求に金融機関は応じていると思います。判例の見解では、相続させる遺言により財産を取得した相続人は、特段の事情がない限り、何らの行為を要せず、被相続人の死亡の時に直ちに当該遺産を取得することになりますから（最判平3・4・19判時1384－24）、預金は自己の固有財産として払戻し等の請求をすることができると解します。遺言執行者の執行は不要で、むしろ執行者の権限外ともいえます。もっとも、実務では遺言執行者の払戻請求に応じています。

相続させる遺言における遺言執行者の権限と遺言の効果（即時当然帰属）の関係を考えると、遺言執行者は、必ずしも当然に払戻請求ができるとは言い切れません。遺言執行者の権限として預金の払戻しや解約に関する権限を遺言書に明記しておく方法も考えられますが、今のところ、そこまで神経質にならなくてもよいと思います。

▶ 相続させる遺言

3 相続税の申告書作成についての問題

3-Q1 共同で相続税の申告ができない場合の申告書

争いがあって、相続税の申告を共同ではできない場合はどうすればよいでしょうか。申告書にはその相続人（私の場合は弟です）の分も金額を記載しなければ計算できません。

A 相続税の申告書には、相続人、受遺者ら全員分の記載欄があります。弟さんの欄にも金額を記載するのが相続税の計算には便宜ですから、金額は記載して、「相続人」の欄に弟さんの名前等を記載しないか、その箇所だけ押印のない相続人欄として作成しているのが実情のようです。

相続人等が2名以上いる場合は、相続税の申告書は共同して提出することができます（相法27⑤）。この「共同して提出」するというのは「連署してする」ことであると相続税法施行令に定められています[3]。しかし、申告書は単独申告が基本です。「共同して提出することができる」だけです。質問には、敵対している相続人の分まで相続税の申告などしたくはないのに、計算のためには当該相続人の分まで記載して申告書を作成して税務署に提出しなければならないことの戸惑いと不満が読みとれます。申告書を作成する税理士も委任を受けてない相続人の申告書まで作成する義務はありません。

現在の申告書が連名の共同申告様式（第1表）であることが問題なのですが、それ以上に、相続人全員の取得財産の価額や課税価格等の欄を埋めて計算しなければならないことです。そのため、見たところは当該相続人のために申告書を作成して提出するようなことになります。

そこで、対処方法ですが、申告書は税務書類ですから、氏名、住所を記載し

---

3 相続税法施行令7条（申告書の共同提出）
　法第27条第5項（法第29条第2項において準用する場合を含む。）の規定により2人以上の者が共同して行う法第27条第1項又は第2項（略）の申告書の提出は、これらの者が一の申告書に連署してするものとする。

て押印しなければなりません(通法124①②)。この押印がなければ申告したとは認められない扱いです。弟さんについては押印のない申告書を提出すればよいでしょう。弟さんが申告しようとしても同じ問題に直面します。申告しない無申告のペナルティーは弟さんだけに課されます。さらに、弟さんの氏名、住所を空欄にして、取得財産等の金額欄のみを埋めて申告するという方法も実際にあります。この方が徹底していてわかりやすいと思います※。要は、相続税額の総額と申告相続人の相続税額が算出できればよいわけです。

> ※平成22年9月14日裁決(例集80－10) 共同申告書が提出された時点において、当該共同申告書が署名した者又は記名された者の申告の意思に基づいて提出されたものと認められるか否かによって、押印がない者の申告の効力を判断すべきである。

3－Q2　共同相続人の申告書の閲覧
他の共同相続人の申告書を閲覧することはできないのでしょう。

A できません。閲覧できるのは提出済みの自分の申告書についてのみです。共同提出した申告書は全員が閲覧に同意していることが必要です。

　税務署は、提出済みの過去の申告書類を納税者の閲覧に供するサービスを行っています。しかし、閲覧できるのは納税者本人とその代理人です。他人の申告書は閲覧できません。過去に提出した申告書等の内容を確認する必要がある場合を対象としているのです。

　共同相続人間で対立があって、別々に相続税の申告をせざるを得ない事態は現実に生じます。しかし、せめて遺産の範囲だけでも統一しなければ申告内容に決定的な齟齬が生じてしまいます。現行の制度ではこれを避ける方法がありません。

> **3－Q3　他の相続人にしてもらった申告書の閲覧**
> 　申告期限が迫っているので、とりあえず相続税の申告をするということで、申告書の相続人の記名欄にいわれるままに認印を押印しましたが、内容については「法定相続分での申告」と聞かされただけで、相続財産がどれだけあるかさえわかりません。相続税の申告書を税務署で見せてもらうことはできますか。

A 自分の申告書内容については閲覧できます。

　まず、この質問者は、相続税の申告を真意に基づいて適法にしたことになるのか疑問です。しかし、相続税の申告を共同ですること（共同提出）には同意しているようですから、一応、適法な共同申告を前提として考えます。

　自分の申告内容は、提出されている申告書を閲覧することで知ることができます。それによってどこまで相続財産の概要がわかるか疑問です。共同提出されている申告書の全体を閲覧するためには、閲覧申請者を除く共同提出した納税者全員分の委任状及び印鑑証明が必要となります。

　なお、「とりあえずの相続税の申告」で、しかも「法定相続分での申告」というのは、これからの遺産分割を予定しているものと想像できます。今後、相談者が相続財産の内容を知る機会があると思います。遺産分割協議書を作成する場合は相続財産の記載があるはずです。その場合こそ、いわれるままに署名、押印などしないことです。

4 相続財産の処分、変動と遺産分割、申告

> **4 − Q1 分割時に存在しない相続財産の遺産分割**
> 相続開始後に払戻しを受けた預貯金や、納税資金の原資とするために換価した不動産など、遺産分割協議書を作成する段階で存在しない相続財産についても分割の対象にするのですか。

A 遺産分割の対象になります。

　遺産分割は相続開始時の相続財産について分割をするものです。遺産分割時に存在していなくても、相続開始時に存在した限りは相続税の課税対象です。だれがその財産を最終的に取得したかを確定しなければ、遺産分割後の**更正の請求**（相法 32）及び**修正申告**（相法 31）ができないことになります。相続税が課税されない事案であれば、確かに更正の請求等はしなくてもよいので不都合はないかもしれませんが、存在した遺産をだれが取得したかは漏れなく確定しておくべきです。分割の対象とならないということはありません。

4－Q2 未分割遺産の譲渡と所得税の申告

相続税の申告前に、未分割遺産を相続人らの共同で譲渡した場合の所得税の申告はどうなるのですか。

A 換価分割でなければ、法定相続分割合による共有財産の譲渡になります。相続人らは相続分（共有持分）の割合で譲渡代金の収入があったものとして譲渡所得税の申告をします。

譲渡所得税は、換価代金の取得割合による金額を収入金額とする申告をすることになります（換価分割）。未分割遺産を単に譲渡しただけなら、法定相続分による共有財産の譲渡として譲渡所得税の申告をします。後日に、当該財産を法定相続分とは異なる割合で遺産分割をしたとしても、譲渡所得税の申告については**修正申告**（相法31）も**更正の請求**（相法23）もできません。ただし、所得税の確定申告期限までに換価代金が分割され、共同相続人の全員が換価代金の取得割合に基づき譲渡所得の申告をした場合には、その申告は認められます（国税庁・質疑応答例「未分割遺産を換価したことによる譲渡所得の申告とその後分割が確定したことによる更正の請求、修正申告等」参照）。なお、相続人間で換価代金の取得割合を定めたうえでの譲渡なら、いわゆる**換価分割**ですから、当該遺産を換価代金についてあらかじめ合意した取得割合で遺産分割したことになります。

4-4-3　換価分割

4-Q3 相続人間での相続分の譲渡

遺産分割はいつ合意できるかわからないので、自分の相続分を共同相続人の1人に買い取ってもらって抜けたいのですが、できますか。私としては、無償でもいいのですが、その場合の税金はどうなるのですか。

A 相続分の譲渡はできます。他の相続人へ有償で譲渡した場合は、その対価に相続税が課税されます。譲渡所得税ではありません。無償で譲渡しても譲受人に贈与税などは課税されません。

共同相続人間で相続分の譲渡があると、譲受相続人の相続分は、譲渡相続人の相続分だけ増加します。娘Aの相続分6分の1を母親B（相続分2分の1）が譲り受けると母親の相続分は6分の4になります。譲渡人の娘は遺産分割協議に参加しません。母親は、通常は娘の相続分に相当する価額（相続財産の総額に対する相続分割合相当額）を支払います。それが**代償金**と同じわけです。で

```
                            平成○○年○月○日
              相続分譲渡証明書

   譲渡人Aは譲受人Bに対して、本日、下記表示
  の被相続人の相続財産に対するAの相続分全部を
  金1,000万円にて譲渡し、Bはこれを譲り受けた。
                    記
    住所
                被相続人  甲
                  昭和   年   月   日生
                  平成   年   月   日亡
                  A相続分　6分の1
          住所
                  譲渡人      A
          住所
                  譲受人      B
```

すから、譲受人の得た対価が取得遺産であり、その金額が課税価格です。譲渡収入ではありませんから、金額が相続財産の相続分相当額より著しく低額であっても譲受人に「みなし贈与（相法8）」として課税されることはありません。無償であっても同様です。

実務では「相続分譲渡証明書」を作成して、これに譲渡者の印鑑証明書を添付して遺産分割協議書に添付する扱いです。

相続分の申告期限に遺産分割ができていなくても相続税の申告はしなければならないのですが、相続分の譲渡があった場合はこれを反映した相続税の申告をします。すなわち、上記の例でいえば母親については6分の4が相続税法55条の「相続分」※ということです（東京地判昭62・10・26 判時1258－38）。その相続分の割合で相続財産を取得したものとして各人の課税価格を計算します。

※第904条の2（寄与分）を除く民法の規定による相続分又は包括遺贈の割合です。

なお、付言すると、相続人以外の第三者に相続分を譲渡することは可能ですが、これはできるだけしないほうがよいと思います。第三者が遺産分割に参加するのは望ましくありません。譲渡人には譲渡所得税が課税されますが、譲渡したのは遺産のなかの資産であり、その譲渡資産の特定は遺産分割によって譲受人が取得する財産が決まるまでは確定しません。譲渡人も当該財産を相続取得してから譲渡したことになるため相続税が課税されます。これだけでも問題であるうえに不透明なことが多いのです。

4-4-7　相続分の譲渡
▶ 相続分譲渡の法律問題
▶ 相続人間での相続分の譲渡があった場合

4 – Q4　相続開始前に銀行から払戻しを受けた現金の性質

相続開始の直前に、被相続人が昏睡状態になったので、妻も含めた相続人らの合意のうえで預金の大半（8,000万円）を引き出しました。現在は、長男名義で2,000万円、長女名義で2,000万円、妻名義で4,000万円をそれぞれ預金しています。ところが、相続が開始して遺言書を開封したところ、被相続人の預金は長男と長女に平等の割合で相続させるとの記載があります。妻はこの4,000万円を取得できないのでしょうか。

A 理論的には、払戻しが無効であるから、長男と長女が預金を遺言どおり各4,000万円取得しているので、現金もそれと同じ金額を長男、長女が取得しているものと解されそうです。そうすると、妻は4,000万円を取得できません。しかし、実際には、払戻預金全額（8,000万円）について改めて遺産分割をするのだと思います。

　事実認定が微妙で難しい事案です。預金のまま相続が開始していれば、遺言どおり長男と長女が平等に取得しているものです。それが相続開始前に払い戻されていますが、権利者である被相続人は昏睡状態であったというのですから、相続人は、代理人や使者としても、適法に被相続人の預金について払戻請求することはできません。法的には無効ということになります。そうすると、法的には未だ預金として存在しているわけですから、遺言によって長男と長女が平等に取得していると理解すれば妻は取得できないことになります。

　しかし、現実に相続開始時点で預金としては存在していませんから、それを**相続させる遺言**による遺産分割方法と相続分の指定対象にできるかといえば疑問です。相続人の全員が同意のうえで払い戻した預金であること、それぞれが法定相続分の割合で預金していることを考えると、法定相続分で分割するつもりであったと考えられます。遺言内容を知った後でも、相続人間に異議がなければ、遺産現金を分割したことにすれば済みます※（遺言書と異なる遺産分割は可能です）。

※具体的には、「現金を妻が4,000万円、長男、長女が各2,000万円を取得する」旨の遺産分割協議書を作成することです。

相続開始前のことですから、現金を相続人それぞれの名義に預金していることだけでは、当然に遺産分割済みと認めるのは困難です。遺言書の存在と内容を知っていれば、こんな割合での分割はしていないかもしれません。その場合に、(1)預金が遺言書どおりに長男、長女に帰属して、払い戻した現金もそのように帰属していると解するのか、(2)預金は遺言書が効力を生じた時点で現金に変質しているから、遺言に特に断りがない以上はあくまで未分割遺産として遺産分割の対象とするのか、見解が分かれると思います。

理論的には(1)のほうが優っていると思いますが、実際には解約払戻金全額について改めて遺産分割をすることに落ち着くのではないかと思います。

4-4-6　遺産分割のやり直しと相続税

4 – Q5 遺品の整理と相続の承認効果

被相続人の借金がたくさんあるので、相続の放棄をしたいのですが、遺産とはいえないようなものでも、うかつに処分すると「相続を承認した」ことになってしまって、放棄ができなくなると聞きました。この場合、遺品の整理や処分はいっさいできないのでしょうか。どの程度までなら承認にならないのでしょうか

A 法文上は「相続財産の全部又は一部を処分」するのは承認したものとみなされ、「保存行為」は承認したことにはなりません（民法921 一）。これでは明確なことは言えないのですが、通常なら廃棄するであろう遺品類を処分したり、相続人にとってしか財産的価値がないような遺品を形見分けした程度なら、相続の承認をしたことにはならないと思います。

相続人には相続したからというより、相続人であるがゆえに法律以前に果たさなければならない義務や責任もあります。それらの行為をすべて相続の承認に結び付けるのは相当ではありません。ただ、法文上は「相続財産の処分」に該当しないのはどの程度か、「保存行為」はどこまで認められるかの問題になります。私見ですが、借家の場合なら、明渡しのために遺品類を廃棄処分すること、その間の賃料相当額の支払い程度は保存行為の範疇だと解します。ただし、多額の滞納賃料を清算するのは一部の債権者への弁済になりますから、相続を承認したものとみなされます。

そのほか、自動引落しによる相続開始後のローンの支払い、通常の規模での葬儀費用の支払い、仏壇、仏具の持出しなどによっては承認とはみなされることはないと解しています。

相続債権者が問題にするものに、受取人指定の生命保険金の受領があります。これは相続財産ではなくて、受領者の固有財産ですから、金額が大きくても、相続放棄と矛盾するわけではありません。

▶ 相続の単純承認とみなされる処分行為等

4−Q6　前相続と後相続の熟慮期間の起算点

父が、その母（私の祖母）の相続について、承認も放棄もしないで亡くなりました。父の相続人である私は祖母の相続を放棄できるでしょうか。私と亡父は一緒に暮らしていましたが、祖母とは長らく音信不通であったことから、祖母が亡くなっているのを知ったのは2年以上も経てからです。

A あなたは、祖母の相続を放棄できます。放棄だけでなく、承認することもできます。また、お父さんが亡くなったのが3か月以内であれば、祖母の相続放棄とお父さんの相続承認をすることもできます。

　相続人を**承認**する権利、**放棄**する権利は行使上の一身専属権と考えられますが、相続できる権利です。ですから、お父さんがその権利を行使しないで亡くなられている場合は、あなたは祖母の相続を放棄することも承認することもできます。そして、いわゆる**熟慮期間**（民法915）の起算は前相続の相続人、すなわちお父さんが母親（あなたの祖母）について相続の開始があったことを知った時から起算することになっています（民法916）。

　お父さんは、あなたの祖母とは音信不通だったため、亡くなられたこともご存知なかったようですから熟慮期間の進行は開始していないと考えられます。したがって、あなたが祖母の亡くなられたことを知った時が熟慮期間の起算点となりますから、3か月以内であれば祖母の相続を放棄又は承認できます。ただし、あなたがお父さんの相続を放棄してしまえば、祖母の相続を承認することはできなくなります。お父さんの相続を放棄すれば、祖母の相続人ではなくなるからです。

　あなたがどのような事情で祖母の死亡を知られることになったかわかりませんが、例えば、祖母の債権者が連絡してきたような場合は、祖母の相続放棄をして、お父さんの相続は承認することができます。お父さんの相続を放棄していれば、祖母の相続はしなくて済みます。

1-3-3　相続の放棄と相続税
▶ 熟慮期間の起算点の実務

5　遺言書についての問題

> **5 - Q1　遺言執行者がいる場合の遺言執行**
> 「相続させる遺言」の遺言執行者に弁護士が指名されています。遺産不動産の相続登記や預金の解約・払戻手続などはこの弁護士に頼まなければならないのでしょうか。

A　特定の財産を特定の相続人に「相続させる」との遺言であれば、指名された相続人（受益相続人）が単独で相続登記の申請や預貯金の解約、払戻請求ができます。

「相続させる遺言」は、「特段の事情がない限り、何らの行為を要せずして、被相続人の死亡の時に直ちに当該遺産が当該相続人に相続により承継される」と解されています（最判平3・4・19 判時1384－24）。受益相続人は遺産不動産や遺産預金を当然に取得して権利者になっています。遺言執行者が業務として事務処理をするまでもありません。遺言によって財産を取得することになった相続人が自身で手続きをすることができます。

なお、全財産を特定の相続人に「相続させる」という遺言書の場合でも、遺贈だと解さなければならない特段の事情でもない限り、個々の遺産を受益相続人が当然に取得することに変わりはありません。また、これに対して遺贈の場合は、受遺者は遺言執行者と共同で相続登記の申請をしなければなりません。

2-1-3　相続させる遺言

5 - Q2 遺言執行者が指名されている遺言目的財産の分割

遺言書に遺言執行者が指名されているのですが、その人には相談しないで相続人だけで遺産分割をすることはできますか。

A それが相続させる遺言でなければ、無効になる可能性があります。

　遺言執行者がある場合は、相続人は相続財産の処分その他遺言の執行を妨げる行為ができないことになっています。遺言者の意思の実現を、遺言執行者に委ねて実現をするためです。遺言執行の妨げとなる処分行為を禁止するというのは、相続人の相続財産の管理処分権を奪うことを意味しています。

　ところで、相続人である受遺者は遺贈を放棄して（民法986）単なる共同相続人の一人となることができます。そのうえで遺言と異なる遺産分割をすることはできます。**相続させる遺言**によって相続財産を相続することになった相続人はその財産の権利者です。それを相続人間で贈与又は交換的に譲渡する内容の遺産分割であれば遺言執行を妨げる行為を禁じた民法の規定に抵触しないとされています（東京地判平13・6・28 判夕1086 - 279）。

　▶ 遺言書と異なる遺産分割

5－Q3 遺言無効の主張と遺留分減殺請求

開示された遺言書は無効ですから認めたくありません。しかし、有効なら遺留分を確保するしかありません。遺言の無効を主張しながら遺留分減殺請求をするのは矛盾しているように思うのですが、どうすればよいのでしょうか。

A 「遺言は無効と確信しているが、有効であれば遺留分を侵害されているので遺留分減殺請求をする」というように、消滅時効にかからないうちに遺留分減殺請求の意思表示をしておくのが無難です。

遺言書がだれかに誘導されて作成された疑いがあるとか、高齢者で判断能力が著しく低下しているのに複雑な遺言している場合などは、弁護士は遺言無効確認訴訟を視野にいれます。しかし、遺留分減殺請求権は、その遺言で自分の**遺留分**が侵害されていることを知った時から１年以内に行使しなければ時効によって消滅します（民法 1042）。遺言の無効主張と遺留分減殺請求は確かに両立しないのですが、「遺言が有効である場合は」という仮定ないし条件付で遺留分減殺請求をしておくべきです。遺言無効の主張が認められない場合に備えての予備的な主張という形でも結構です。本当に遺言無効を信じるに足りる合理的な理由がある場合には、消滅時効の起算点を遺言無効確認訴訟が敗訴した時期まで遅らせる余地もありますが、救済される保障はありません[4]。遺言の内容を知った時点で遺言無効の主張をするとしても、**遺留分減殺請求**はしておくべきです。

---

[4] 最判昭 57・11・12 裁判所時報 850－1
「遺留分権利者が贈与の無効を信じて訴訟上争っているような場合は(減殺すべき贈与があったことを知った時）には当たらない」「しかし、被相続人の財産のほとんど全部が贈与されたことを遺留分権利者が認識している場合には…右贈与が減殺できることを知っていたと推認するのが相当である。」

5－Q4　無効遺言が死因贈与と認められる要件

ワープロで作成された遺言書とか、署名が欠けている遺言書、日付が入っていない遺言書など、遺言書としては無効でも死因贈与としては有効となる場合があるようですが、それが認められるのはどんな場合ですか。

A 死因贈与として有効になるためには、受贈者（当該遺言で遺産を取得することを指定された人）がその無効となった遺言の内容を知っていて、それを承諾していたことが必要です。遺言者の死亡後に、その遺言内容を初めて知った場合は、受贈者との契約が成立していたとは認められないからです。

　遺言者が、自分が死んだ場合には指名した人に自分の財産を取得させることを内容とする遺言書の場合は、財産を取得する者として指名されている人が、その内容を承知していて、それを承諾していたのであれば、遺言書が無効であっても、**死因贈与**の契約は成立していることになります。これが「無効行為の転換」といわれている理由です。

　無効遺言が死因贈与として有効になるのは、遺言書で財産を取得する者として指名された人が遺言者の生存中に有効な承諾をしていた場合です。相続開始後に内容を知っても、受贈者の承諾の意思表示は贈与者が受け取れませんから、その場合は死因贈与契約が成立したとは認められません。受贈者が、遺言者の相続人に承諾の意思表示をしたとしても、その時点での贈与の問題は別にして[5]、死因贈与にはなりません。もっとも、財産の取得を指名された人が遺言内容を知らされていた場合、特に反対の意思を表示していなければ、当該贈与を承諾していたと推認される可能性は高いと思います。

　無効行為の転換が認められるのは、遺言の様式を欠くことによる無効で、財産を取得させる内容の場合です。

- 肯定判例　広島家裁審判昭62・3・28（家月39－60）
  　　　　　広島高判平15・7・9
- 否定判例　仙台地判平4・3・26（判時1445－165）

5　遺言者の相続人が目的物を贈与することを強制されるということはないと思います。無効の遺言書はありますが、それを理由に、書面による贈与と解するのは相続人に酷です。遺言者の相続人は撤回できると解します（民法550）。

6 遺留分減殺請求にかかわる問題

6-Q1 遺留分減殺請求の阻止

亡父が、せっかく私たち長男と母の生活のことを考えて財産の全部を私たちに相続させる旨の遺言書を遺してくれたのですが、嫁ぎ先で何不自由もない生活をしている長女が遺留分減殺請求をしてきました。父が病気になっても見舞いにも来ず、介護も私たちに任せっきりです。こんな請求は父の遺志にも反すると思いますが、なんとか制限できないのでしょうか。

A その遺留分減殺請求が、いわゆる権利の濫用又は信義則に反すると認められるような場合であれば別ですが、お尋ねの内容程度では長女の権利行使を制限することはできません。話し合いや調停などで、返還財産の範囲や価額弁償金の金額をそのような事情を考慮したものにするしかなさそうです。

遺留分は、「遺言によっても奪われない相続分」などと言われていることからもわかるように、遺言で相続による財産取得が認められなくても、遺留分相当財産だけは遺留分権利者が確保できるようにしているものです。それだけに、遺留分権利者の権利行使を制限することは難しいのです。確かに、一方的な権利の行使ですから、権利の濫用となる行使の仕方、信義誠実の原則に違背するような行使は許されません。しかし、**遺留分減殺請求権**では、そのような一般法理による制限が認められた例はほとんどありません[※1, ※2]。事前に遺留分の放棄をすることは家庭裁判所の許可を得てできます（民法1043①）が、それをしていない場合は、相続開始後は遺留分権利者の権利行使を制限するのは困難です。

なお、取得財産そのものを、一部であっても返還する必要はありません。価額弁償金を支払う方法があります（民法1041①）。また、調停の席で、遺留分権利者の特別受益を主張・立証するとか、被相続人の遺志やその他の事情も考慮して価額弁償金の額を決めるのが実務です。

※1 「遺留分権利者による遺留分減殺請求権の行使が権利濫用に該当するといえるのは、家庭裁判所に遺留分放棄の申立てをしていれば家庭裁判所において許可したと予想される事情が認められるだけでなく、身分関係が完全に形骸化し、遺留分減殺請求権の行使を認めることが正義衡平の観点に照らし不当と認められるような特段の事情のある場合に限定されると解すべきである。」(東京地判平15・6・27、金法1695－110)

※2 遺留分の事前放棄が共同相続人間で約定されていて、家庭裁判所に遺留分放棄の許可審判を申し立てていれば許可されたはずの事情もあったような場合に、遺留分を主張しないことを約した相続人がする遺留分減殺請求権の行使が権利濫用にあたるとされた事例(東高判平4・2・24 判時1418－81)。

6−Q2　遺留分減殺請求により取得した財産と特例適用

相続人である配偶者が遺留分減殺請求をしたのですが、いわゆる配偶者税額軽減特例の適用は受けられますか。

A 遺留分減殺請求をした時点では適用がないと解します。相続税の申告前であれば、いまだ遺留分相当の財産を取得していないものとして申告します。申告後に遺留分減殺請求をしたとしても、それだけでは期限後申告や修正申告をする必要がありません。申告したとしても、特例の適用は受けられません。

遺留分減殺請求権が形成権であることを知っている人こそ迷うかもしれません。しかし、遺留分減殺請求がされても、減殺請求を受けた相続人は**価額弁償金**を支払って返還義務を免れることができます（民法1041①）。返還する遺産の範囲、金額などは遺留分減殺請求をした相続人と減殺請求をされた受遺者らとの間で協議して確定します。遺留分減殺請求をされた受遺者らが相続税の**更正の請求**をするのも「遺留分による減殺の請求に基づき返還すべき、又は弁償すべき額が確定したこと」を理由としています（相法32①三）。これらを考えると、遺留分減殺請求をしただけでは遺留分権利者の取得財産が確定することになりませんから、それが配偶者の場合であっても**配偶者税額軽減特例**（相法19の2①）が適用される余地はありません。減殺請求の意思表示が、相続税の申告前であれば、遺留分減殺請求による取得財産の変動がないものとして当事者は申告します（相基通11の2−4）。遺言によって配偶者の相続する財産がなかったとすれば（他の相続人が全部取得することを指定しているか、第三者に全部遺贈されているなど）、課税価格はゼロ、税額もゼロですから申告の必要はありません。未確定でも、遺留分相当の財産を取得したとして申告すれば受理されるかもしれませんが、特例の適用は受けられません。遺産分割の対象になるわけではないのですが、配偶者の取得した財産として確定していることにはならないからです。

　1-Q4　配偶者税額軽減特例が適用できる場合
　2-2-3　遺留分減殺請求と相続税

6 - Q3 遺留分減殺請求による取得財産と特例の適用

遺留分減殺請求をして、小規模宅地等の特例適用の対象となる土地を取得した相続人は、期限後申告又は修正申告において特例の適用を受けることができますか。

A 遺留分減殺請求をした相続人が小規模宅地等の適用要件を満たしていれば適用は認められます。修正申告の場合でも認められます。

わかりやすくするために事例で考えます。

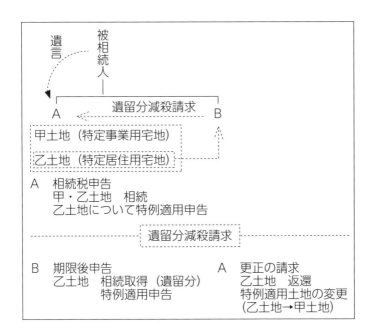

遺産は甲土地（特定事業用宅地）、乙土地（特定居住用宅地）ですが、相続させる遺言により相続人Aが甲土地・乙土地を取得しました。Aが乙土地について**小規模宅地等の課税価格計算特例**を適用して相続税の申告をしたところ、相続人Bが遺留分減殺請求をしました。侵害遺留分の返還範囲について協議した結果Bは乙土地を取得することになりました。Bは特定居住用宅地等について

の特例適用を受けることができる相続人である場合とします。

(1) Bの期限後申告と乙土地についての特例適用

　　Bは遺留分減殺請求によって乙土地を取得しています。通常は法定申告期限を過ぎていると思われるので、期限後申告をするのが普通でしょう。この場合でも、相続により乙土地を取得したのですから、同土地が特例対象適格土地でありBが特例適用要件を満たしているのなら、特定居住用宅地等の課税価格計算特例（措法69の4①一）の適用を認めない理由はありません。また、Bが修正申告をする場合も異なる扱いをする理由がありません。

(2) Aの更正の請求と甲土地についての特例適用

　　Aは、返還した乙土地の課税価格相当額（特例適用後の価額）及びそれに対応する税額が過大になったので相続税の**更正の請求**ができます（相法32①三、通法23①）。その際に、相続取得していた甲土地について、相続人としてのAが特定事業用宅地等の特例適用要件を充足しているのなら、小規模宅地等の選択対象土地を甲土地に変更する申告は認められます。

　Aは、乙土地について特例の適用をして相続税の申告を適法にしたのですが、Bの遺留分減殺請求により同土地を取得できなかったことになります。これは、遺留分を侵害している遺贈の効果の一部を否定されたことになりますから、Aは乙土地を取得できなかったとして考えればよいはずです。Aは改めて甲土地を選択できます。ただし、選択換えということではありません。選択換えは認められません。

2-2-3　遺留分減殺請求と相続税

7 その他

> **7-Q1 遺産分割できるまでの収受賃料の申告**
> 遺産が賃貸用の共同住宅です。賃料は被相続人の妻（私の母）が受領していますが、遺産分割はこれからです。相続人らは相続税や所得税のことを心配しています。

A 賃料については、相続税は課税されませんが、不動産所得ですから所得税の申告が必要です。お母さんが賃料を受領しているのなら賃料収入について不動産所得の申告をしても受理されます。ただし、原則は、共同相続人らに相続分に応じて賃料債権が帰属していますから、それぞれが不動産所得の申告をすることになります。

　賃料はいわゆる法定果実ですから、本権である所有権者に帰属する不動産所得です。賃貸に供されていた遺産不動産が未分割の段階では共有資産と扱われます。したがって、理屈上は法定相続分の割合に応じた賃料収入を各相続人が得ていることになりますから、それぞれが不動産所得の申告をすることになります。

　ただし、実際は当該賃貸不動産の賃料収受や管理は特定の相続人が代表してすることにならざるを得ません。そして、収入も経費もその人が把握しているのですから、その人が全賃料について不動産所得の申告をするのが合理的です。申告をする相続人に別の所得があって、その損失と通算される結果（所法69①）、不動産所得の金額が圧縮されるというような課税上見過ごせない不都合でもない限り、税務署が遺産分割までの単独の不動産所得の申告を否認することはないと思います[※1]。

　それとは別に、相続人全員が同意して、賃料を分割の対象にすることは可能です。その遺産分割の結果、実際に賃料を取得した相続人と不動産所得の申告相続人が異なる場合は、収受した賃料と経費等について清算することになります。所得税（不動産所得）の申告については、**修正申告又は更正の請求**をして

是正すると同時に納付した税金についても清算することになります。ただ、実際には確定申告までした賃料について、申告者とは別の相続人にわざわざ取得させる理由はあまりないと思います。ですから、申告した相続人がそれまでの賃料全額を取得したことを追認する賃料の分割を**遺産分割**の形式ですることになると思います[※2]。

　いま一つ重要なことは、前記のとおり、未分割遺産から生じる賃料は各相続人の法定相続分に応じて帰属するものですが、それは後に成立する遺産分割の遡及効によって影響を受けません（最判平17・9・8　判時1913－62）。

※1　むしろ、**累進税率**のことを考えると、所得は分散するほうが有利で、集中すれば不利になります。

※2　相続開始後の賃料の分割は、正確には、遺産分割ではありません。元本の分割と一体で分配額を確定する合意です。

7－Q2　相続開始前に相続の放棄をさせる方法

迷惑ばかりかけている相続人に遺留分も含めて一切の相続権を剥奪しておきたいのですが、生前に本人に一筆書かせておけばよいのでしょうか。

A 被相続人が、生存中に推定相続人に相続を放棄する旨を書面で書かせても法的な効力はありません。実効性があるものとしては、遺留分を放棄させたうえで、遺言書を作成しておくことです。

相続の放棄は、相続が開始した後に、法定相続人が一定期間内に家庭裁判所に対する申述によってすることが必要です（民法915①）。**放棄の対象になる相続権がいまだ発生していないうちから相続権を放棄することはできません。**ただし、そのような書面を書いた相続人が事実上相続権を行使しないことが期待できるのは別です。また、遺留分減殺請求権を行使した場合でも、相続権を主張しない旨を書面で表明している事実は、価額弁償金の金額決定などに斟酌されて然るべき資料です。

本当に相続させたくなければ、遺留分を放棄させたうえ（民法1043①）、当人には相続させないで他の相続人らに遺産の全部を相続させる遺言書を作成すれば、その相続人及びその子も相続分はなくなります。親が子の不始末の整理（多額の借金の返済資金を提供するなど）をする際に、遺留分の放棄をすることを条件にするなどが実例としてあります。他の相続人に対する配慮としては必要なことです。

7－Q3 相続開始前の遺産分割

親はまだ生きていますが、安心させるために、親の意向どおりの遺産分割協議書を相続人になる者が一致して作成しておくのは認められますか。

A 被相続人の生存中に遺産分割協議書を作成しても効力はありません。ただし、相続開始後にそれを遺産分割とすることに相続人全員が同意したとすれば、その時に作成された遺産分割協議書ということになります。

相続が開始していないのですから、相続人はまだいません。取得した遺産もありません。遺産そのものがありません。したがって、そのような遺産分割協議書に効力はありません。

ただ、被相続人の存命中に作成した遺産分割協議書であっても、相続開始後に相続人が全員その内容に同意した場合は、その時点で遺産分割が成立したことになります。もっとも、日付や添付の印鑑証明書の発行日付などが被相続人の生存中であるようなことは不自然です。日付を空けておいて、相続開始後に記入するとしても、印鑑証明書などはその日以後の発行日付のものとしてください。

7－Q4 遺族年金は課税されるのか

被相続人は厚生年金を受給していました。相続人である私は遺族年金をいただけるそうですが、これは何か税金がかかるのでしょうか。

A 相続税も所得税も課税される心配はありません。

まず、厚生年金保険法の規定による遺族年金については、当該法令に非課税規定がありますから、相続税は課税されません（相基通3－46）。国家公務員共済組合法の規定による遺族年金、地方公務員等共済組合法の規定による遺族年金、船員保険法の規定による遺族年金なども同様です。また、所得税についても非課税とされています（所法9①三ロ、所基通9‐2）。

いわゆる個人年金保険の場合、被相続人が被保険者、保険料負担者、年金の受取人であれば、その被相続人が年金支払保障期間内に亡くなって、相続人が残りの期間について年金を受け取る場合は、年金受給権を相続によって取得したものとみなされます。この場合は、解約返戻金相当額を相続税の課税価格と評価して相続税が課税されます。

7 - Q5 祭祀主催者と相続分優遇

ご先祖の法事などを主催する者として親族から推されています。それはいいのですが、お墓の管理、お寺とのつきあいなどの負担もあります。それに見合う遺産をもらわなければ、そういう役は引き受けない、お墓やお位牌なども相続しないと拒絶することはできるのでしょうか。

A お墓やお位牌の相続をするとしても、遺産の取得割合の加算を請求する権利や他の相続人に対して何らかの財産的請求をする権利はありません。

祭祀主催者とは、いわゆる法事などのご先祖を供養するための祀りごとを主催する人です。お寺とのお付き合いや、親族が集まってする法事・法要を仕切ることになります。祭祀主催者が、お墓や、系譜、位牌、仏具など（祭祀財産）を相続するのが普通です。

お墓を維持し、お寺とお付き合いをして、法事・法要を主催するには費用の負担がともなうのが現実です。それなら、遺産の相続について考慮されてもよいと思いますし、実際には考慮されていると思いますが、権利として**相続分の増加**等を要求できる根拠はありません。

なお、祭祀財産は、相続財産とは別の財産として祭祀主催者が承継することになっています（民法 897 ①）。被相続人が遺言などで祭祀主催者を指定していればいいのですが、指定がない場合は、その地方の慣習により決められます。慣習が明らかでない場合は、調停又は審判で決められることになります（民法 897 ①②）。また、祭祀財産には相続税は課税されません（相法 12 ①二）。

7 – Q6　固定資産評価証明書にない家屋の評価

　家屋の登記はあるのですが、固定資産税評価証明書に載っていない部分とか、評価証明書の面積が小さい場合などは、評価額ゼロとか評価証明書の金額で評価してもいいのでしょうか。

A　登記がしてあるか否かにかかわらず、当該建物又は建物部分が現に存在していて経済的価値があるのなら、相続税の課税対象になります。固定資産税評価証明書にないものは定められた方法で評価額を算定します。

　相続税の課税価格を計算する場合の家屋の価額は、実際には固定資産税評価額そのままです（評基通89）（3-2-1「不動産の評価額(1)　土地・家屋の評価」参照）。しかし、家屋の増築部分や本体建物とは別に後から建築された附属建物などは、家屋の固定資産税評価証明書には載っていない場合もあります。評価額がないとしても、相続税の課税対象になることには変わりません。

　評価方法は、付近にある状況の類似した家屋の固定資産税評価額を基にして、構造、経過年数、用途等の差を考慮して評価することになっていますが、実際には、そんな類似の家屋が存在することはあまりありません。そこで、その家屋の再建築価額[※1]から経過年数に応じた償却額相当額[※2]を控除した価額を基準に評価しているのが実務です。

※1　再建築価額とは、課税時期の当該建物を新たに建築するために要する費用額のことです。再建築価額を計算する場合の㎡当り単価は、その家屋の種類、構造などによって異なります。

※2　減価償却資産の耐用年数等に関する省令に規定するものです。

〈基本解説〉

第1章

相続人・相続分・相続権と相続税

1 相続の開始

1-1-1 相続の開始と相続税

1 相続と相続税の関係

相続は、人の死亡を開始原因として、法律上、当然に発生します。相続人の知・不知に関わりません。相続人は、遺産の取得について当然に権利を有することになります。相続税の課税原因は相続の開始ですが、すべての相続に相続税が課税されるわけではありません。また、相続税の申告期間は相続人が相続の開始を知った時から起算されます。その他にも、相続税については、相続人の個別的な事由が申告や税額の計算等に影響を及ぼすことがあります。

▶「相続の開始があったことを知った日」の意義

2 相続の開始

「相続の開始」は「開始の時」が重要なポイントになります。年、月、日だけではなく、何時何分まで関わることがあります。死亡診断書にも戸籍にも、死亡の日時が分単位で記載されます。相続開始時によっては、相続の順位が変わったり、**法定相続人**の人数が変わったりすることがあるからです。また、相続する財産の割合も価値も異なってきます。

相続の順位・相続分割合については巻末第9表【法定相続人の相続分】で確認できます。

事例 事故で甲の家族が全員重傷を負って順次死亡

```
  ┌─────┐
  兄   妹   甲─────乙
                │
                A
```

甲の死亡がAの死亡よりも少しでも前なら甲の遺産を甲の兄・妹は相続しません。乙とAが相続人になります。死亡の順が乙→A→甲の場合は甲の遺産を兄・妹が相続します。甲→A→乙の場合は乙の兄弟姉妹が相続人になる可能性があります。

3 同時死亡の推定

　複数の人が死亡した場合に、そのうちの一人が他の人が死亡した後も生存していたことが不明のときは、その人らは同時に死亡したものと推定されます（民法32の2）。つまり、同時死亡が推定される者の間では互いに相続をしないということです。上記の事例では、甲・乙・Aの死亡の前後がわからない場合は、乙とAは甲の財産を相続しないので同人の兄・妹が相続します。乙は生きているが甲とAについて死亡の前後がわからない場合は、甲の財産を乙（4分の3）、兄・妹（4分の1）の割合で相続します。Aの財産は乙が全部相続します。その後に乙が死亡した場合、その時点での乙の財産は乙の直系尊属及び乙の兄弟姉妹らが相続します。もし、直系尊属も兄弟姉妹も**代襲相続人**（乙の甥・姪）もいなければ相続人がいない財産になります（民法951）。もちろん、遺言による**指定相続人**や受遺者がいればそれに従います。

　法定相続人や受遺者はいないけれど、いわゆる**特別縁故者**の要件を満たす人がいる場合があります。特別縁故者が遺産を取得した場合はその相続税が問題になります。3－3－4「特別縁故者が分与された財産」で説明しますが、要するに、特別縁故者が遺贈により相続財産を取得したものとみなされ、相続税が課税されます。適用相続税は相続開始時の相続税法ですが、課税対象となる分与財産は分与時の時価（相続税評価額）によって課税価格が評価されます。

4 相続の開始原因と相続税

　相続は人の死亡（自然死）のほか**失踪宣告**又は**認定死亡**によっても開始します（1－1－2「失踪宣告と認定死亡」参照）。それ以外に相続が開始することはありません。相続税は、被相続人について相続が開始して、相続人又は遺贈の受遺者、**死因贈与**の受贈者、**相続時精算課税**の適用がある贈与の受贈者らが被相続人の財産を取得したことについて課税される税金です。相続人、受遺者、受贈者らは、当該相続が**課税相続案件**の場合は相続税の申告書を提出しなければなりません。相続税の納税義務者になるのです（5－1－1「相続税の申告書提出義務者と提出期限」参照）。

　なお、いわゆる「脳死」は、現在のところ相続開始の原因とは解されていません。

1-1-2 失踪宣告と認定死亡

1 失踪宣告

(1) 意義と効果

法律上の相続開始原因です。失踪宣告がされると、その者は法律上死亡したものと扱われます（民法31）。失踪宣告の効力は、死亡したものとみなされることです。その結果、相続が開始します。

(2) 普通失踪と危急時失踪

人の所在がわからなくなって、生きているのか死んでいるのかもわからない状態が7年間継続した場合は、家庭裁判所が相続人ら利害関係人の請求により、失踪宣告をすることができます（民法30①）。これを普通失踪といいます。

戦地に行ったとか、沈没した船に乗っていたとか、その他死亡の原因となるような危険な事故等に遭遇した人の場合は、戦争が止んだ後、船が沈没した後、あるいはその他の危難が去った後に生死が1年間不明であれば、同様に失踪宣告がされます（民法30②）。これを危急時失踪といいます。

2 認定死亡

(1) 意義と効果

認定死亡は、人の死亡が確認できない場合に死亡を認定するものです。公に死亡と認定されますから相続開始の原因となります。認定死亡はあくまで推定です。生存が証明されれば死亡という効果は生じません。失踪宣告のように家庭裁判所に取消の審判（民法32）を求める必要はありません。

(2) 手続き

水難、火災、震災、航空機の墜落事故などの「事変」によって死亡した者がある場合は、その取調べをした警察その他の官公署は死亡地の市町村長に死亡の報告を義務付けられています（戸籍法89）。報告を受けた市町村長は戸籍にその者の死亡を記載します。

ここでいう「死亡したものがある場合」とは、遺体の発見がなくて死亡診断書を作成できない場合でも、事変によって死亡した可能性が非常に高い場合に

死亡と扱う場合です。

3 相続財産取得の時

(1) 失踪宣告

失踪宣告を原因とする相続は、普通失踪の場合は7年間の期間が満了した時に、危急時失踪の場合は危難が去った時に宣告の効力が生じますから（民法31）、いずれもその時に相続人らは相続又は遺贈により被相続人（失踪者）の財産を取得したことになります（相基通1の3・1の4共-8）。

(2) 認定死亡

戸籍には推定死亡日時が記載されます。それが相続開始の時であり、相続人らはその時に相続又は遺贈によって被相続人（認定死亡者）の財産を取得したことになります。

4 相続の開始があったことを知った日

相続人は、この日の翌日から10か月以内に相続税の申告をすることになります（相法27①）。

(1) 失踪宣告

相続人、受遺者が失踪宣告に関する審判の確定があったことを知った日です（相基通27-4）。

(2) 認定死亡

相続人が、取調べをした警察その他の官公署が戸籍法89条に基づく死亡の報告を死亡地の市長村長に行なったことを知った日になります。

5 失踪宣告又はその取消と相続税の更正の請求

相続人についての失踪宣告又はその取消は、「相続人の異動」の発生事由です（相法32①二、相基通32-1）。相続人が相続開始時に行方不明になっていても、相続税の申告はしなければなりません。行方不明の相続人が失踪宣告を受けると、その者は相続開始時点では死亡していたことになって「相続人の異動」が生じます。他の相続人は相続税の更正の請求又は修正申告ができます（同）。

2 相続人と相続税

1-2-1 相続税の納税義務者

1 自然人

(1) 相続税法の規定（相法1の3）

「相続又は遺贈（死因贈与を含む。以下同じ）により財産を取得した個人」（相法1の3 一）。これが、相続税法の規定する納税義務者の定義です。もっとも、相続人であるから当然に納税義務者になるわけでも、相続人でないから当然に納税義務者にならないというわけでもありません。

(2) 相続税が課税されない場合

相続又は遺贈によって財産を取得した個人でも、**課税価格の合計額**が相続税の**遺産に係る基礎控除額**を超えない場合は課税されません。これは、いかなる原因で財産を取得した場合でも変わりません。遺産を取得した個人の価額に関係なく**課税遺産総額**が0円以下であるなら相続税は課税されないわけです。

(3) 相続・遺贈以外の財産取得原因

相続又は遺贈に含まれるけれど特異なもの、それとは別に法が特に相続税を課税すると定めているものがあります（これらを整理したものは、巻末第8表【相続又は遺贈により財産を取得した者】参照）。

① 死因贈与による財産の受贈

相続税法では特に断りがない限り「遺贈」と同様に扱われます。贈与に違いはないのですが、贈与税ではなくて相続税の課税対象であることが特徴です。相続人以外の人が死因贈与の受贈者となった場合は、相続人と受贈者とが相続税の納税義務者になります（2-1-4「死因贈与」参照）。

▶死因贈与の実務メリット

② 相続分の譲受け

相続人が他の共同相続人の**相続分**を譲り受けると法定相続分がその分増えますが、それ自体は相続財産の取得原因ではありません。相続人以外の第三者が相続分を譲り受けても、譲受人が相続税の納税義務者になるのではなく、譲渡相続人に代わって相続税の申告書提出義務と納税義務があります（4-4-7「相

続分の譲渡」参照)。

▶相続人間での相続分の譲渡があった場合

③　遺留分減殺請求による財産の取得

遺留分権利者が**遺留分減殺請求権**を行使して遺産の一部を取得するか**価額弁償金**を得た場合は、当該財産について納税義務者になります（2-2-3「遺留分減殺請求と相続税」参照）。

▶遺留分侵害が生じている可能性がある場合

④　特別縁故者が分与により財産を取得

相続人がいない場合、被相続人の**特別縁故者**に対して遺産の全部又は一部が家庭裁判所の審判によって分与されることがあります。分与された財産は遺贈により取得したものとみなされます（相法4）（3-3-4「特別縁故者が分与された財産」参照）。

▶どんな人が**特別縁故者**になるのか

⑤　贈与により相続時精算課税財産の取得

相続時精算課税の適用がある財産を生前贈与によって取得するのは、相続税の課税原因です。ただし、実際に相続税の納税義務者になるとは限りません。例えば、受贈者が相続時精算課税を選択していたとしも、加算されて計算された課税価格の合計額が遺産に係る基礎控除額に達していなければ相続税の課税はありません（4-2-3「相続時精算課税に係る贈与財産加算」参照）。

2 法　人

法人が相続税の納税義務者になることはありません。相続税法は自然人にのみ適用があります。法人には適用がありません。

法人が「遺贈（死因贈与）により財産を取得」することはあります。しかし、相続税の納税義務者ではありません。法人が遺贈によって財産を取得した場合は、その取得財産の価額を受贈益として法人の益金に算入することになります。

▶法人に対する資産の遺贈又は死因贈与

❷ 相続人と相続税

1-2-2 法定相続人と相続税

1 法定相続人

　本書では、民法第5編第2章「相続人」に規定する相続人を「法定相続人」と称します。民法が定めた順位に基づき相続人となる者です。

　これら法定相続人の相続の順位と相続分割合については、巻末第9表【法定相続人の相続分】を参照してください。

　ただし、相続税法において「相続人」という場合は、この民法上の相続人とは範囲を異にしています。

2 法定相続人の留意事項

（1）　代襲相続人

　代襲相続人はそれぞれが法定相続人です。相続分は被代襲者の相続分を代襲相続人の相続分割合で承継しますが、遺産に係る基礎控除を計算する際の「相続人の数」（相法15①）にはそれぞれがカウントされ（含まれ）ます。

▶養子の代襲相続

（2）　養　子

　法定血族です。相続人の権利としては実子と変わりませんが、相続税法上は実子とは異なる扱いがあるので注意が必要です。

（3）　相続放棄、廃除、欠格

　法定相続人でありながら相続権を喪失するのは共通ですが、相続税法ではそれぞれが異なる扱いを受けます。

　法定相続人の民法と相続税法の規定を縦断的にまとめた巻末第3表【相続人の相続権及び相続税法】、第4表【相続の放棄・廃除・欠格と相続税法・民法の適用関係整理】で確認してください。

3 法定相続人と相続税の納税義務者

　法定相続人といえども、実際に財産を取得しなければ納税義務は生じません。実際に遺産を取得するか否かは遺産分割によって決まります。放棄等の事由で

相続権を失った法定相続人でも遺贈によって相続財産を取得した場合は、納税義務者になります。

4 相続人と相続税の計算

相続人が、もっとも直接的に相続税にかかわるのは、いわゆる「**遺産に係る基礎控除額**」の計算（相法15①）と生命保険金及び死亡退職手当金等の**非課税限度額**の計算（相法12①五・六）についてです。

(1) 遺産に係る基礎控除額

計算式は次のとおりです。

　3,000万円＋600万円×相続人の数

　　※　平成26年12月末日までに生じた相続の場合は次の計算式となります。

　　　　5,000万円＋1,000万円×相続人の数

ここでの「相続人」については、養子は2人まで、実子がいる場合は1人の制限があります（相法15②括弧書き）（1－2－3「養子と相続税」参照）。また、**相続の放棄**者は相続人の数に含めます（相法15②括弧書き）。廃除された者、相続欠格者も含めます。胎児は含まれません（相基通15-3）。

(2) 生命保険金、死亡退職手当金等の非課税限度額

計算式は次のとおりです。

　500万円×相続人の数

ここでの「相続人」は、(1)とまったく同じです（相法12①五イ、六イ）。

(3) 相続税の総額の計算

相続税法では、相続税額を算出するために、まず、**相続税の総額**を計算します。相続税の総額は**課税遺産総額**を相続人が法定相続分の割合で取得したと仮定して、各自の取得金額に税率を乗じて計算した税額を合計したものです。

ここでの「相続人」も(1)と同じです（相法16、15②）。

▶養子の重複身分関係と相続分の例

❷ 相続人と相続税

1-2-3 養子と相続税

1 民法上の養子

(1) 養子の相続権

養子は、いわゆる法定血族です。すなわち、養子の法的地位は養親の嫡出子と同じです（民法809）。したがって、養子は養親の相続について嫡出子と平等に相続します。また、養子は実親との親子関係も存続していますから、実親の相続についても相続権を有しています。婿養子であろうと、嫁いで夫の両親の養女になろうと、実親との関係で相続権を失うことはありません。

(2) 特別養子

上記(1)の養子の相続権はいわゆる「普通養子」についてです。「特別養子」は実父母との親族関係が終了します（民法817の9）。これが特別養子の特徴ですが、そのため、実親の相続権は有しません。特別養子の父母欄には養親が記載されていて実父母の記載はありません。続柄欄も「長男」「長女」などと実子と区別がない記載です。

(3) 身分関係の重複と相続権

普通養子は、養子縁組によって実親との身分関係を失いませんから、養親が親族から養子を迎えた場合は、身分関係の重複にともなう相続権の重複ということが起こります。例えば、いわゆる孫養子の場合は、被相続人の実子が死亡していても、孫は養親の相続人（養子）であると同時に被相続人の実子の**代襲相続人**としての相続権も有しています。

▶養子の重複身分関係と相続分の例
▶養子の代襲相続
▶養子の実親との相続関係

2 相続税法における「養子」

相続税法では、「相続人の数」に含める養子について、被相続人の実子の有無によって人数が制限されます（相法15②）。

孫や子の配偶者のような身内の者を養子にしても、節税にはなりません。た

だし、民法上の養子縁組が制限されるわけでも、養子の相続権が制限されるわけでもありません。養子は何人いても、全員が実子と同じ相続権を有していることに変わりはありません。

しかし、相続税法では、「相続人の数」にカウントできる養子の数は2人までに制限されています。実子がいる場合は1人だけです（相法15②括弧書き、12①五・六、16）。

被相続人の実子の有無	「相続人の数」に含める養子の人数
いる	1人のみ
いない	2人まで

(1) 遺産に係る基礎控除額

3,000万円＋600万円×相続人の数

※ 平成26年12月末日までに開始した相続については次の計算式です。
　5,000万円＋1,000万円×相続人の数

(2) 生命保険金の非課税限度額、死亡退職手当金の非課税限度額

500万円×相続人の数

(3) 相続税の総額の計算

課税遺産総額を、相続人の数に応じた相続人が、法定相続分に応じて取得したものとして相続税の総額を計算します。

上記の制限において「実子」とみなされる者は、次のとおりです。

① 特別養子（相法15③一）。
② 養子となった配偶者の実子（相法15③一）
③ 被相続人の養子であるが、配偶者の特別養子である連れ子（相令3の2）
④ 被相続人の実子又はその直系卑属である**代襲相続人**、被相続人の養子又はその直系卑属である代襲相続人（相法15③二）

1-2-4 胎児と相続税

1 胎児の相続権

　胎児は、本来はいまだ「人」となっていませんが、「相続については、既に生まれたものと」みなされます（民法886①）。ただし、生まれてくることが停止条件で、「死体で生まれたときは」このみなし規定の適用がありません（民法886②）。

　胎児の出生前に**遺産分割**をして胎児に権利を取得させることが考えられますが、胎児が相続については生まれたものとみなすことができるにしても、法定代理人があり得るのか疑問です（母親であっても、当然に法定代理人とはいえません）。また、胎児とその法定代理人とは利益相反の関係になることがあります。胎児が出生するまでは胎児を含めた遺産分割をすることはできないと解したほうが無難です。

2 胎児がいる場合の相続税の申告

(1) 胎児の相続税の申告

　胎児は、すでに生まれたものとみなされるため、相続税の申告義務が発生します。胎児が相続の開始があったことを知ることはできませんから、「法定代理人がその胎児の生まれたことを知った日」を相続の開始があったことを知った日とされています（相基通27-4(6)）。法定代理人が、子の出生した日から10か月以内に相続税の申告をすることになります（相法27①）（5－1－1「相続税の申告書提出義務者と提出期限」参照）。

(2) 相続人の申告

　相続開始の時点で胎児が間もなく出生することが予見できる場合は、相続人は、相続税の申告については胎児の出生まで待つのが普通と考えられます。申告期直前の出生については、申告期限の延長が認められています[1]。

---

[1] 相続税の法定申告期限の到来前1月間に胎児の出生があった場合、胎児以外の相続人は、「やむを得ない事由」に該当するものとして、「申請に基づき、当該事由が生じたことを知った日から2月の範囲内で延長をすることができ」ます（相基通27-5）。

しかし、胎児の出生前に他の相続人らのみで相続税の申告をすることもできます。この場合には、次の点に留意する必要があります。

① 遺産に係る基礎控除額の計算　「相続人の数」にカウントしません（相基通15-3）

② 課税価格の計算　胎児がいないものとした場合における各相続人の相続分によって**課税価格**を計算します（相基通11の2-3）。

ただし、この場合は、胎児が出生すれば相続税の全体に影響します。まず、**相続税の総額**が減額します。これを受けて他の相続人の申告は過大であったことになります。したがって、相続人らは胎児が出生したことを知った日から4か月以内に申告相続税の**更正の請求**ができます（相法32①二、相基通32-1）。

相続人らは、胎児の生まれる前に遺産分割をすることは避けたほうが無難です。胎児を除いて遺産分割をした相続税を申告しても受け付けられますが、胎児が生まれれば当該遺産分割が無効になります。遺産分割をやり直して改めて相続税の申告をすることになります。ただ、胎児が生きて生まれなかった場合は、最初からその胎児はいなかったことになりますから、遺産分割の効力が否定されることはありません。相続税の申告にも影響しません。

③ 未成年者控除

胎児が出生した場合は、200万円（10万円※×20年）の未成年者控除を受けることができます（相基通19の3-3、相法19の3）。これは生まれてから20歳までの最高額で、その子の相続税額から控除するものです。また、控除し切れなかった残りの控除額は扶養義務者の相続税額から控除することができます（相法19の3②）（4－5－4「未成年者控除」参照）。

※ 平成27年1月1日以後に開始する相続です。同26年12月31日以前に開始した相続の場合は1年につき6万円です。

1-2-5 代襲相続人と相続税法

1 代襲相続、代襲相続人

推定相続人である子又は兄弟姉妹が、相続の開始以前に死亡した場合又は**廃除・相続欠格**によって相続権を失ったときに（代襲原因）、その子（直系卑属）がその者に代わって相続することを「代襲相続」といい、その者を「代襲相続人」といいます。

要するに、被相続人の子の子（孫）と被相続人の兄弟姉妹の子が代襲相続人になります（民法887②、889②）。

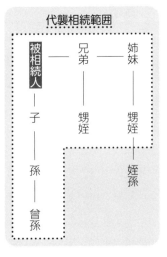

2 代襲原因

代襲原因とは、代襲相続が生じる原因です。相続開始「以前」に被代襲者が死亡していることが主たる代襲原因ですが、被相続人と相続人が同時に死亡した場合は「以前」に含まれますから、同時死亡（民法32の2）が推定される場合は代襲原因になります。被代襲者が**相続欠格者**（民法891）であること、廃除の審判を受けていること（民法892）も代襲原因となります。相続を放棄した者は初めから相続人にはならなかったものとみなされますので（民法939）、相続の**放棄**は代襲原因になりません。つまり、相続放棄をした相続人の子は代襲できないということです。

なお、巻末第3表【相続人の相続権及び相続税法】及び第4表【相続の放棄・廃除・欠格と相続税法・民法の適用関係整理】で代襲相続人と代襲原因を確認できます。

3 再代襲

代襲相続人（被相続人の孫）が代襲相続する以前に代襲原因が発生したときにも、その者の子（被相続人の曾孫）が代襲相続人を代襲相続します。これを「再

代襲」といいます（民法887③）。注意すべきは、兄弟姉妹の代襲相続人には再代襲は起こらないことです（民法889②は887③を準用していないからです）。その結果、兄弟姉妹の子が代襲相続する以前にその子に代襲原因が発生したとしても、その者の子（兄弟姉妹の孫）が代襲相続するわけではありません（左図参照）。

4 代襲相続の要件

① 代襲相続人が被代襲者の直系卑属であること
② 相続開始時に被代襲者に**代襲原因**があること
③ 代襲相続人が相続開始時にいること

5 代襲相続の効果と相続税

　代襲相続の効果は、代襲相続人が被代襲者の相続分を相続します。代襲相続人が複数の場合は、各代襲相続人の相続分は法定相続分（民法900）の割合で相続します（民法901）。代襲相続人は納税義務者です。代襲相続人は相続税法15条1項の「被相続人の相続人」です。各代襲相続人が「相続人の数」にカウントされます。その結果、遺産に係る基礎控除額や生命保険金、死亡退職金の非課税限度額の計算に際しては、被代襲者が相続人であった場合よりも相続人の数が増えて相続税額が減額になることも珍しいことではありません。相続を放棄した代襲相続人は生命保険金、死亡退職手当金の**非課税限度額**の算出計算にあたっては「相続人の数」にカウントします（相法12①五・六）。ただし、放棄者には非課税規定の適用はありません（4−2−1「生命保険金、死亡退職手当金の非課税限度額」の計算例参照）。

　巻末第4表【相続の放棄・廃除・欠格と相続税法・民法の適用関係整理】で整理がされています。

▶養子の代襲相続
▶代襲相続人がいる場合の例（相続人の数）
▶養子の重複身分関係と相続分の例
▶相続人廃除の効果と代襲相続

1-2-6 相続人の不存在と相続税

1 相続財産法人の成立

相続人のあることが明らかでないとき、つまり、相続人の存在が不明の場合は、相続財産は法人となります（民法951）。これは、何らの手続きを要せず、当然に成立します。ただし、擬制法人です。これとは違って、相続人がいるけれど行方不明という場合は「不在者の財産管理人」を選任します（民法25）。また、相続人が生死不明の場合には**失踪宣告**によって処理します（1－1－2「失踪宣告と認定死亡」参照）。

2 相続財産管理人の選任

相続財産法人が成立したとしても、法人の実体はありません。法人の代表も執行者もいないからです。そこで、この法人に事務処理をさせる必要がある場合は相続財産の管理人を選任しなければなりません。相続財産管理人は、家庭裁判所が利害関係人又は検察官の請求によって選任します（民法952①）。利害関係人は、受遺者や相続債権者などですが、実務上もっとも多いのは**特別縁故者**による申立てです。

特別縁故者は、相続人ではありませんが、「被相続人と生計を同じくしていた者」とか「被相続人の療養看護に努めた者」など（民法958の3①）、被相続人との関係が親族にも似た特別の関係者といえます。相続人のいない被相続人が財産を遺して亡くなった場合は、このような特別縁故者が管理を託されたり、事実上保管したりしている例が多いです。また、特別縁故者は、財産の保管だけでなく、被相続人の死亡届から葬式、遺骨の保管までしている例も少なくありません。そのため、特別縁故者は相続財産の分与を希望することよりも、まずは被相続人が遺した一切のものを法律上有効に管理してくれる人として「**相続財産管理人**」の選任を申し立てるわけです（民法952①）。立替費用などが発生していることから、被相続人の遺産で清算してもらう必要もあります。あるいは遺産の全部が国のものになるのなら（民法959）、相続人に準じる者として遺産を承継したいと思うのも自然です。これが、特別縁故者による相続財産管理

人選任申立ての多い理由です。

▶どんな人が特別縁故者になるのか

3 税　務

(1)　相続財産法人の申告義務

　相続財産法人は、被相続人の申告義務を承継します（通法5）。法人税については法令上申告義務があります（法法4）。債務の弁済のために相続財産を換価したとすれば、譲渡益について申告すべき固定資産売却益が生じます。預貯金の利息金自体は分離課税ですが、法人の収益ですから申告の対象です。賃貸建物が相続財産法人の場合は賃料収入が法人の収益になります。

(2)　相続税

① 　相続人がいない場合

　　相続人がいなければそもそも相続そのものがありません。相続財産法人が遺贈によって財産を取得することもありませんから、相続税が課税されることはありません。

② 　相続人が現われた場合

　　相続財産管理人は、相続人の捜索の公告（民法958）などの手続きをとって相続人を捜索します。相続人が現われると相続財産法人は成立しなかったものとみなされます（民法955）。

　　当該相続人は、相続法人に財産がたくさんあって相続税の課税が避けられないのであれば相続税の申告義務があります。法定申告期限の10か月の起算日は「自己のために相続の開始があったことを知った日」（相基通27-4）ですから、自分が相続人であることを知ることになった日になります。

　　なお、相続財産管理人の下での相続財産法人の収支は、相続開始後の増減ですから相続財産にはなりません。ただし、葬式費用については支出額の控除は認められています（3-3-4「特別縁故者が分与された財産」参照）。

❷ 相続人と相続税

1-2-7 半血兄弟姉妹と嫡出でない子（法改正による経過処置）

１ 半血の兄弟姉妹

　父母の一方のみを同じくする兄弟姉妹の相続分は、父母の双方を同じくする兄弟姉妹の相続分の２分の１です（民法900④但書き）。

　父親の相続の場合は、異母は関係ありません。嫡出か非嫡出かも関係なくなりました（❷参照）。兄弟姉妹が被相続人になった場合に、父母の双方を同じくするか一方のみを同じくする（いわゆる半血）かが問題になります。

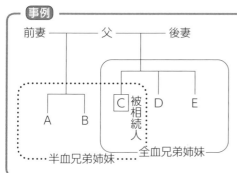

　父親と後妻の間の子が被相続人（C）の場合に、その父親と後妻の間の子（D・E）らは全血の兄弟姉妹です。しかし、父親と先妻の間の子（A・B）らは半血の兄弟姉妹になります。

２ 「嫡出でない子」の規定削除と新法の適用関係

（1）　嫡出でない子

　「嫡出でない子」とは、法律上の婚姻関係にない父母間の子です。相続分が嫡出の子の２分の１に制限されていたのですが、最高裁判所決定平成25年９月４日を受けて民法が改正され、嫡出の子と平等の相続分となりました。

（2）　新法の適用

　新法[1]は、それが施行された平成25年９月５日以後に開始した相続に適用があります。現在では、嫡出でない子の相続分を嫡出である子の半分を前提にす

1　新たな法律が制定されたわけではありません。民法900条四号の但書きの一部が削除されただけですが、ここではその但書きのない四号を便宜上「新法」と称しています。

る遺産分割は許されません。審判も裁判もできません。ただし、嫡出でない子が同意している遺産分割の内容が嫡出の子らよりも少なくても差し支えありません。また、被相続人が遺言で嫡出でない子に相続させる財産を嫡出子よりも少なく指定するのも差し支えありません。

(3) 経過処置

　判決は、旧規定（民法900四但書き）が「遅くとも平成13年7月においては違憲であった」としています。したがって、平成13年7月1日以後に開始した相続についても、いまだ遺産分割が調っていない場合は、嫡出でない子も嫡出の子と平等であるとして遺産分割をすることになります。

　しかし、新法が適用される日の前日である平成25年9月4日までに開始した相続であっても、旧規定を前提としてされた遺産分割の審判その他の裁判、遺産分割の協議その他の合意等により確定的なものとなった法律関係には影響を及ぼさないというのが最高裁決定の内容です。共同相続人間の権利・義務関係を確定する遺産分割の合意や審判、裁判の結果の法的安定を優先させるものです。

(4) 相続税に係る影響

　平成13年7月1日以後に開始した相続であって、遺産分割がいまだ調っていない相続については、法定相続分相当を各自の取得財産の額として相続税の申告をしていることになります。そのため、旧法と新法とでは**累進税**率の関係で**相続税の総額**が変わることがあり得ます[2]。遺産分割ができれば、改めて新法による相続税の総額を算出して、遺産分割を反映した各自の相続税のもとで、**修正申告**及び**更正の請求**をすることになります。すでに合意等によって遺産分割が確定している場合には、各相続人に対する相続税の課税も確定しているので影響はありません。

　▶平成25年最決（嫡出でない子の相続分差別違憲決定）の影響

2　相続税の総額は、各相続人が法定相続分によって取得したと仮定して、それに税率を乗じて計算した各相続人の税額を合計して算出しますから、各相続人の「法定相続分」が異なると相続税の総額も増減することになります。

3 相続権

1-3-1 相続分の意義と問題点

1 相続分の意義

相続分とは、相続人が被相続人の権利・義務を承継・取得する割合です。相続人が1人なら相続財産全部に対して承継する権利、すなわち100％の相続分を持っているわけですが、相続人が複数の場合は、各共同相続人はその相続分に応じて被相続人の権利義務を承継します（民法899）。相続税法では、被相続人の権利・義務は相続財産を意味します。

2 指定相続分と法定相続分

相続分には、指定相続分と法定相続分があります。

(1) 指定相続分

指定相続分は被相続人が指定したものです。被相続人は遺言で共同相続人の各相続分を指定するか、第三者に指定を委託することができます（民法902①）。また、一部の相続人の相続分を指定することもできます。遺言によって相続分の指定がされていた場合は、それによって、相続人の相続税額の計算の基礎になる取得財産の価額も決まりますから、相続税額決定の重要な要因です（いわゆる「**相続させる遺言**」は、遺言による相続分指定の典型です）。

▶相続させる遺言

(2) 法定相続分

指定相続分がない場合又は相続財産の一部についてのみ指定相続分がある場合は、それ以外の相続財産については民法が定める割合で各相続人の相続分が決まります（民法900、901）。これが法定相続分です。

3 法定相続人の相続分

法定相続分は、法定相続人の被相続人との親等関係の組合わせで決まります。この法定相続人間では相続人となる順位が民法で定められており、同順位で共同相続人となる相続人間の相続分も民法で定められています（民法900）。これ

を整理したものが巻末第9表【法定相続人の相続分】です。

4 法定相続分の修正

民法は、各相続人に存在する特別な事情を考慮して、相続分の修正をしています。それぞれの解説を参照してください。

① 特別受益者の相続分（民法903）……（1－3－4「特別受益と具体的相続分」）
② 寄与分（民法904の2）……………（1－3－6「寄与分と相続税」）

なお、父母の一方のみを同じくする兄弟姉妹の相続分は、父母の双方を同じくする兄弟姉妹の相続分の2分の1と定められていますが（民法900四但書き）、これは被相続人との血縁関係によるものです（1－2－7「半血兄弟姉妹と嫡出でない子」参照）。

5 相続分と税務（相続税の総額計算との関係）

相続税の総額は、課税遺産総額を各相続人が法定相続分で取得したものとして計算した金額に税率を乗じたものの合計額です。したがって、法定相続分は相続税額に直接影響します。もっとも、遺産が未分割の場合の相続税の計算は、各相続人らが「民法の規定による相続分又は包括遺贈の割合に従って当該財産を取得したものとしてその課税価格を計算」します。その際の「相続分」は**寄与分修正をしていない法定相続分**とされています（相法55）。

身分が重複する場合は、民法の規定による相続分をもって相続税の計算をします。例えば、**代襲相続人**が被相続人の養子の場合、相続税の総額を計算する際の相続税法15条2項の「相続人の数」では1人ですが（相基通15の4）、相続分は「代襲相続人の相続分」と「養子の相続分」の両方を合わせた相続分を有しています（相基通15の4（注））。

▶代襲相続人がいる場合の例（相続人の数）
▶養子の重複身分関係と相続分の例
▶遺言による債務承継者の指定

❸ 相続権

1-3-2 相続の順位と相続障害

1 法定相続人の相続の順位

相続人が複数の共同相続の場合、被相続人との関係で相続する順位が異なります。同じ関係の相続人は原則として同順位です。

被相続人の配偶者(夫又は妻)は常に相続人になります(民法890)。被相続人の子も相続人になります(民法887①)。子がいなくて、**代襲相続人**もいない場合は、被相続人の直系尊属が配偶者と共に相続人となります(民法889①一)。直系尊属もいないときは配偶者と共に被相続人の兄弟姉妹が相続人になります(民法889①二)。配偶者がいない場合でも、子、直系尊属、兄弟姉妹の相続順位が変わるわけではありません。ただし、法定相続分の割合は変ってきます(巻末第9表【法定相続人の相続分】参照)。

第1順位	子	配偶者
第2順位	直系尊属※	配偶者
第3順位	兄弟姉妹	配偶者

※親等の異なる者の間では近い者が先順位です(民法889①一但書き)。

2 相続の欠格

相続人となる者に、法律の定める一定の事由があった場合は、当該相続人は当然に相続資格を失うことがあります(民法891)。その事由が相続の欠格事由といわれるもので、民法891条の一号ないし五号です。被相続人や先順位、同順位の者に対する殺人者(一号)及び被相続人が殺害されたことを承知しながら告発も告訴もしなかった者(二号)というのは納得ですが、実務ではレアケースでしょう。もっとも多いのは、遺言書の偽造、変造、破棄、隠匿(五号)だと思います。その他、詐欺又は脅迫によって遺言の自由を妨げたこと、変更させたこと、撤回させたことなどがこれに該当します(三・四号)。

相続欠格者は絶対的に相続権を失うので、遺贈によって財産を取得することもできません。ただし、相続の欠格は**代襲原因**です。

3 相続人の廃除

遺留分を有する**推定相続人**の相続権を剥奪するのが廃除です(民法892)。被

相続人に対する虐待、重大な侮辱、著しい非行等が廃除の事由です。被相続人は、家庭裁判所に廃除の審判を申し立てることができます。遺言でも廃除の意思を表示しておくことができます（民法893）。

4 欠格・廃除と税務

(1) 欠格・廃除共通

相続の欠格・廃除は、当該相続人を法定相続人から除外しますから、相続税法15条１項の「相続人」の数にはカウントされません。しかし、欠格も廃除も

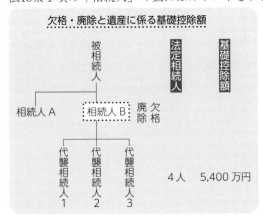

代襲原因ですから、**代襲相続人**の人数によって600万円[1]に乗じる相続人の数が変わります。すなわち、代襲相続人がいない場合は相続人が１人減り、代襲相続人が１人の場合は同じであり、２人以上であれば**遺産に係る基礎控除**の金額は増額します。また、**相続税の総額**を算定するのは法定相続分による相続を前提として計算しますから、代襲相続人が２人以上の場合は、当該各代襲相続人の相続分が減少することになって、結果的に相続税の総額が減少することがあります（累進税率の関係）。

(2) 廃 除

廃除の場合は、欠格と異なり、遺贈により財産を取得することができます。この理屈から、遺贈を受けた廃除者が実際に葬式費用を負担したときは、その金額を遺贈された財産の価額から控除した金額を課税価格とすることができます（相基通13-1）。なお、相続の欠格・廃除と相続税法の関係については巻末第４表【相続の放棄・廃除・欠格と相続税法・民法の適用関係整理】で確認してください。

▶廃除者に対する遺贈
▶相続人廃除の効果と代襲相続

1　平成26年12月末日までに開始した相続については1,000万円。

❸ 相続権

1-3-3 相続の放棄と相続税

1 相続放棄の意義

　相続は放棄できます（民法915①）。相続を放棄すると、当該相続に関しては、初めから相続人とならなかったものとみなされます（民法939）。相続放棄が最も多用されるのは債務超過の場合です。被相続人の債権者は放棄した相続人に対して債務の履行を請求できません。もっとも、他の共同相続人に対しては請求できます[1]。そのため、共同相続人の全員が相続放棄をすることも珍しくありません。第１順位相続人（子とその代襲相続人）と配偶者が相続放棄した場合は第２順位相続人（直系尊属）が相続人になります。その相続人らが放棄すれば第３順位相続人（兄弟姉妹とその**代襲相続人**）が相続人になりますが、その相続人らも全員が放棄することもあります。**熟慮期間**の起算点は次順位の相続人が「自己のために相続の開始を知った時」になりますから、結果的には前順位の相続人全員が相続の放棄をしたことを知った時からになります。

2 熟慮期間と法定単純承認

　相続放棄は「自己のために相続の開始を知った時から３箇月以内」に放棄の手続きをしないままでいると（**限定承認をしない限り**）単純承認したものとみなされます（民法915①、921二）。この３か月間が熟慮期間です。

　熟慮期間の起算点は、相続債務の概要を知りえない相続人には深刻な問題です。熟慮期間内であれば、相続人らは家庭裁判所に熟慮期間の伸長の許可審判を申し立てることができます（民法915①但書き）[2]。実務は、債務の存在を知らないまま熟慮期間を徒過した場合には、その全容を知らなかったこと又は知らないことに本人の責めに帰すべき事情がない場合には柔軟な扱いをしていると

1　可分債権であっても、放棄者は相続人でなかったのですから、他の相続人が債務の全額をそれぞれの相続分の割合で承継します。
2　期間の伸長は相続税の申告期限を越えて認められることもあり得ますが、相続税の申告期限を先に延ばす効果はありません。もちろん、放棄をすれば申告義務はありませんが、承認をすれば期限後申告をします。

思われます（最判昭59・4・27 判時1116-29）[3]。
  ▶相続の単純承認とみなされる処分行為等
  ▶熟慮期間の起算点の実務

3 放棄の手続き

放棄をする相続人は家庭裁判所に放棄の申述をします。これは審判事件です（民法938）。当該申述を家庭裁判所が受理することによって放棄の効力が生じます。家庭裁判所は受理証明書を交付します（特に審判書のような書面は交付しません）。

4 相続放棄と税務

(1) 法定相続人の変動と相続分

放棄した相続人は存在しないものとして各相続人の相続順位と相続分を確定します。それが相続税の総額算定の基礎になります。

(2) 基礎控除計算の「法定相続人」

遺産に係る基礎控除（相法15①）の金額を計算する際の「相続人の数」には、放棄した相続人の人数も含まれます（相法15②括弧書き）。

(3) 放棄者が納税義務者となる場合と相続税法

相続の放棄をした相続人が**納税義務者**になるのは、特定遺贈の受遺者の場合、生命保険金等の**みなし相続財産**を取得した場合などが考えられます。相続の放棄をしていても、受遺者が被相続人（遺贈者）の一親等血族又は配偶者の場合は、**2割加算**はありません（相法18①）。また、生命保険金等を遺贈によって取得しても、生命保険金等の非課税に関する特例（相法12①五）の適用はありません（3-3-1「生命保険金等」参照）。なお、巻末第4表【相続の放棄・廃除・欠格と相続税法・民法の適用関係整理】参照。

---

3 「3か月以内に限定承認または相続放棄をしなかったのが、被相続人に相続財産が全く存在しないと信じたためであり、かつ、このように信ずるについて相当な理由があるときは、熟慮期間は相続人が相続財産の全部もしくは一部の存在を認識した時または通常これを認識しうべき時から起算すべきである」

❸ 相続権

1-3-4 特別受益と具体的相続分

1 特別受益者の相続分

(1) 特別受益者

特別受益者とは、共同相続人の中の「被相続人から、遺贈を受け、又は婚姻若しくは養子縁組のため若しくは生計の資本として贈与を受けた者」です（民法903①）。しかし、近時では、親が子に対して婚姻支度金や大学・大学院等の教育資金を出捐するのは扶養義務の範囲内のこととして、よほどの例外でない限り特別受益とは扱っていないのが実際と思われます。しばしば問題になるのは、生命保険金等の受取人です。

> **生命保険金受領者と特別受益**
>
> 死亡保険金は、原則として、持戻しを要する特別受益には当たらないというのが判例です（最判平16・10・29判時1884-41）。ただし、死亡保険金なら一様に持戻しを要しないというわけではなく、「保険金受取人である相続人とその他の共同相続人との間に生ずる不公平が民法903条の趣旨に照らし到底是認することができないほどに著しいものと評価すべき特段の事情が存する場合」は、特別受益に準じて持戻しの対象になることがあります。

(2) 具体的相続分

特別受益者の相続分は、相続開始時の遺産に特別受益の価額を加算して相続財産を計算します。この加算が「持戻し」です。この持戻しによって計算された相続財産に、各相続人の法定相続分又は**指定相続分**（民法900～902）を乗じて、そこから特別受益の価額を控除したものが特別受益者の「具体的相続分」になります（民法903①）。

ア 受遺者の場合

受遺者も特別受益者ですが、遺贈の対象となる財産は相続開始時の相続財産の中に含まれています。この場合でも遺産分割の対象にできるのは遺贈財産を除外したものです。そのため、その分割対象財産に遺贈財産を加

算した「みなし遺産」を算出してから相続分相当額を計算します。遺贈によって取得した財産の価額が相続分を超える場合は控除する特別受益が相続分を超える場合ですから、当該受遺者の具体的相続分はありません（ゼロです）。

イ　相続させる遺言の場合

　相続させる遺言によって被相続人の特定物を取得した相続人についても、民法903条1項の類推適用により、特別受益の持戻しと同様の処理をするべきという先例があります（広島高裁岡山支決平17・4・11）。この事例は、相続人の一部が相続させる遺言によって特定の遺産を取得していて、残りの遺産について遺産分割をする場合のことをいっています。遺産分割の対象となる財産から除外されるのは、特定遺贈がある場合には当該特定財産が逸出して残された遺産が遺産分割の対象になる場合と類似しているからです。相続させる遺言によって取得した財産の価額がその相続人の法定相続分相当額を超える場合は、当該相続人の具体的相続分がゼロになることも同様です。超過分の清算をしなくてもよいのも遺贈と同じです。事例2で確認してください。

(3)　持戻財産の評価基準

　特別受益に当たる財産の評価は、相続開始時を基準にするのが実務です。遺産分割の時に財産が滅失していても、価額の増減があっても、相続開始時に原状のままであるものとみなして評価します。金銭は相続開始時の貨幣価値によって評価します。

特別受益の評価（遺産分割における評価）

1　原則　特別受益の評価は相続開始時を基準にする（民法903①）
2　不動産　贈与時に比べて値上がりしていても、値下がりしていても、相続開始時の評価。
3　金銭　贈与時の金銭を相続開始時の貨幣価値に換算して評価する（最判昭51・3・18 判時811-50）。

2 税法の扱い

相続税法には、特別受益者という概念はありません。ただし、被相続人から相続開始前3年以内に贈与によって財産を取得した相続人又は受遺者については、その財産の価額を相続税の課税価格に加算することになっています（相法19）。

事例1 特別受益の具体的相続分額の計算[1]

- 被相続人甲の遺産は 15,000 万円
- 相続人は妻乙、子A・B・C
- 甲はAに対して相続開始の5年前に 6,000 万円を生前贈与

解説

① 5年前の贈与ですから、「3年以内贈与」の加算はありません。しかし、相続人Aの特別受益にはなります。

② 生前贈与の持戻計算
　　15,000 万円 + 6,000 万円 = 21,000 万円（みなし遺産）

③ 相続分相当額
　　乙　　21,000 万円 × 1/2　　　 = 10,500 万円
　　B・C　21,000 万円 × 1/2 × 1/3 = 　3,500 万円

④ Aについて生前贈与額を控除
　　21,000 万円 × 1/2 × 1/3 − 6,000 万円 = ▲ 2,500 万円
　　具体的相続分額は 0

⑤ 具体的相続分率[2]
　　計算上の遺産総額　10,500 + 3,500 + 3,500 + 0 = 17,500
　　乙　　 10,500/17,500 = 0.6
　　B・C　 3,500/17,500 = 0.2
　　A　　　　　　　　　 0

⑥ 実際の相続財産に具体的相続分率を乗じて、具体的相続分額を算出する。
　　乙　　15,000 × 0.6 = 9,000 万円
　　B・C　15,000 × 0.2 = 3,000 万円
　　A　　　　　　　　　 0 円

1　内田貴『民法Ⅳ 親族・相続』（東京大学出版会）2004年・P382
2　具体的相続分率とは、特別受益を反映した相続分割合のこと。

事例2

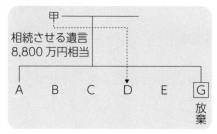

・被相続人　甲
・遺産
　　本件不動産　評価額　2,700万円
　　預金　　　　　　　　5,500万円
　　Dに相続させた財産　8,800万円
・相続人　子A・B・C・D・E・G
・甲の遺言
　　Dに有価証券、現金、動産等
　　8,800万円を相続させる遺言
・G　相続放棄

解 説

遺産分割の対象となる相続財産は、預金5,500万円と本件不動産2,700万円の合計額8,200万円です。

① Dが取得した8,800万円を特別受益と同様に考えて持戻計算をします（本文解説**1**(2)イ）。
② 持戻計算をした結果の相続財産（みなし遺産）　　17,000万円
③ 相続分相当額（法定相続分1／5　G放棄）　　　3,400万円
④ Dについて特別受益相当額控除
　　　3,400万円－8,800万円＝▲5,400万円
　　　具体的相続分率　0.00
⑤ 具体的相続分率
　　計算上の遺産総額　3,400×4　　＝13,600万円
　　A、B、C、E　3,400／13,600＝0.25
　　D　　　　　　　　　　　　0.00
⑥ 具体的相続分額の計算
　　A、B、C、E　8,200万円×0.25＝2,050万円
　　D　　　　　　　　　　　　　　0円
　※　Dはすでに相続分を超える特別受益を得ています（民法903）
　※　Dは超過分の清算を要しません。その余の相続人が、例えば本件土地（2,700万円）を取得した場合は、具体的相続分を超える650万円（2,700万円－2,050万円）を**代償金**を支払うなどして清算をします。

❸ 相続権

1-3-5 特別受益に係る課税上の諸問題

1 特別受益者がいる場合の相続税申告

(1) 未分割申告

遺産分割が未了でも、申告期限が到来すれば相続税の申告をしなければなりません。各相続人の課税価格は、各人が法定相続分の割合で相続財産を取得したものとして計算するのですが（相法55）、この法定相続分は**寄与分**（民法904の2）を除外して（相法55）、特別受益（民法903）は除外していません。つまり、特別受益者の相続分は、具体的相続分率※に相当する額に従って未分割財産を取得したものとして**相続税の課税価格**を計算します（相基通55-1）。

いわゆる**みなし相続財産**は特別受益に含めないで計算します。生命保険金を取得した相続人は、**非課税限度額**控除後の金額を課税価格に算入します。死亡退職金等も同様です。

> ※ 具体的相続分率とは、特別受益や寄与分を反映した相続分割合のことです（1-3-4「特別受益と具体的相続分」参照）。

(2) 申告と遺産分割の関係

しかし、未分割申告は暫定的なものですから、単純な法定相続分による取得価格で計算した申告をしていても、後の遺産分割において特別受益や寄与分を反映した取得財産を確定させればよいはずです。その場合は**更正の請求**（相法32①一）、**修正申告**（相法31①）ができます。また、遺産分割をしないまま当初申告内容で確定したとしても、申告が違法になるわけではありません。遺産分割はいつでもできます。それが最初の遺産分割である限り、申告内容と異なることになっても贈与や譲渡になることはありません。ただし、遺産分割のやり直しとみなされると固有財産の移動になりますから、贈与税等の課税問題になりかねません[1]。

---

[1] 相続税の申告書が「未分割遺産」の申告であることがわかれば大丈夫と思います。申告しなくてもよい場合は、遺産分割をしているような外形を残さないことです。例えば法定相続分による共有の相続登記などは共有化遺産分割の登記と区別がつきません。

2 特別受益の評価

(1) 原 則

特別受益に当たる財産の評価は相続開始時を基準にします。相続開始時あるいは遺産分割の時に財産が滅失、変質していても、当初の特別受益に当たる財産が原状のまま残っていたとして評価します。例えば、相続開始時に値上りしていた土地はその時価で評価して**持戻**計算をします。建物なら値下がりしています。特別受益財産を売却処分していても、相続開始時にはそれが残っているものとみなして持戻しの計算をします（民法904）。

(2) 金銭の贈与

金銭は、相続開始時の貨幣価値によって換算評価します（最判昭51・3・18 判時811-50）。

(3) 受贈者の行為によらない受贈財産の滅失又は価額の増減

天災や第三者の不法行為などによって特別受益財産である受贈財産が滅失した場合は、**特別受益**はないものと扱うことができます（民法904反面解釈）。価額が下落した場合は、相続開始時の実際の価額を特別受益の価額と評価するのが公平だと解します。

3 特別受益と3年以内贈与の留意点

相続人に対する「3年以内贈与」（4-2-2「3年以内贈与の加算」参照）は特別受益と重なります。しかし、両者には顕著な違いがあります。

(1) 対象財産

特別受益は「婚姻、養子縁組のための贈与」「生計の資本としての贈与」という限定がありますが（民法903①）、3年以内贈与は、相続開始の3年以内であればすべての贈与が対象になります（相法19）。

(2) 財産評価

特別受益財産は相続開始時の価額をもって評価します。3年以内贈与は、贈与された時の価額が相続税の課税価格に加算されます。

> **事例** 特別受益と「3年以内贈与」及び具体的相続分

被相続人　　甲
遺　　産　　4,000万円

長女Aと二女Bに特別受益となる生前贈与

相続人	特別受益	時期と価額
妻乙	なし	
長女A	留学費用、婚礼費用	15年前　3,000万円
二女B	マンションの購入資金	2年前　4,000万円

解説

1　相続人らの具体的相続分の計算
① 特別受益財産の評価
　A　相続開始時に換算　　3,000万円→3,600万円
　B　贈与金額　　　　　　4,000万円
　※　住宅取得資金の贈与特例（非課税限度額の設定がある。措法70の2①⑥）及び相続時精算課税の非課税枠（相法21の12①2,500万円「特別控除金額」）の併用が可能。ただし、住宅取得資金贈与の非課税となった金額については、3年以内贈与加算は不要です。
② 持戻計算
　　4,000万円＋3,600万円＋4,000万円
　　＝11,600万円（みなし遺産）
③ 相続分相当額
　　乙　　11,600万円×1/2　　　＝5,800万円
　　A・B　11,600万円×1/2×1/2＝2,900万円
④ 特別受益の控除
　　A　2,900万円－3,600万円＝▲　700万円
　　B　2,900万円－4,000万円＝▲1,100万円
　　具体的相続分額　　A、B共　0円
⑤ 具体的相続分率
　　計算上の遺産総額　5,800万円（5,800万円＋0円＋0円）
　　乙　5,800/5,800＝1.00　　A・B　0.00

⑥ 具体的相続分
　　　乙　　4,000万円×1.00 = 4,000万円
　　　A・B　4,000万円×0.00 =　　　0円
　特別受益の額を超えて生前贈与を受けているAとBは相続分を主張できません。遺産分割審判があれば、甲の遺産全部を乙が取得する内容になると想定できます。

2　相続税の計算
　① 課税遺産総額と相続税の総額
　　　課税価格の合計額　6,500万円（4,000万円＋2,500万円）
　　※　相続税の課税価格の計算上加算されるのは3年以内贈与だけです。設例では2,500万円が相続時精算課税選択贈与とします。
　　※　住宅取得資金贈与のうち特例適用により非課税となった金額については3年以内贈与の加算はされません。設例では非課税限度額1,500万円とします。
　　　基礎控除額　　　4,800万円（3,000万円＋600万円×3）
　② 課税遺産総額　　　1,700万円（6,500万円－4,800万円）
　　　乙　　1/2　= 850万円→税額85万円　（10%）
　　　A・B　1/4　= 425万円→税額42.5万円（10%）
　③ 相続税の総額
　　　85万円＋42.5万円×2 = 170万円

3　遺産分割によって相続分を超える財産を取得
　仮に乙・A・Bが遺産4,000万円を次のように分割したとします。
　　乙 2,000万円　A 1,500万円　B 500万円
　A・Bには具体的相続分がないのですが、遺産分割による相続財産の取得は問題ありません。相続分の譲渡を受けたのと同じと考えられます。Bには別に相続時精算課税選択贈与分2,500万円があります（計3,000万円）。課税価格の合計額はこれを含めた6,500万円です（2⑴）。
　この場合のそれぞれの相続税額は次のとおりです。
　　　乙　170万円×2,000/6,500 = 52.31万円
　　　A　170万円×1,500/6,500 = 39.23万円
　　　B　170万円×3,000/6,500 = 78.46万円

❸ 相続権

1-3-6 寄与分と相続税

1 寄与分の意義

被相続人の財産の維持又は形成に寄与した相続人（寄与分権利者）に付与される特別の相続分です（民法904の2）。民法は被相続人との身分関係により相続人の**相続分**を定めていますが（法定相続分）、遺産となる被相続人の財産の形成、増加、維持などに寄与した相続人には他の共同相続人よりも多くの相続分を認めて相続分の修正をする制度です。寄与分が相続人間の衡平をはかるための制度である点では**特別受益**の制度と同様です。

2 寄与分権利者

寄与分が認められるのは共同相続人の中の相続人に限られます。包括遺贈の受遺者は含まれません。相続人の配偶者(子どもらの嫁又は婿)は共同相続人ではありませんから含まれないのですが、実務では相続人本人の寄与分として考慮することがあります[1]。内縁関係にある配偶者に寄与分を認める余地はありません。

3 寄与の形態

寄与の具体的な例としては、被相続人の事業に労務、役務あるいは経済的な支援をして被相続人の財産の増加に貢献すること、被相続人の療養看護や介護をすることによって財産を維持しその減少を防止したことなどが考えられます。つまり、被相続人の財産（遺産）の増加もしくは維持に寄与した財産上の貢献であることを要します。しばしば問題になるのは、被相続人の療養看護に尽くしたというケースです。直接財産の増加、維持に貢献していないので、通常は消極的に解されますが、それによって被相続人が財産の費消を免れたという事情が証明されるなら、寄与分を認めることができます。また、相続人が、相続開始後に相続財産を維持し又は増加させたとしても寄与分として評価され

---

[1] よくある事例が長男の嫁です。嫁が義父母に対して献身的な介護をしてきたという経緯がある場合に、義父又は義母の相続に際して長男の相続分に寄与分を考慮して報いるものです。

ないというのが判例です（東京高決昭57・3・16 家月35・7-55）。これらは相続財産に関する費用（民法885）として清算されるものと解します。相続財産に関する費用は相続開始の際に現に存在する債務ではありませんから、**相続債務**として取得財産の価額から控除される相続債務ではありません（相基通13-2）。

寄与分は法定相続分又は遺言による指定相続分を修正するものですが、それは寄与分権利者の相続分を増加させるだけで、寄与分を認められた相続人の相続財産が増えて相続税額も高くなることがありますが、**相続税の総額**に影響するものではありません。

4 寄与分の計算式

寄与分権利者の相続分＝（相続財産－寄与分）×法定（指定※）相続分＋寄与分

　※　遺言による指定相続分にも寄与分は加算されます（民法904の2①）

5 寄与分の限界

寄与分の上限は、遺贈の価額を控除した後の相続財産の価額です（民法904の2③）。したがって、遺贈は寄与分に優先することになりますから、寄与分は遺贈された財産については主張できません。また、判例のなかには**遺留分**を超える寄与分を認めない趣旨のものがありますが（東京高決平3・12・24[2] 判タ794-215）、相当だと解します。

6 寄与分と相続税

遺産分割ができない状態で相続税を申告する場合は、寄与分は考慮しないで、各相続人は法定相続分（包括受遺者については**包括遺贈**の割合）により相続財産を取得したものとして課税価格を計算します（相法55）。特別受益が考慮されるのとは異なります[3]。

2　判旨「寄与分を定めるにあたっては、これが他の相続人の遺留分を侵害する結果となるかどうかについても考慮しなければならない。」
3　特別受益と寄与分に条文の優劣関係はありません。それぞれが並行して適用されるものと解します。

〈基本解説〉

第2章

相続税の課税事由

1 相続又は遺贈

2-1-1 相続又は遺贈と相続税

1 相続税の課税原因

相続税の課税対象は、個人が、相続または遺贈によって取得した財産（相続財産）です（相法1の3一）。相続と遺贈以外に相続税を課税されることはありません。ただし、相続税法では、特に断りがない限り、**遺贈**には**死因贈与**を含める扱いです（相法1の3・括弧書き）。いずれも、被相続人の財産が、被相続人の死亡を原因として承継されるものです。承継をするのが自然人の場合が相続です。遺贈は「遺言」という方法で被相続人が自己の財産を処分するものです。法人は、相続はしませんが遺贈により財産を取得することはあります。

▶法人に対する資産の遺贈又は死因贈与

2 納税義務の成立時期と申告期限

(1) 通常の遺贈

相続税の納税義務は「相続又は遺贈によって財産を取得したとき」に成立します（通法15②四）。遺贈は遺言者の死亡によって効力が生じて（民法985①）、受遺者はその時に財産を取得すると同時に相続税の申告義務が生じます[※1]。その申告は、相続の場合と同様、相続の開始があったことを知った日の翌日（起算日）から10か月以内にすることを要します（相法27①）。この点について、実務上は、受遺者が相続人たる地位をも有している場合を除き[※2]、自己のために遺贈があったことを知った日の翌日が起算日になるとされています（相基通27-4(8)）。

※1 相続税課税案件の場合です。
※2 受遺者が相続人たる地位を有している場合が除かれているのは、相続人が受遺者である場合には、遺贈ではなく相続が相続税の課税の根拠となるからです。

(2) 負担付遺贈

遺言によって他人に財産的利益を与えつつ、義務を負担させるものがありま

すが、これを負担付遺贈といいます（民法1002）。例えば、被相続人甲が弟Aに対し、「Aには甲所有不動産を遺贈するが、Aは、甲の妻乙に対し1,000万円を支払わねばならない」というものです。この場合、1,000万円は乙が遺贈により取得した財産になります（相基通9-11）。Aは、遺贈により取得した財産の価額から1,000万円を控除した価額を**相続税の課税価格**として税額の計算をします（相基通11-2-7）。

(3) 停止条件付の遺贈

遺贈には、停止条件を付することができます。これを停止条件付遺贈といいます[1]。停止条件付遺贈の場合でも、遺贈者の死亡前に条件が成就した場合には、通常の遺贈と同様、遺贈者の死亡によって遺言の効力が生じます。

他方、遺贈者の死亡後に条件が成就した場合は、停止条件が成就したときが遺言の効力発生時であり（民法985②）、受遺者が目的財産を取得するときですから、この時点で納税義務が生じます（相基通1-3・1の4共-9）。申告期限の起算点は、条件が成就した日の翌日です（相基通27-4(9)）。

停止条件付遺贈では、その目的財産は、相続開始後条件成就までの間は被相続人の遺産に属したままです。したがって、相続人はこれを含めて相続税の申告をせざるを得ません。この場合、相続人が法定相続分で取得したものとして税額を計算して申告することもできますし、遺産分割をして申告することもできます（相基通11の2-8）。その後に条件が成就すれば関係者の相続税額に変動が生じますから、**修正申告**や**更正の請求**等によって対応することになります（相法31、32）。条件成就の可否が申告期限後でないとわからないのであれば、当該条件の成就を先取りした遺産分割をするのも方法かもしれません。ただし、その場合は、条件の不成就が確定したときでも更正の請求等はできません。

▶遺贈についての留意点
▶特定遺贈の受遺者である相続人の遺産分割

---

1 例えば、「子Aが、医師国家試験に合格すれば、診療所として使用している不動産を遺贈する」といった遺贈が考えられます。

❶ 相続又は遺贈

2-1-2 包括遺贈と特定遺贈

1 包括遺贈と特定遺贈

（1） 意　義

　遺贈は、遺言により、遺言者の遺産の全部又は一部を無償で人に与える法律行為です。相続人に対して遺贈することも可能ですが、通常は「**相続させる遺言**」が使われます。遺贈には特定遺贈と包括遺贈があります（民法964）。包括遺贈は割合（全部又は何分の一）による遺贈であり、特定遺贈は特定の財産を目的とする遺贈です。なお、相続税法には「**みなし遺贈**」があるのが特徴です。

（2） 効　力

① **包括遺贈**

　包括遺贈も、遺言者の死亡によって効力が生じることは特定遺贈と同じですが、包括遺贈の受遺者は相続人と同一の権利義務を有するところが特定遺贈と異なる点です（民法990）。包括遺贈の受遺者は、遺産の全部又は一部について相続人らと共同相続人の関係になります。遺贈の放棄は、相続の放棄の手続き（民法915①）によってします。包括受遺者は**遺産分割**により特定の財産を取得します。また、包括遺贈の場合は、受遺者は被相続人の債務も承継します。

▶遺贈についての留意点

② **特定遺贈**

　遺言は遺言者の死亡の時からその効力を生じます（民法985①）。したがって、特定遺贈では、遺贈者について相続が開始すると遺贈の目的となっている財産は当然に受遺者に帰属します。相続人に対する遺贈であっても、遺産分割を経ることなく受遺者が当該財産を取得します。受遺者が当該目的財産の取得を望まない場合は、遺贈を放棄することができます（民法986）（2－1－5「遺贈の放棄と相続税」参照）。

2 包括遺贈と相続人

　上記のように、包括遺贈を受けた者（包括受遺者）と相続人は同一の権利義務を有するものの、以下の点において異なります。なお、ここでの「受遺者」

は「相続人ではない受遺者」に限定します。

① 法人が相続人となることはありませんが、包括受遺者になることは差支えありません。もとより特定遺贈の受遺者にもなれます[1]。
② 一定の相続人には**遺留分**がありますが、包括受遺者には**遺留分**がありません。
③ 遺贈の効力発生前に受遺者が死亡した場合には、遺贈の効力は生じないものとされており（民法994①）、代襲の問題も生じませんが、相続人の場合には**代襲相続**の規定があります（民法901）。
④ 被相続人の保険契約において、保険金受取人に「相続人」と記載されている場合には、包括受遺者はこれに含まれません（最判昭40・2・2、判タ175-103）。
⑤ 受遺者は遺産に係る基礎控除額を算出する場合の「相続人の数」（相法15①）に含まれず、生命保険金や死亡退職手当金等の非課税額（4-2-1「生命保険金、死亡退職手当金の非課税限度額」）を算出する場合の「相続人の数」（相法12①五イ、六イ）にも含まれません。

3 遺贈と相続税

　特定受遺者も包括受遺者も、遺贈により財産を取得したのですから、**課税相続案件**である限り相続税の申告が必要です。ところで、相続人でない受遺者が遺産の全部又は大部分を取得したとしても、相続人の人数が多ければ**遺産に係る基礎控除額**が大きいことから、**相続税の総額**が減少して受遺者の相続税額そのものが減少します。つまり、被相続人の財産を取得できなかった相続人であっても、相続税法15条1項の「相続人の数」には含まれることから、結果として受遺者の相続税額を圧縮することになります。もっとも、受遺者が相続人以外であれば、納付税額はいわゆる**2割加算**となります（相法18①）。

---

[1] 遺贈者に譲渡所得税が課せられることがあります。その場合は相続人が準確定申告を行うことになります（「▶法人に対する資産の遺贈又は死因贈与」参照）。

❶ 相続又は遺贈

2-1-3 相続させる遺言

1 意 義

遺言書には、遺贈遺言とは別に「相続させる遺言」といわれる遺言があります。実務的には、相続人に対して財産を取得させる目的の場合はこの形態によるものがほとんどで、遺贈遺言は相続人以外の人に財産を取得させる場合に用いられています。相続人に財産を取得させる場合に、あえて遺贈遺言をする理由は見出せません。

2 相続させる遺言の効力

「相続させる遺言」は、遺産分割方法及び分割割合を指定するものであり、特段の事情のない限り、何らの行為も要せずに、相続開始と同時に目的遺産は名宛人の相続人（受益相続人）が取得します。その目的財産が不動産の場合、遺贈であれば所有権の移転登記をするためには相続人全員の協力が必要ですが、相続させる遺言の場合は、当該受益相続人が単独で移転登記手続をすることができます。遺産預貯金についても単独で解約・払戻請求ができます。

▶相続させる遺言

3 不動産取得税、登録免許税との関係

かつては、相続させる遺言は、登録免許税や不動産取得税については遺贈より有利な税率でした。しかし、現在では、遺贈であっても法定相続人に対するものであれば登録免許税の税率は相続と同率です。また、不動産取得税も法定相続人に対する遺贈であれば課税されません。したがって、相続人に対するものに限っては、相続させる遺言と遺贈で有利・不利はなくなりました。

4 「相続させる遺言」による遺産取得相続人が遺言者より先に死亡した場合

遺贈の場合は、受遺者が遺言者よりも先に死亡した場合は効力が生じませんから（民法994①）、**代襲相続人**が受遺者の取得する遺産を相続することはありません。相続させる遺言により財産を取得することになっていた相続人が遺言

者よりも先に死亡した場合は、当該遺言は特段の事情[1]がない限り失効します。「特段の事情」とは、「遺言者が死亡した時に受益相続人が死亡していた場合は、その子に相続させる」というように、遺言者の明確な意思が認められる場合です。

5 特定の遺産を相続させる遺言効力

遺言の目的となる遺産は、指定された相続人が取得しますが、それ以外の遺産は相続人による遺産分割の対象になります。この場合、特定遺産を相続した受益相続人は、それを遺贈された場合の受遺者と同様の立場になります。したがって、**特別受益**があったとみて、持戻計算をして具体的相続分割合を計算します。具体例で確認するために、1-3-4「特別受益と具体的相続分」の事例2を参照してください。

ポイントは下記の2点です。

① 特別受益が受益相続人の法定相続分を超える場合

特別受益となる当該特定遺産の価額が受益相続人の法定相続分を超える場合は、具体的相続分はゼロになりますから、通常はその余の遺産から何かを取得することはありません。しかし、受益相続人が新たに遺産を取得したとしても、遺産分割による財産の取得ですから贈与税は課税されません。法定相続分を超えていることについて代償金を支払うなどの清算をする必要もありません。

② 取得した特定遺産が法定相続分を超えない場合

特別受益となる当該特定遺産の価額が受益相続人の法定相続分を超えない場合は、受益相続人は残りの遺産について相続分を有しています。ただし、当該相続人の法定相続分を限度とする当該特定遺産の価額を超える分についてです。

---

[1] 「当該推定相続人の代襲者その他の者に遺産を相続させる旨の意思を有していたと見るべき特段の事情がない限り、その効力を生ずることはない」（最判平23・2・22 判タ1344-115）

❶ 相続又は遺贈

2-1-4 死因贈与

1 意 義

死因贈与は、贈与者の死亡によって効力を生ずる贈与のことです（民法554）。**遺贈**と同様、人の死亡を契機として他人に財産を取得させる法的手段です。死因贈与の法的性質は贈与契約ですが、財産所有者の死亡を原因として予定した人に財産を取得させる点において遺贈と類似していることから、その性質に反しない限り遺贈に関する規定が準用され（民法554）、税法上は特に断りがなければ遺贈に含まれます（相法1の3一、四の各括弧書き）。死因贈与によって財産を取得した受贈者は、贈与税ではなく相続税の申告をします。

2 遺贈との異同

(1) 要 式

死因贈与では、遺贈において要求されている自署や検認（自筆証書遺言による遺贈）といった手続きが不要です。死因贈与には、上記のとおり遺贈の規定が準用されますが、遺贈の方式に関する規定は準用されません（最判昭32・5・21 判タ73-51）。したがって、ワープロ等で作成したものでも、署名ではなく記名押印であっても有効です。

▶ 死因贈与の実務メリット

(2) 課 税

遺贈と同様、相続の開始があったことを知った日の翌日から10か月以内に相続税の申告をします（相法27①）。贈与者の一親等親族又は配偶者以外の者が受贈者であれば**2割加算**となります（相法18①）。

(3) その他の税

① 不動産取得税

死因贈与によって受贈者が取得した不動産の価額を基準に課税されます。相続人に対する死因贈与であっても課税されます（仙台高判平2・12・25、判時1397-15）。遺贈の場合は、相続人が受遺者であれば非課税です（地法73の7一）。

② 登録免許税

死因贈与の受贈者が取得した不動産価額の2％の税率で課税されます。遺贈では、相続人以外の人に対する遺贈の場合が同じ2％、相続人に対する遺贈なら0.4％です。

3 死因贈与の問題点

(1) 書面によらない死因贈与

死因贈与は要式行為ではありません。通常の契約と同様、申込と承諾の意思表示だけで成立します。しかし、口頭での死因贈与を理由とした相続税の申告をしても是認されるとは考えられません。たしかに、受贈財産が不動産なら、相続人らの承諾があれば、所有権移転登記をすることはできるでしょう。しかし、それが死因贈与であるか否かは課税庁にはわかりません。受贈者が、贈与税ではなく相続税の申告をしても、課税庁は「贈与」による取得として**決定**（通法25）もしくは**更正**（通法24）をする可能性が高いです。この場合、受贈者は死因贈与の事実があったことを立証する必要があります。申告前に、訴訟等によって死因贈与があった事実を確認する方法が考えられますが、これも馴合いが疑われる訴訟や和解による有効確認程度では、課税庁が死因贈与と認める保証はありません。

(2) 生前贈与と死因贈与

被相続人が相続人に対して、書面により生前贈与をしていた場合、贈与した年の申告期限から6年を経過していると、課税庁は贈与税を課税することができません（相法36①）。しかし、財産の名義も占有も移転しておらず、受贈者が贈与税の申告もしていないような場合には、課税庁がその贈与日付に生前贈与が実際にあったと認める可能性は低いです。その場合に死因贈与が問題になる能性はあります[1]。

(3) 受贈者の相続

死因贈与の受贈者が贈与者より先に死亡した場合は、贈与者が特に受贈者の相続人に権利を承継させようとしているような場合でない限り、死因贈与は失効すると解されています。

▶死因贈与の受贈者が贈与者より先に死亡した場合

---

1 死因贈与により取得したと認められた例として裁決昭57・10・8（例集25-89）。贈与契約と認定された例として大高判昭63・9・27（税資165-775）など。

2-1-5 遺贈の放棄と相続税

1 遺贈の放棄

(1) 特定遺贈

特定遺贈の場合、受遺者は、遺言者の死亡後、いつでも遺贈の放棄をすることができます（民法986①）。もっとも、受遺者がいつでも放棄できることになれば、遺贈義務者（遺贈の履行をする義務を負う者）等が不安定な状態に置かれたままになるため、遺贈義務者には、受遺者に対し遺贈を承認するのか、または放棄するのか相当の期間を定めて催告する権利が付与されています（民法987①）。

相続人に対する特定遺贈はあまり例がないと思いますが、特定の財産を遺贈された相続人が、遺贈の内容を知りながらこれと異なる遺産分割をした場合は、特段の事情がない限り遺贈を放棄したものと認定されます（東京地判平6・11・10金法1439-99）。遺産分割が受遺者の望むところとすれば、このように解するしかありません。

また、遺贈を放棄したうえで相続をすることや、**相続放棄**をしたうえで遺贈により財産を取得することも可能です。

なお、遺贈を放棄すれば、その財産は相続人に帰属します（民法995）。ただし、遺言に別段の意思が表示されていればその意思が優先されます（民法995）。

▶特定遺贈の受遺者である相続人の遺産分割

(2) 包括遺贈

包括遺贈は、受遺者が相続人と同一の権利義務を有します（民法990）。したがって、包括受遺者が遺贈を放棄するには、相続人が相続放棄をする場合と同様、自己のために包括遺贈があったことを知ったときから3か月以内に家庭裁判所に相続放棄の申述をしなければなりません（民法915①）。

なお、遺贈の承認及び放棄は、撤回をすることができないため（民法989①）、承認及び放棄をする場合には慎重に行う必要があります。

2 遺贈の放棄と更正の請求

　受遺者が「遺贈により財産を取得した者」（相法1の3）として相続税の申告をした後に遺贈を放棄すると、通常は申告した相続税額が過大となります。この場合、当該受遺者が更正の請求をすることができるのかという問題があります。

(1) 法律の規定

　遺贈の放棄をした場合、放棄の日の翌日から4か月以内であれば**更正の請求**をすることができます（相法32①四）。実際にも、相続税の申告はしたものの、その遺贈によって相続人らが困窮することになるのを避けるためとか、あるいはその遺贈された財産が相続人にとってかけがえのないものであることから返還するため、などの理由で申告後間もなく遺贈を放棄したような場合には更正の請求を認めてもよいと思います。放棄された遺贈の目的財産は相続人に帰属しますから、相続人らが改めてその財産について遺産分割をしてそれを取得する者を決めます。当該財産を取得した相続人は、当初の申告税額が結果的に過少となるため**修正申告**をします。財産を取得した相続人が修正申告等をしなければ、課税庁は相続税の**更正**又は**決定**をします（相法35③）。

(2) 放棄の制限と更正の請求

　しかし、遺贈の放棄に期間の制限がないとしても、相続の開始から何年後であっても遺贈の放棄をすれば相続税の更正の請求が認められるという結論には疑問が残ります。これに関する判例や通達はありませんが、遺贈の目的財産について担保設定などの処分行為をした場合や移転登記をした場合は、承認をしたものとして放棄はできないと考えるべきでしょう。また、相続税の申告をした場合も、遺贈の承認をしたものと解される恐れがありそうです。申告後は、遺贈の放棄をしても更正の請求はもはやできないと考えたほうが無難です。

2 遺留分減殺請求

2-2-1 遺留分権利者と遺留分割合

1 遺留分とは

遺留分制度とは、一定範囲の相続人に対して、被相続人の財産の一定割合について相続権を保障する制度をいいます。また、被相続人に属していた財産のうち、遺留分制度によって相続人に保障される部分を遺留分といいます。

被相続人が、ある法定相続人の遺留分を侵害するような遺贈等をした場合には、遺留分を侵害された法定相続人は、**遺留分減殺請求権**を行使することによって、侵害された遺留分割合相当の財産を取り戻すことができます。遺留分減殺請求権を行使したことによる財産の取得は相続による財産の取得です。

2 遺留分権利者

遺留分は、兄弟姉妹以外の法定相続人、すなわち配偶者、子、及び父母に認められており（民法1028）、これら遺留分が認められている者を遺留分権利者といいます。なお、遺留分権利者であっても、**欠格**、**廃除**、または**相続放棄**などによって相続権を喪失した相続人は遺留分も有しません。

3 遺留分割合

遺留分の割合は次のとおりです（民法1028）。

① 直系尊属のみが相続人の場合……被相続人の財産の3分の1
② 前①以外の場合………………被相続人の財産の2分の1

遺留分割合が3分の1となるのは、配偶者がおらず、かつ、子及びその代襲相続人もいなくて、直系尊属のみが相続人の場合です。父母が亡くなっているか[1]、廃除又は相続の欠格者である場合は祖父母[2]が遺留分権利者です。

4 遺留分が侵害される態様

(1) 遺言による侵害

遺贈・死因贈与だけでなく、**相続させる遺言**であっても、1人又は一部の相

続人に遺産の全部又は大部分を相続させるか、特定財産を相続させれば、遺留分を侵害することはあり得ます。

(2) 贈 与

生前贈与は遺留分を侵害することがあります。ただ、受贈者の権利も保護されなければなりません。そこで、遺留分減殺請求の対象になる贈与は、相続開始1年以内のものに限られています（民法1030前段）。ただし、これは相続人以外の者に対する贈与だけです。遺留分権利者の遺留分を侵害することを知っていた場合（民法1030後段）と相続人に対する贈与は、相続から1年超前であっても原則として対象になります（最判平10・3・24 判タ973-138）。詳しくは、2－2－4「生前贈与の遺留分減殺請求と相続税・贈与税」を参照してください。

5 遺留分侵害が生じる典型的なケース

① 遺言又は死因贈与契約によって、全部又はほとんどの財産を1人の相続人又は相続人以外の者[3]に取得させている。

② 生前贈与によって、全部又はほとんどの財産を相続人又は相続人以外の者に取得させている。

③ 被相続人に対する多額の債務を免除している。

共同相続人と遺留分の割合例

相続人	遺留分	各相続人の遺留分	備　考
子ども3人	2分の1	子ども 各　6分の1	
配偶者と 子ども3人	2分の1	配偶者　　　4分の1 子ども 各　12分の1	
配偶者と直系尊属	2分の1	配偶者　　　6分の2 直系尊属　　6分の1	例えば妻と母親が相続人の場合
配偶者と兄弟姉妹	2分の1	配偶者　　　2分の1	兄弟姉妹に遺留分はない
直系尊属の父母	3分の1	父母 各　　6分の1	父母のいずれかのみが相続人の場合は3分の1
兄弟姉妹	0	・兄弟姉妹が同順位の共同相続人になるのは配偶者のみ ・兄弟姉妹に遺留分はない	

1　父又は母のいずれかがいる場合はその人が3分の1の遺留分権利者です。
2　代襲ではありません。第2順位相続人です。祖父又は祖母のみが相続人であり遺留分権利者ということもあり得ます。
3　孫や内縁関係にある者なども考えられます。

❷ 遺留分減殺請求

2-2-2 遺留分の算定

1 算定方法

具体的な遺留分の額は、遺留分の基礎となる被相続人の財産の額に遺留分を乗じることによって算定するので、前提として、遺留分の基礎となる被相続人の財産の額を確定する必要があります。民法1029条1項は、被相続人の財産の額を確定するための計算方法として、「相続開始時の被相続人の財産の価額」に「贈与財産の価額」を加えた額から「債務の全額」を控除すると規定しています。

2 相続開始時の被相続人の財産の価額

相続開始時点における被相続人の積極財産に、特別受益者がいる場合は当該**特別受益**を持ち戻した額です（持ち戻した財産の価額を加算します）。ここにいう「被相続人の積極財産」には、被相続人が遺贈や死因贈与及び相続させる遺言の目的とされた財産も含むと解されています。

3 遺留分算定の基礎に算入される贈与と価額

(1) 算入される贈与（遺留分減殺請求の対象となる贈与）

遺留分算定の基礎に算入されるということは、遺留分減殺請求の対象になるということです。「相続開始前の1年間にした」贈与及び「当事者双方が遺留分権利者に損害を加えることを知って[1]」した贈与がこれに該当します（民法1030条）。

当該贈与が法定相続人に対するものに限っては、特段の事情[2]がない限り、特別受益となる贈与は（1年超前であっても）すべて遺留分減殺請求の対象になります（最判平10・3・24 判時1638-82）。特別受益の範囲と遺留分制度の整合性を考慮した解釈です。

この他にも、遺留分権利者を害することを知ったうえでの不相当な対価によ

---

[1] 当事者双方が遺留分権利者の権利を害することを知っていることで足り、遺留分権利者がだれであるかまで知ることは必要ないと解されています。
[2] 「その後の時の経過に伴う社会経済事情や相続人など関係人の個人的事情の変化をも考慮するとき、減殺請求を認めることが右相続人に酷であるなど」

る有償行為は贈与とみなされますから（民法1039）、ここでの贈与に含まれます。また、相続税法上は贈与となる「相続人に対する債務の免除」（相法8）、「債務の引受」（相法8）、低額譲渡（相法7）なども含まれることになります[3]。

(2) 算入される贈与の額（評価）

贈与財産の価額は、贈与時ではなく相続開始時の評価です。また、贈与の目的物に滅失や価値の減少等があった場合には、相続開始時においても原状のまま存在したものとして評価することになります（民法1044・904）。なお、「中小企業における経営の円滑化に関する法律」は、受贈財産を遺留分の計算に含めない合意をするなどの民法規定の特例を認めています。

▶遺留分に関する中小企業経営承継円滑化法の特例

4 債務の控除

遺留分の算定において控除すべき債務には、私法上の債務のみならず租税債務や罰金等も含まれます。範囲は、課税価格の計算上控除できる**相続債務**とほぼ同じです（4-2-5「債務控除」参照）。

5 3年以内贈与との関係

相続税法では、いわゆる**3年以内贈与**による財産は相続税の課税価格に加算されますが、それと相続時精算課税選択に係る遺留分算定の基礎になる贈与との関係を次の表にまとめました。

法定相続人に対する生前贈与と相続税の課税価格加算及び遺留分

生前贈与の時期（受贈者について）		課税価格加算[※1]	遺留分算定[※2]
相続開始前3年以内贈与		〇	〇
相続開始前3年超贈与	精算課税選択	〇	〇
	精算課税非選択	×	〇

※1 「課税価格加算」は、相続税の課税価格に生前贈与財産の価額を加算するものです（相法19①、21の15①）。
※2 「遺留分算定」は、遺留分の基礎となる価額を算定する場合に、被相続人の財産に加える財産の価額の意味です（民法1029①、1030）。

---

[3] 実際に、正面から遺留分減殺請求の対象になるとされたものは、公表された先例には見当たりません。

❷ 遺留分減殺請求

2-2-3 遺留分減殺請求と相続税

1 遺留分減殺請求の効果

　被相続人の生前贈与、遺贈等が**遺留分権利者**の遺留分を侵害するものであったとしても、それだけで当該遺贈等の遺留分を侵害している部分が無効になるのではなく、遺留分減殺請求権が行使されるまでは法律効果に影響しません。遺留分権利者が遺留分減殺請求権を行使した時点で、相手方（受贈者等）の行為を必要とせず、法律上当然に減殺の効果を生じます（最判昭44・1・28、判時548-68）。受遺者又は生前贈与の受贈者らの権利は遺留分を侵害する限度において遺留分権利者に帰属します（最判昭51・8・30、判時826-37）。

2 遺留分減殺請求による財産取得と相続税

(1) 受贈者・受遺者等

　遺留分減殺請求権行使の後、返還する財産の範囲又は価額弁償金の額が確定すると[1]、受遺者・受贈者等の取得財産が減少して税額が過大となるので、当該受遺者等は**更正の請求**をして税金の還付を受けることができます（相法32①三）。

(2) 遺留分権利者

　遺留分権利者が遺留分減殺請求権を行使して、遺留分相当の取得財産の額が確定した場合は**期限後申告**をすることになります（相法30①）。もっとも、当該相続が、相続税を課税されない**非課税案件**であれば、その必要はありません。

　他方、すでに、遺留分権利者が遺産の一部を取得して相続税の申告をしていた場合には、遺留分減殺請求によって財産を取得すれば税額が増えるため、**修正申告**をすることになります（相法31①）。

1　相続税法32条1項三号「遺留分による減殺の請求に基づき返還すべき、又は弁償すべき額が確定したこと」。
　以前は「遺留分による減殺の請求があったこと」という規定であったため、遺留分減殺請求権が形成権であることもあって、更正の請求が直ちにできるのか、その期間制限は減殺請求の時から進行するのか等の疑義がありました。それを返還範囲確定時を基準することに改めたものです。

3 当事者間での相続税清算

　遺留分減殺請求をされた受遺者らは、取得財産が減少した分について更正の請求をするでしょうから、遺留分減殺請求をして財産を取得した相続人は修正申告をすることになります。修正申告がなければ、課税庁は**更正**をします（相法35③）。これは相続人間の課税価格の増減を均すものですから、相続税の総額は原則として変わりません。そのため、遺留分減殺請求をした相続人と相手の受遺者らとの間で、増減する各人の相続税の清算分を含んだ**価額弁償金**[2]を授受することによって、税金分も一括して清算するのは差し支えありません。また、当事者のいずれもが税金の是正を求めないまま放置したとしても、特に課税庁が干渉することはありません。必要ないからです。

4 遺留分の回復と課税

　遺留分減殺請求をした遺留分権利者は、侵害された遺留分相当の財産の返還を請求できるのですが、実際には、話し合いや調停等でその返還の範囲を確定するか、あるいは価額弁償金の金額を確定します。それが、遺留分相当額を超えていても、当事者が意図的に遺留分相当額を超える返還財産や価額弁償金の金額を合意するような特異な事情があれば別ですが、そうでなければ、贈与税等の新たな税金が課税されることはありません。遺留分は「遺言によっても奪われない最後の相続分」と言われます。遺留分減殺請求後の返還の範囲、価額弁償金についての協議は遺産分割に似ていなくもありません。当事者の合意で確定するのなら、特に遺留分相当にこだわる必要もないと解します（超過分について特に課税が問題になることはないとの趣旨です）。

2　税金清算相当額を含んだ取得財産の返還ということもあります。

❷ 遺留分減殺請求

2-2-4 生前贈与の遺留分減殺請求と相続税・贈与税

1 遺留分減殺請求の対象となる贈与

遺留分権利者は、自己の遺留分を保全するのに必要な限度において、遺贈及び贈与の減殺を請求することができます（民法1031）。対象となる生前贈与は次の(1)(2)です。

(1) **相続開始前の1年間にした贈与**（民法1030前段）

相続開始日から離れている生前贈与については、**遺留分減殺請求**の対象から除外するという規定ですが、受贈者が法定相続人である場合とそうでない場合とで適用は分かれます。①が適用外であることに注意してください。

① 受贈者が法定相続人で特別受益者に該当する場合

生前贈与は、その時期にかかわらず、原則として[1]遺留分減殺請求の対象になります（最判平10・3・24 判時1638-82）。特別受益の範囲と遺留分制度の整合性を考慮した確定判例です。

② 受贈者が①以外の場合

相続開始前の1年間にしたものに限り遺留分減殺請求の対象になります（民法1030）。

贈与を受けた日から1年を経過していれば、遺留分減殺請求によって遺留分権利者から取り戻される心配がないということになります。確かに、昔にもらったものまでがいつまでも遺留分減殺請求の対象になるのでは受贈者は不安です。その意味では、受贈者との関係を安定させる規定として意味があります。

(2) **当事者双方が遺留分権利者に損害を加えることを知って行った贈与**

当事者双方とは贈与者と受贈者です。これは、遺留分権利者の権利を故意に侵害するものですから、当該贈与が1年超前であっても、遺留分減殺請求の対象となります（民法1030後段）。相続を想定した特定の人に対する生前贈与など

---

[1] 「特段の事情がある場合」は対象外になることがあります。「特段の事情」とは「減殺請求を認めることが右相続人に酷であるなど」。具体的には、被相続人が生前贈与をした時は遺留分侵害など想像できないほど財産があったが、相続時点では財産がほとんどなくなっていた場合などが想定できます。

が該当すると考えられます。当事者双方が遺留分権利者の権利を害することを知っていることで足り、遺留分権利者がだれであるかまで知ることは必要ないと解されています。

2 生前贈与の受贈者（特別受益者）の課税

　法定相続人が被相続人から生前贈与を受けていたとすると、特別受益者になるのが通常です。当該受贈者は贈与された財産について贈与税を負担していることがあります。その納付贈与税が相続税から控除されるのは相続開始前**3年以内の贈与**に限ります（4-2-2「3年以内贈与の加算」参照）。それより前の贈与についての納付贈与税は相続税の計算上控除されません。他方、その贈与は、特別受益の**持戻し**財産の対象になりますし、遺留分減殺請求の対象にもなります。そして、受贈者は特別受益者ですから、その**具体的相続分**は本来の法定相続分より割合が小さくなります。こうしてみると、相続税の負担軽減のために長年に渡って毎年の生前贈与を繰り返す手法は、受贈者にとってメリットがあるとは限りません。

▶相続人に対する生前贈与は賢明か
▶遺留分に関する中小企業経営承継円滑化法の特例

3 生前贈与と遺留分減殺請求、相続税・贈与税の関係

(1)　相続開始の3年超前にされた生前贈与（3年以内贈与の加算・贈与税額の控除がない贈与）であっても、遺留分減殺請求の対象になります。また、相続時精算課税の適用がある贈与についても遺留分減殺請求の対象になります（後記4）。

(2)　相続税の計算において、従前に負担した贈与税に関して一定の金額を控除することができますが（相令4①、相基通19-7）、控除の対象となる贈与は相続開始前3年間のものに限定されています（相法19①）（巻末第7表【法定相続人に対する生前贈与と相続税の課税価格加算及び遺留分】参照）。

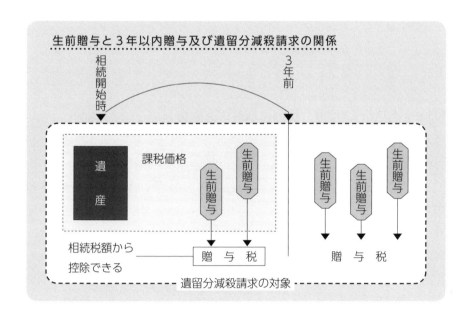

4 相続時精算課税との関係

(1) 特別受益

相続時精算課税を選択した贈与であっても、生前贈与に変わりはありませんから、特別受益となって相続開始時には**持戻し**の対象になります。

特別受益となる贈与財産は、贈与時ではなく、相続開始時の時価により評価します（民法904、東京家審昭33・7・4 家月10・8-36）。しかし、相続時精算課税の適用がある贈与財産は、贈与時の価額を相続財産の課税価格に加算して相続税を計算します（4-2-3「相続時精算課税に係る贈与財産加算」参照）。そのため、生前贈与の財産について贈与時と相続時に乖離が生じている場合は問題が生じかねません。

(2) 遺留分減殺請求の対象になる

相続時精算課税を選択した贈与（特定贈与者からの贈与）であっても、遺留分を侵害することになれば、遺留分減殺請求の対象になります。遺留分減殺請求があって、特定贈与者から贈与を受けた受贈者が財産を返還又は価額弁償を

した場合は、申告した贈与税について更正の請求ができますが、当該財産の受贈時と相続時の価額に大きな乖離があるケースでは調整を要します。その場合は、**特定贈与者**の死亡に係る相続税の課税価格に算入する財産の価額も問題になります。

[受贈財産から控除できる金額]

$$\text{相続時精算課税適用財産の価額【贈与時の価額】} \times \frac{\text{価額による弁償すべき額}}{\text{相続時精算課税適用財産の価額【価額弁償時又は財産返還時の価額】}}$$

> **事例**
>
> Xは、長男Aに対して、平成15年10月1日時価1億円の甲土地を贈与して、相続時精算課税の適用を選択して贈与税の申告をしました。
> Xについて平成26年3月3日相続が開始しましたが、その時点で甲土地の時価は1億6,000万円に高騰していました。
> Xの妻Yが甲土地の贈与について遺留分減殺請求をしました。YとAが話し合った結果、平成27年4月1日、AがYに対して価額弁償金4,000万円を支払うことになりました。
>
> **解 説**
>
> Aは平成15年分の贈与税について更正の請求ができます。その金額を計算します。
> 1億円×4,000万円／1億6,000万円＝2,500万円
> Aは受贈財産の価額から2,500万円を控除して更正の請求をすることができます。実際に支払った4,000万円を控除するのではなく、いわば贈与時の価額に対応した圧縮額に調整しています。また、AがX相続に係る相続税の計算をする際には、Aの相続税の課税価格に算入される甲土地の価額は減額更正後の価額7,500万円（1億円→（1億円－2,500万円））です。
> Yが取得した価額弁償金には相続税が課税されますが、その課税価格が2,500万円になるかといえば、そうではないようです。あくまで実際に授受された4,000万円を課税価格とするのが実務のようです。

〈基本解説〉

第3章

相続財産

1 相続財産の範囲と課税価格

3-1-1 相続財産(1) 課税相続財産と課税価格

1 相続税の課税財産

(1) 財産

　相続税の課税対象は、相続又は遺贈により取得された財産です。ここでいう「財産」は、「経済的価値のあるものすべて」という一般的な財産の概念だけでは律しきれません。相続税の課税対象となるものには、相続税法によってそれに含まれる財産もあります（みなし相続財産、みなし遺贈財産）。また、財産評価基本通達が相続税の課税価格の評価をすれば、それは相続税の課税対象にならざるを得ません。それが、固有の財産的価値があれば問題ないのですが、実体のないものに課税価格を評価して相続財産に取り込むのは本末転倒です。

(2) 相続税法基本通達11の2-1の定義する財産

　「財産とは」金銭に見積もることができる経済的価値のあるすべてのものであって、営業権のように法律に根拠を有しないものであっても経済的価値が認められるものを含みます。金銭や財物だけでなく、経済的価値がある債権はここでいう「財産」です。債権は将来に実現することを予定しているものですから、その実現が条件付きなどの理由で不確定であるものは、課税対象にすることに疑問があります。

(3) みなし相続財産

　民法上の相続財産には該当しませんが、被相続人の死亡によって取得する財産、経済的利益について、相続税法が相続税の課税対象に組み込んでいるものを指します。相続人が取得する場合が「**みなし相続財産**」であり、相続人以外が取得する場合が「**みなし遺贈**」となります。詳しくは、第3章第3節「みなし相続財産等」で論じます。

2 財産の評価

(1) 評価額と相続財産

　相続税の課税財産になるということは、その財産の価額を課税価格として相

続税の計算をすることです。逆にいうと、経済的な価額を評価できないものは相続財産と扱うことはできません。

(2) 評価時

相続、遺贈により取得した財産の価額は、当該財産の取得の時における時価によります（相法22条）。「取得の時」というのは、被相続人又は遺贈者について相続が開始した（死亡した）時です。

(3) 時　価

「時価」とは、課税時期において、それぞれの財産の現況に応じ、不特定多数の当事者間で自由な取引が行われる場合に通常成立すると認められる価額をいうとされています（評基通1）。ここでの「通常成立すると認められる価額」とは客観的な交換価値といわれています。しかし、このように定義しても、個々の相続財産についてそのような価額を納税者が評価できるわけではありません。

(4) 財産評価基本通達

相続税法は、地上権、永小作権、定期金に関する権利、立木については、その評価方法についての規定をしていますが（相法23～26）、その他の財産については納税者が「時価」を評価することになります（相法22）。しかし、時価については正しい評価を容易にできないのが実際です。そのため、納税者は国税庁長官が発遣する「財産評価基本通達」に基づいて評価しています。財産の時価を評価するのが困難だからというだけでなく、課税庁が提示している統一的な評価基準に基づいて評価した課税価格で計算申告するのが公平であり安全でもあるからです。

(5) 通達によらない評価

財産評価基本通達による評価は万能ではありません。個々の相続財産の特殊な事情によって、評価通達によることができない場合には、他の適正な方法で時価を評価することも許されます。所詮、何が当該財産の「時価」であるかという問題です。したがって、「他の適正な方法」が財産評価基本通達による評価よりも、より合理的で適正な評価方法であると認められる必要があります。独自の評価方法が許されるという趣旨ではありません。

3-1-2 相続財産(2) 債権と課税価格

1 課税財産

広い意味では「価値」があると言えるとしても、金銭に換算できない権利や財物は、相続の対象になることはあっても、相続税の課税対象にはなりません。債権は、その債権が実現財産（金銭、財物を問いませんが、経済的価値のある財産）を債権者に帰属させることが権利内容であること、その実現財産が確定していること等が、相続税の課税対象にできる要件だと解します。

2 金銭債権

(1) 預貯金に係る債権

預貯金の解約・払戻請求権は金銭債権の典型です。課税相続財産となるのはもちろんです。①民法上の問題は、その利息金が遺産ではないことです。②相続税法上の問題は、経過利子の評価と源泉徴収との関係です。

① 利息金は元本の法定果実ですから、相続財産ではないと扱われています。当然には遺産分割の対象にはなりませんが、当事者が遺産分割の対象にすることは認められます。遺産分割をしなければ法定相続分の割合に応じて相続人らに帰属します。なお、預金元本を法定相続分と異なる割合で遺産分割しても、当該遺産分割は利息金の帰属に影響しません。

② 元本額と経過利子の金額が相続財産の価額となります（評基通203）。計算式で表すと次のようになります。

課税時期の預入額 ＋ 課税時期に解約する場合の経過利子の額 － 既経過利子の額について源泉徴収されるべき所得税の額 ＝ 預貯金の評価額

※ 定期性預金以外の預貯金で、既経過利子の額が少額のものは預入額（元本）での評価でよいことになっていますが（評基通203但書き）、現在の超低金利では、定期預金でも既経過利子まで評価額に含める必要があるか疑問です。まして、源泉徴収後の金額です。

※　既経過利子について所得税を源泉徴収したうえに相続税を課税することには二重課税に当たるとの批判があります。平成25年度改正により新設した所得税法67条の4は、これに課税根拠を与えましたが、二重課税の疑問そのものが解消したわけではありません。

2 預貯金以外の金銭債権

(1) 貸付金等債権

貸付金、売掛金、未収入金、預け金（預貯金以外）、仮払金等についての債権の価額は次のとおりです（評基通204）。

元本の価額＋利息の価額＝貸付金債権の価額（評価額）

※　「利息の価額」は、課税時期現在（相続開始時）の既経過利子として支払いを受けるべき金額です。約定金利があれば日割計算することになります。

実務で重要なのは、これらの債権が債務者の信用不安によって債権の全部又は一部が回収不能もしくは著しく困難になっている場合は、その金額を元本の価額に算入しなくてもよいことです（評基通205）。基準は相続開始の時です。債務者について取引停止処分や会社更生手続きの開始決定あるいは破産宣告などがあった場合などが想定されています。

(2) 受取手形等

課税時期（相続開始日）と支払期日との関係で次のように評価されます（評基通206）。

①　課税時期に支払期日が到来しているもの　　　　　券面額
②　課税時期から6か月以内に支払期日が到来するもの　券面額
③　上記①②以外　課税時期に銀行等の金融機関において割引を行った場合に回収しうると認められる金額。つまり、手形割引をすれば得られる見込みの金額

❶ 相続財産の範囲と課税価格

3-1-3 相続財産(3) 特殊な債権

1 実務で問題になる債権

　民法上は、相続人が相続により取得することは間違いないとしても、その権利の実現が不確定なもの、実現権利の帰属が不確定なもの、時価を評価することが困難なものなどは、相続税の課税財産に含めるのは相当ではありません。「相続税の課税対象となるもの」と「相続の対象となるもの」は、必ずしも同じでないことを承知しておく必要があります。

2 実現が不確定な権利

(1) 停止条件付権利

① 権利の対象が財産の場合

　相続人は、被相続人が有していた条件成就前の権利を相続します（民法129）。しかし、相続人が条件成就によって実現財産を取得できるとは限りませんから、相続税の課税財産とは解しません。実現前の権利ですから、実現した段階で相続人に帰属する利得について所得税や贈与税等を課税すれば足ります。実現前に課税して、実現後にも課税するなら二重課税になります。

　ちなみに、停止条件付遺贈をしていた遺言者が亡くなった場合、停止条件が成就するまでは遺贈の目的財産は遺言者の相続人が取得して相続税の申告をします（相基通11の2-8）。受遺者は、条件が成就した時点で目的財産を取得することになります（相基通1の3・1の4共-9(1)）。

② 権利の対象が役務の対価の場合

　委任又は請負等の報酬で、一定の成果があった場合に報酬が支払われる契約に基づく報酬請求権なども停止条件付の権利といえます。例えば、弁護士が受任契約で一定の成果が得られた際には委任者が報酬を支払うことを約していたところ、契約に定めた成果（勝訴判決など）がないままに相続が開始した場合は、いまだ報酬請求権は具体的な請求権としては発生していませんから相続財産になることはありません。後に、勝訴判決の確定や和解などの契約で定めた一定の成果が実現したことによって、仮に相続人が報酬を受領したとすれば、それ

は相続人の所得になると解します（一時所得）。

相続開始前に判決の確定等の一定の成果が確認できて、すでに具体的な報酬請求権として課税相続財産となっている場合は相続財産（金銭債権）となります。ただし、一定の成果はあるものの、報酬金額が確定しないまま[1]相続が開始した場合には、相続税の課税価格を評価できないのですから、あえて相続税の課税財産とする必要はないと解します[2]。

(2) 死亡退職金受給権

死亡退職金の受給権者について、法律、条令、退職金規程などによって、その範囲、順位につき民法の規定するところと異なる定め方がされている場合には、その死亡退職金の受給権は、相続財産には属さず、受取人の固有財産になります（最判昭55・11・27）。特にそのような受給権者の順位についての定めがなければ、相続財産となる可能性はありますが、これも一概には断定できません。退職者本人に支給する旨が規定されている場合は、相続財産と認められることになりそうです。

(3) 生前退職手当金等受給権

① 相続税の申告書提出期限までに支給が確定していない場合

相続財産にはなりません。

② 被相続人の死亡後3年以内に支給が確定した場合

いわゆる「**みなし相続財産**」[3]になります（相法3①二）。相続人らは、相続開始時には申告をしませんが、期間内に支給が確定すれば**修正申告**等をします（通法19①）。3年以内に支給が確定した場合は「みなし相続財産」とすることを特に法律で定めたものです。この場合は、所得税は非課税です（所基通9-17）。

---

1 委任者と和解の成果について評価が一致しない、終了までの受任業務遂行による成果や貢献度の評価が一致しないなどが考えられます。
2 ただし、見積額を課税価格として相続税の申告をするのが実務の考えに合うかも知れません。その場合は、相続人が報酬金を取得した時点で、相続税について修正申告又は更正の請求をして是正するとともに、被相続人の事業所得（準確申告）も同様に修正申告又は更正の請求によって是正することになります。
3 相続人以外の人が受給者となる場合は「みなし遺贈」です。

③　被相続人の死亡後３年を過ぎても支給が確定しない場合

　相続税の課税対象から外れます。３年を経過してから支給が確定した場合は、相続人ら受取人の一時所得になります（所基通34-2）（巻末第13表【相続人らが取得する退職金等の相続税と所得税】、３-３-２「死亡退職手当金等」参照）。

(4)　損害賠償請求権

不法行為による損害を補てんするために受領した損害賠償金には、所得税は課税されません（所法９①十七）。そのような、所得税が課税されない損害賠償金を請求する債権を相続税の課税対象とするのは常識にも反します。

これには２方向からのアプローチができます。

①　不確定な権利

損害賠償請求権は、不法行為の態様や過失の程度、過失割合、損害額の計算方法などが確定するまでは、その存否や金額さらには実現性まで含めて不確定な面が多々あります。確定していない債権であることが多いのです。そんな損害賠償請求権に課税価格を評価するのは、困難であるばかりか、相当ではありません[4]。損害賠償金は相続税の課税対象にはならないと解します。

②　実現財産が非課税

相続人が受領して実現した損害賠償金は非課税であるにもかかわらず、その実現前の損害賠償請求権に相続税を課税するのは、所得税ではないにしても、非課税財産に対して課税することになりますから一種の二重課税といえます。相続税なら許されるという理屈はありません。

交通事故の損害賠償請求権

被相続人が、交通事故に遭ったが、いまだ損害賠償金を受領していないうちに死亡したという場合、被相続人が有していた損害賠償請求権は相続税の課税対象になるかという問題があります。

課税庁は、相続税の課税対象にはならないと解しています。そして所得税も

---

[4] 被害者が請求している金額を債権の価額と評価するのは相当とは言えません。また、相続人が損害額を計算してそれを相続税の課税価格とするのも相当ではありません。

課税されないとしています[5]。正当です。

ただし、「被相続人が損害賠償金を受け取ることに<u>生存中決まっていた</u>が、受け取らないうちに死亡してしまった場合」は損害賠償金を受け取る権利が相続財産になるとしています。おそらく、確定している損害賠償請求権は、債権額の確定した金銭債権であるとの理解でしょう。しかし、賛成できません。損害賠償金を受領するのは相続人です。被相続人が受領した損害賠償金が相続時まで現金等の財産として存在していた場合と同じと解する根拠はありません。実際には、損害賠償請求権を相続した相続人が相続税を課税されるようなことはないと思います。

(5) 時効の期間を経過した金銭債権

被相続人の貸付金債権等は、それについて消滅時効の期間がすでに経過していれば、債務者が時効の援用をすれば消滅してしまう債権です。相続人が請求しても援用されれば回収できないのでは法的に存在していることさえ疑問です。しかし、時効による権利の得喪は援用時に生じるとする「援用時説」からすれば、相続税の課税対象となる債権として存在していることになります。

ところで、消滅時効が完成した債務は、**相続債務**として控除が認められる「確実な債務」ではないとされています（相基通14-4）。それは、債務の消極財産としての効果を否定していることになります。そのことは、上記のように存在感が極めて薄いことと軌を一にするものです。経済的価値が額面どおりにあるというのは極めて疑問です。実際にも、相続人が消滅時効を援用してから相続税の申告書を提出すれば、当該債務を相続財産として申告していなくても、特に作為的な事情などない限り、<u>更正</u>されることはないと思います。

▶時効と相続財産
▶相続財産の帰属が争われている財産

5　国税庁 HP「タックスアンサー」「相続と税金」「4111 交通事故の損害賠償金」

2 財産の種類と相続税

3-2-1 不動産の評価額(1) 土地・家屋の評価

1 土地価額と相続税

　遺産総額の中で、不動産の価額、特に土地価額は大きな比重を占めることが多いです。いわゆるバブル経済の崩壊後の宅地価額の下落の流れは**相続税の課税案件を減らし**続けてきました。それは、土地価額の上昇にともなって拡大してきた**遺産に係る基礎控除金額**が据え置かれてきた結果です。しかし、平成27年1月1日以後に開始する相続については、一転してその基礎控除金額を従前の6割程度まで縮小しました。都市部の土地価額にようやく上昇傾向が見られるようになってきたことと合わせて考えると、都市部での相続税課税案件は飛躍的に増えるものと考えられます。

2 土地の評価

　土地の課税価格の評価は、一般的には相続税評価額といわれる財産評価基本通達に従って評価されています。具体的な評価基準は、国税庁において各年分を公表している「財産評価基準書」に示されています。土地の場合には「路線価図」「評価倍率表」を基に評価します。もっとも、財産評価基本通達によらねばならないということではなく、他の方法（鑑定評価、公示価格基準など）で、当該土地の相続開始時における客観的な時価を評価しても、その方法が適切で合理的な方法である限り、相続税評価額と異なる評価額であっても課税価格として認められます。

(1) 評価の単位

　土地は、宅地、田、原野、雑種地などの地目別に評価され、これらの地目は、登記簿上の地目ではなく、課税時期における現況により判定されます（評基通7）。宅地の価額については、1画地の宅地（利用の単位となっている1区画の宅地をいいます）を評価単位とします。この1画地の宅地は、不動産登記法上の1筆の宅地からなるとは限らず、2筆以上の宅地からなる場合もあり、1筆の宅地が2画地以上の宅地として利用されている場合もあります（評基通7-2（注1））。

(2) 宅地の評価（路線価方式と倍率方式）

宅地の評価は、評価単位ごとに、路線価方式又は倍率方式により行われます（評基通11）。

路線価方式とは、その宅地の面する路線に付された路線価を基とし、後記の「奥行価格補正」や「側方路線影響加算」などの調整をした価額によって評価する方式です（評基通13）。また、倍率方式とは、固定資産税評価額に国税局長が一定の地域ごとにその地域の実情に即するように定める倍率を乗じて計算した金額によって評価する方式をいいます（評基通21）。評価倍率は、路線価が定められていない地域の土地等を評価する場合に用います。「路線価」も「倍率」も、毎年、国税局長が決め、インターネット等により公開されています。

路線価方式か倍率方式か、いずれで評価すべきかは当該宅地についての評価倍率表の「固定資産税評価額に乗ずる倍率等」の欄に、「路線」と記載されていれば路線価方式を用い、「1.2」などの数値が記載されていれば倍率方式を用いることになります。

(3) 路線価図の見方

路線価図とは、道路に金額（路線価）が付された地図です（後掲「路線価図の見方」参照）。対象となる土地の路線価に、奥行価格補正などの補正を加え、その土地の地積を乗じた金額が、その土地の評価額となります。

路線価図の路線価にはＡからＧの記号が付されていますが、これは借地権割合を表しています。

また、その地域の土地の利用状況等により、ビル街区や繁華街区、普通住宅地区といった地区区分が記載されています。この地区区分に応じて補正率や評価方法が定められています。

(4) 評価の補正等

土地の評価を修正又は特別の評価をするために、財産評価基本通達が定めているものがあります。次はその一部です。

① 奥行価格補正（評基通15）

奥行距離の長短により利用価値が異なることから補正が加えられるものです。奥行価格補正は、宅地の一面のみが路線に接している場合に評価額を減額

するものです。土地の奥行距離に応じて奥行価格補正率（「奥行価格補正率表」に定める補正率）を用いて算定します。「普通住宅地区」や「ビル街地区」などの地区区分による補正率が定められています。

② 側方路線影響加算（評基通16）

正面と側方に路線がある宅地（角地）は、利用価値が高いことから補正が加えられるものです。かなり複雑な計算をします。

③ 二方路線影響加算（評基通17）

正面と裏面に路線がある宅地は利用価値が高いことから補正が加えられるものです。

④ 不整形地（評基通20）

土地が正方形や長方形ではない場合、不整形の度合いによって利用価値が異なることから補正が加えられるものです。

⑤ がけ地（評基通20-4）

一部にがけ地がある場合は利用価値が下がるため補正が加えられるものです。

⑥ 広大地（評基通24-4）

その地域における標準的な宅地の地積に比して著しく地積が広大な宅地で開発行為を行うとした場合に、公共公益的施設用地の負担が必要と認められるものなどについて補正が加えられるものです。

3 家屋の評価

家屋の価額は、原則として、1棟の家屋ごとに（評基通88）、その家屋の固定資産税評価額に財産評価基本通達別表1「耕作権割合等一覧表」の「②家屋の固定資産税評価額に乗ずる倍率」に定める倍率を乗じて計算した金額によって評価するとされています（評基通89）。この倍率は「1.0」とされていますので、結局、家屋の評価は当該家屋の固定資産税評価額をもって評価されています。

▶建築途中の家屋の評価

路線価図の見方

路線価図の説明

　路線価は、路線（道路）に面する標準的な宅地の1平方メートル当たりの価額（千円単位で表示しています。）のことであり、路線価が定められている地域の土地等を評価する場合に用います。
　なお、路線価が定められていない地域については、その市区町村の「評価倍率表」をご覧ください。

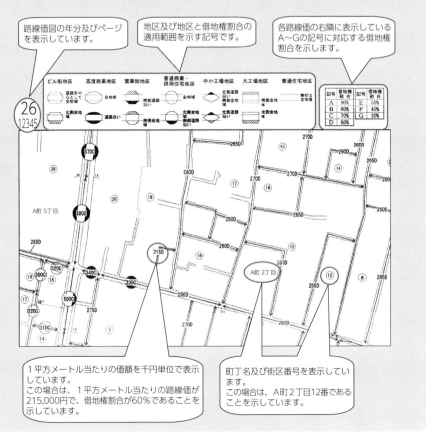

※国税庁ホームページ　財産評価基準書「路線価図の説明」から

別表1　耕作権割合等一覧表

内　容	割合等
① 耕作権割合	100分の50
② 家屋の固定資産税評価額に乗ずる倍率	1.0

❷ 財産の種類と相続税

3-2-2 不動産の評価額(2) 貸地、貸家及び借地権、借家権

1 借地権の価額

民法でいう不動産は、土地と土地の定着物である家屋です。それ以外はすべて動産とされています（民法86②）。しかし、税法では、借地権は土地に準じた扱いをされています（「土地等」「宅地等」という表現をしている場合は借地権を含めているのが通常です）。また、借地権、借家権は、借地借家法の適用があるものについてはその権利が強く保護されていますから、土地や建物とは独立の財産権として相続税の課税対象になっています。

(1) 普通借地権

借地権は、借地権の取引慣行がある地域[※1]では、自用地の価額に、地域ごとに国税局長が定めている借地権割合[※2]を乗じて評価します（評基通27）。借地権の取引慣行がない地域では借地権を評価しません（相続税の課税はありません）。

自用地の価額×借地権割合[※2]＝借地権の価額

※1 借地権の設定に際し、その設定の対価として権利金その他の一時金を支払うなどの慣行があると認められる地域。

※2 3-2-1「不動産の評価額(1)」の「路線価図の見方」に載っている路線価図の説明」参照。各路線価の右隣りに表示されているA～Gの記号に対応する借地権割合のことです。

(2) 定期借地権

定期借地権等の価額は、原則として、課税時期において借地権者に帰属する経済的利益及びその存続期間を基として評定した価額によって評価することになっています。もっとも、実務では、その定期借地権等の目的となっている宅地の課税時期における自用地としての価額に、一定の算式[※1]により計算した数値を乗じて計算した金額によって評価しています（評基通27-2）。

※1 財産評価基本通達27-2「定期借地権等の評価」及び27-3「定期借地権等の設定の時における借地権者に帰属する経済的利益の総額の計算」

(3) 小規模宅地等となる借地権

被相続人らが借地上に建物を所有していて、その建物の敷地となっている借地権が被相続人らの居住の用又は事業の用等に供せられていた場合は、他の**小規模宅地等の課税価格計算特例**の適用要件を満たしていることが前提ですが、同特例の適用があります。この場合は、次の算式により算出された価額を当該借地権の課税価格と評価します（4-2-4「小規模宅地等の課税価格計算特例」参照）。

借地権の価額－｛借地権の価額×小規模宅地等の種類ごとの減額割合｝
　　＝小規模宅地等の計算特例の適用がある借地権価額

2 借家権の価額

借家権は、その権利が権利金等の名称をもって取引される慣行のない地域にあるものについては評価しないこととされています（評基通94但書き）。借家権は、通常は譲渡性がなく、権利が取引対象になるのは、高額の権利金が授受されている商業ビルのテナントのような場合です。したがって、通常の家屋の賃借権である借家権は、相続税の課税対象にはなりません。

ただし、借家権が現実に不動産家屋の評価を下げることは疑いないので、「貸家」を評価する際の控除額としての借家権の価額は必要になります。その借家権の価額は次の計算式により算出した価額とされています（評基通94）。

家屋の価額$^{※1}$×借家権割合$^{※2}$×賃借割合$^{※3}$＝借家権の価額

※1　家屋の価額　　固定資産税評価額になります（評基通89）
※2　借家権割合　　国税局長の定める割合による。通常は30％。
※3　賃借割合　　　1棟の建物を賃借していれば100％。独立の部屋が複数あるアパートのような建物の場合は、部屋全部の床面積に対する賃借中の部屋数の床面積の割合となります。

3 貸地（貸宅地）の価額

賃借権等の制限がない土地は「自用地」として評価されます。それを賃貸している場合は貸地ですが、建物の敷地として賃貸される土地は宅地が通常であ

るため「貸宅地」の評価が貸地の最も重要な評価になります。

(1) 普通借地権の目的宅地

次の計算式で算出した金額で評価します（評基通25(1)）

自用地価額×（1－借地権割合）＝貸宅地の評価額

賃貸土地の評価は、自用地価額から借地権価額を控除した価額になるはずです。したがって、上記の計算式は次のように置き換えても同じはずです。

自用地価額－借地権価額※＝貸宅地の評価額

※　「借地権価額」とは、前記**1**(1)の借地権の評価額です。

(2) 定期借地権の目的宅地

基本的には、貸宅地の価額から当該定期借地権の価額（評基通27-2によって評価した価額）を控除した価額です（評基通25(2)）。ただし、その価額が、その宅地の自用地としての価額に定期借地権等の残存期間に応じる割合※を乗じて計算した金額を下回る場合には、その価額で評価します。

※　財産評価基本通達25(2)に掲載

整理すると、定期借地権の目的となっている貸宅地は、次の［1］又は［2］のいずれか低い金額の評価額となります。

　　［1］　自用地価額－定期借地権価額
　　［2］　自用地価額×｛（1－残存期間に応じる割合）｝

定期借地権の評価及び定期借地権の目的となっている貸宅地の評価については、実務の取扱は相当に複雑です。個別の評価については、次の通達を参照してください。

- 27－2　（定期借地権等の評価）
- 27－3　（定期借地権等の設定の時における借地権者に帰属する経済的利益の総額の計算）
- 25　　(2)定期借地権等の目的となっている宅地の価額

- 個別通達 「一般定期借地権の目的となっている宅地の評価に関する取扱いについて」（平成10年8月25日課評2-8）

(3) 借地権が小規模宅地等の特例適用を受ける貸宅地

賃貸している宅地の借地権が小規模宅地等の課税価格の計算特例の適用があるとしても、貸宅地自体の評価額は、借地権の価額（**1**(1)参照）を控除した通常の貸宅地の評価額になりますから、当該借地権の価額に影響しません。したがって、その賃借権の価額を控除する貸宅地の価額にも影響しません。

(4) 貸家建付地

宅地が貸家の敷地となっている場合は、貸宅地のように借地権が設定されているわけではありませんが、借家権の目的となっている貸家の敷地ですから、自用地と同じということにはなりません。一定の評価減が認められています。

次の計算式で評価額を算出します（評基通26）

自用地価額×（1－借地権割合[※1]×借家権割合[※2]×賃貸割合[※3]）＝貸家建付地の価額

- ※1 　前記**1**(1)※2の「借地権割合」です。ただし、借地権の取引慣行がない地域にある宅地については100分の20とされます。
- ※2 　前記**2**※2の「借家権割合」です。
- ※3 　1軒の家屋を賃貸している場合は1（100分／100）です。10室のアパートのうち7室が賃貸されている場合は、「賃貸中の7室の合計床面積／10室の床面積」となります。

4 貸家の評価

賃借人がいる貸家は、家屋の価額[※1]から借家権の価額[※3]を控除して評価します（評基通93）

家屋の価額[※1]×（1－借家権割合[※2]×賃貸割合[※3]）

- ※1 　前記**2**※1の「家屋の評価額」です。つまり当該家屋の固定資産税評価額です。
- ※2 　前記**2**※2の「借家権割合」です。通常は30％です。
- ※3 　前記**3**※3の「賃貸割合」です。

3 みなし相続財産

3-3-1 生命保険金等

1 生命保険金等と相続財産

(1) みなし相続財産

被相続人の死亡により生命保険金等を受け取った者がいる場合、当該保険金等は保険契約・共済契約等に基づいて支払われるものですから相続財産ではありません。しかし、被相続人が保険料を支払っていたとすると、被相続人が形成した財産を被相続人の死亡を契機として受け取るという相続に類似した要素があります。そのため、相続税法はこのような保険金を相続財産とみなしています（相法3①一）。

▶みなし相続財産の種類

(2) 相続か遺贈か

保険金を相続人が取得した場合は、相続により取得したとみなし、相続人以外の者が取得した場合は、遺贈により取得したとみなされます。なお、保険金の受取人が被相続人であれば、それは本来の相続財産になります。

2 「みなし相続財産」となる保険金等の要件

① 被相続人の死亡によって支払われた生命保険金又は偶然の事故を原因として死亡したことに伴い支払われる損害保険契約の保険金であること
② 相続人その他の者が保険金等の受取人であること
③ 被相続人が保険料の全部又は一部を支払っていたこと

3 保険金の受取人

保険金受取人は、保険契約によって指定された受取人がいるときはその者、指定受取人がいないときは商法等の法令や約款の規定などから判断されます。実務では、保険契約上の受取人を原則としつつ、現実に保険金を取得した者がその保険金を取得することについて相当な理由があると認められるときは、その者を保険金受取人とする実質判断をすることになっています（相基通3-12）。

4 みなし相続財産となる保険金の算式

みなし相続財産となる生命保険金等の保険金の金額は、それを取得した相続人らの相続税の課税価格の一部になります（取得財産の価額に加算します）。

取得した保険金額のうち、払込保険料総額に対して被相続人が負担した保険料・掛金等の割合に相当する部分が「みなし相続財産」になります。これを算式にすると、次のようになります。

$$\text{みなし相続財産となる生命保険金の額} = \text{保険金の額} \times \frac{\text{被相続人負担保険料額}}{\text{払込保険料総額}}$$

▶相続放棄をした者が取得した生命保険金等

5 みなし相続財産の対象となる生命保険や損害保険契約等

「生命保険契約」「損害保険契約」には、これに類する共済に係る契約で政令（相令1の2）によって定められたものも含まれます。

みなし相続財産となる保険金は、一時金だけでなく、年金方式により支払いを受ける場合も含まれます（相基通3-6）。将来債権ですから、取得する保険金請求権は現在価格で評価します（相続税法24・25条（定期金に関する権利の評価））。

外国の生保業者から死亡保険金を受け取った場合でも、日本の生保業者から受け取った場合と変わりありません。

相続人らが死亡保険金を受け取った場合でも、それがみなし相続財産になるのは、被相続人が被保険者であり保険料の負担者であって、かつ、相続人が保険金の受取人である場合に限られます。

保険料の負担者が被相続人でなければ、別の種類の税金が課せられます。

死亡保険金の課税関係一覧表

被保険者	保険金受取人	保険料負担者	課税関係
被相続人	相続人	被相続人	相続税
被相続人	第三者	被相続人	相続税（遺贈）
被相続人	相続人	相続人	所得税（一時所得）
被相続人	相続人	第三者	贈与税（第三者から相続人に対する贈与）

❸ みなし相続財産

3-3-2 死亡退職手当金等

1 死亡退職金等と相続財産

(1) 死亡退職金等

給与所得者が死亡した場合、勤務先との雇用関係が終了することになり、通常の退職給与と同じように退職金や退職功労金などが相続人又は被相続人が指定した者、あるいはあらかじめ決められた者らに支払われることがあります。受給権者の範囲と順序は、公務員の場合は法令で、私企業従業員の場合は就業規則や退職金規定等で定められています。これらを定める規定がないとすれば、死亡退職金が支給される場合は相続人が取得することになります。それは通常の相続財産と考えられます。

(2) みなし相続財産

死亡退職手当金等[1]は、雇用主が相続人らに直接支払うものですから、相続財産ではありません。しかし、退職手当金等は賃金の後払い的性質があり、もともと被相続人が受け取るべき給与を相続人らが取得することになることから、相続税法はこれを相続財産とみなしています（相法3①二）。

取得した者が相続人である場合は、相続により取得したものとみなされ、取得した者が相続人以外の者である場合は、遺贈により取得したものとみなされます（**みなし相続財産**）。つまり、死亡退職手当金等を取得した相続人又は受遺者の取得財産の価額に加算されて、**相続税の課税価格**の一部となります（相法11の2）。

2 死亡退職金等がみなし相続財産となる要件

相続税法3条1項二号に該当する要件を整理すると、次のようになります。それぞれについて解説します。

① 被相続人に支払われることになっていた退職手当金等であること

退職金等に含まれる「政令で定める給付」（相法3①二括弧書き）とは、相

---

1 退職手当金、功労金、その他これらに準ずる給与（政令で定める給付を含む）。

続税法施行令1条の3に規定する年金又は一時金に関する権利のことで、例えば、確定給付企業年金の規約に基づいて受ける年金又は一時金（相令1の3一）、確定給付企業年金法の規定により企業年金連合会から支給を受ける一時金（相令1の3二）、確定拠出年金法に基づいて支給を受ける一時金（相令1の3三）などです。

② 被相続人の死亡により相続人その他の者がその支給を受けたこと

ここで支給を受けた「相続人その他の者」とは、相続人は当然ですが、退職給与規程等により相続人以外の者が受取人と定められていることもあり、その場合も含まれます。相続人以外の者が支給を受けた場合は、遺贈によって取得したものとみなされます。一時金でなくても、分割や年金形式で支給されるものも含まれます。

③ 被相続人の死亡後3年以内に支給されること及び退職手当金等の金額が確定していること

支給されることが確定していても、その額が確定していないものは該当しません（相基通3-30）。他方、被相続人の生前退職による退職金等であっても、その支給額が同人の死亡前に確定していないもので、死亡後3年以内に確定したものは該当します（相基通3-31）。

4 死亡退職金等の非課税

死亡退職金等が**みなし相続財産**に該当するか否かを検討する実益は、それを相続人が取得したものであれば一定額が非課税となるからです（相法12①六）。これについては、4-2-1「生命保険金、死亡退職手当金の非課税限度額」で解説しています。

ここでは、死亡退職金等が非課税になる場合について説明します。

(1) 受取人が相続人の場合に限られます。死亡退職手当金等に係る非課税規定（相法12①六）の適用があるのは受取人が相続人である場合です。相続人以外の人が取得した場合は、みなし遺贈になりますが、非課税規定の適用は「相続人」に限られています（相法12①六、「相続人の取得した」）。したがって、相続の放棄をした人、廃除等によって相続権を失った人が取得

した退職手当金等は、みなし相続財産になりませんから、非課税限度額の問題は生じません（相法3①括弧書き）。
(2) 相続人の全員が取得した退職手当金等の合計額が非課税限度額（500万円×法定相続人）を超えない場合は、当該退職手当金等に対して相続税は課税されません。
(3) 相続人の全員が取得した退職手当金等の合計額が上記の非課税限度額を超える場合は、その合計額に対する各相続人の取得金額の割合で非課税限度額を按分します。この金額を超える金額には相続税が課税されます。

事例

被相続人甲
相続人妻乙　甲の死亡退職金2,000万円、死亡保険金1,000万円（生命保険）を取得　いずれも、みなし相続財産となるもの
　　長男A　死亡保険金1,000万円を取得
　　　　　　受取人指定　みなし相続財産となるもの
　　次男B　相続放棄
　　　　　　死亡保険金500万円を取得
　　　　　　受取人指定　みなし遺贈財産となる

① 非課税限度額　いずれも1,500万円
　　死亡退職金、死亡保険金とも　500万円×3人＝1,500万円
② すべての相続人が取得した死亡退職金の合計額　2,000万円
③ すべての相続人が取得した死亡保険金の合計額　2,000万円
　　※　Bは①非課税限度額計算の「相続人の数」には含まれますが、相続人ではなくなっていますから、Bの取得した保険金500万円は③の金額には含めません。

結論

1　死亡退職金
　　乙　取得死亡退職金のうち1,500万円は非課税ですが、これを超える500万円については乙の相続税の課税価格に算入されます。
　　　※　退職手金を取得した相続人は乙1人ですから、非課税限度額を按分しても乙の非課税限度額は同額です。

2　死亡保険金
　　乙・A　いずれも取得死亡保険金1,000万円のうち750万円は非課税です

（1,500万円×1,000／2,000）。残250万円がそれぞれの相続税の課税価格に算入されます（課税対象金額）。
　B　取得死亡保険金500万円は全額が課税対象金額になります。
　　※　Bは遺贈によりこの保険金を取得したことになりますが、放棄していますから非課税規定の適用がありません。

相続人らが取得する退職金等の相続税と所得税

	相続人らが受ける退職金等		課税関係	備　考
相続人らが取得する	被相続人の死亡によって支給される死亡退職手当金、功労金等	被相続人の死亡後3年以内に支給が確定	相続税	相法3①二 みなし相続財産（非課税枠がある　相法12①六） 所得税は非課税（所法9①十六）
		被相続人の死亡後3年を超えてから支給が確定	所得税 （一時所得）	所基通34-2 相続税は非課税
被相続人の権利を相続人らが承継する	被相続人の生前退職による退職手当金等	支給されるべき額が、被相続人の死亡前に確定しなかったもので、被相続人の死亡後3年以内に確定したもの	相続税	相法3①二 みなし相続財産（非課税枠がある　相法12①六） 所得税は非課税（所法9①十六） 相基通3-31
	被相続人が受けるべきであった賞与で、その額が被相続人の死亡後に確定したもの		相続税	相基通3-32 本来の相続財産（非課税枠がない） 所得税は非課税（所基通9-17）
	相続開始時に支給期の到来していない俸給、給与等		相続税	相基通3-33 本来の相続財産（非課税枠がない） 所得税は非課税（所基通9-17）
	被相続人の生前に支給が確定している退職金等（死亡後に相続人らが取得するもの）		相続税 （被相続人の退職所得等）	支給が死亡後であっても税引後の額が相続財産に算入される

（注）「支給が確定」とは、被相続人に支給されるべきであった退職手当金等の額が確定すること。株主総会での決議等によって決定される。実際に3年以内支給されることが要件ではない（相基通3-30）

❸ みなし相続財産

3-3-3 生命保険契約・定期金に関する権利

1 生命保険契約に関する権利

(1) 概 要

　生命保険等の保険料を被相続人が負担していて、その保険の契約者が被相続人以外の場合、被相続人について相続が開始すれば、契約者は保険料を継続して支払うか、その時点で解約するかは別にして、保険の**解約払戻金**又は保険事故が発生した場合の保険金を請求できる権利を有しています。

(2) みなし相続財産となる生命保険契約に関する権利

　死亡等の保険事故が発生しなければ、払い込んだ保険料（掛金）を満期払戻金又は解約金として契約者が受け取れる※生命保険契約上の権利は、その保険料を支払った者の財産です。被相続人が負担した保険料相当額が**みなし相続財産**になります（相法３①三）。

　なお、被相続人が保険契約者兼保険料の負担者である場合は、その生命保険契約に関する権利は本来の相続財産になります。

　※　一定期間内に保険事故が発生しなかった場合に、返還金その他これに準ずるものの支払いがない生命保険契約等（掛捨て型）は除外されます。

(3) 生命保険契約に関する権利がみなし相続財産となる場合（要件）

① 相続開始時において、まだ保険事故が発生していない生命保険契約に基づく権利であること

② いわゆる「掛捨て型」の生命保険契約でないこと

③ 被相続人が保険料の全部又は一部を負担していること

④ 保険契約者が被相続人以外の者であること

(4) 計算式

$$\text{みなし相続財産となる権利の価額} = \text{生命保険契約に関する権利の価額}^{※} \times \frac{\text{被相続人負担保険料額}}{\text{相続開始時までの払込保険料総額}}$$

　※　生命保険契約に関する権利の価額は、相続税法旧第26条が平成15年度改正の際に廃止されたことに伴い、実務としては、保険契約の解約時に支払われる解約返戻金の金額がこれに相当するものとして扱われています。

(5) 生命保険契約等に基づく年金受給権を相続した場合
① 年金受給権のみなし相続財産と評価

　保険料負担者、被保険者、年金受取人が同一人の個人年金保険契約で、その年金支払保証期間内にその人が死亡したために、遺族などが残りの期間について年金を受け取ることになった場合は、死亡した人から年金受給権を相続又は遺贈により取得したものとみなされて相続税の課税対象となります。年金受給権が相続税の課税対象となるときの価額の評価は、相続税法24条の規定に基づき解約返戻金の金額などにより評価します。

② 厚生年金や国民年金の年金受給権

　厚生年金や国民年金などを受給していた人が亡くなって、遺族に支給される遺族年金は、相続税も所得税も課税されないのが原則です。

▶生命保険契約等に基づく年金の所得税課税問題

2 定期金に関する権利

(1) 概　要

　定期金に関する権利とは、一定期間、定期的に、一定額の金銭の給付を受ける権利です。契約により発生するもの（郵便年金等。相法3①四、五）と契約によらないで（法律の規定等に基づいて）発生するもの（遺族年金等。相法3①六）があります。

　契約（定期金給付契約）によって発生する定期金は、定期金給付事由の発生前に契約を解約すると解約払戻金が契約者に支払われるのが普通ですから、それについての権利が対象になります。被相続人が掛金等を支払っている場合に、それに相当する部分が相続財産とみなされます。

(2) 定期金に関する権利がみなし相続財産となる場合
① 生命保険契約を除く定期金給付契約であること
② 相続開始時に定期金給付事由が発生していないこと
③ 被相続人以外の者が契約者であること
④ 被相続人が掛金又は保険料の全部又は一部を負担していること

(3) みなし相続財産になる定期金契約の権利

　定期金に関する権利のうち、被相続人が掛金又は保険金を負担していた部分をその定期金給付契約の契約者が相続又は遺贈によって取得したものとみなされます。

$$\text{みなし相続財産となる権利の価額} = \text{定期金給付契約に関する権利の価額} \times \frac{\text{被相続人の負担掛金額}}{\text{相続開始時までの払込掛金総額}}$$

3 保証期間付定期金に関する権利

(1) 概 要

保証期間付定期金契約とは、定期金（年金）が支払われる期間に一定の保証期間が設けられていて、定期金の受取人がその保証期間内に亡くなったとしても、その受取人の相続人らが遺族定期金を受け取れるように特約等で定めている定期金契約です。

通常の年金型定期金給付保険なら、受取人が亡くなった時点で年金の給付は終わりますが、受取人が早くに亡くなってしまった場合のリスクを回避できるメリットがあります。被相続人が掛金等を負担している場合がみなし相続財産になります。

(2) みなし相続財産となる場合（要件）

① 定期金給付契約の権利であること
② 保証期間付定期金給付契約※に関する権利であること
③ その定期金又は一時金の受取人となった者であること
④ 被相続人が掛金又は保険料を負担していること

　※ 「保証期間付定期金給付契約」とは、次の要件をいずれも満たす定期金給付契約です。
　　1) 定期金受取人に対して、その生存中又は一定期間定期金を給付するものであること
　　2) 一定期間内に受取人が死亡した後は遺族その他の者に対し定期金又は一時金を給付するものであること

(3) みなし相続財産

被相続人が負担した掛金又は保険料で、相続開始までに払い込まれた金額に対する割合に相当する部分（残存期間定期金）が、受取人のみなし相続財産になります。

$$\text{みなし相続財産となる権利の価額} = \text{保証期間付定期金給付※契約に関する権利の価額} \times \frac{\text{被相続人の負担掛金額}}{\text{相続開始時までの払込掛金総額}}$$

　※ 「保証期間付定期金契約に関する権利の価額」は、下記 4 (1)オ参照

4 定期金に関する権利の評価

定期金給付契約に基づいて一定期間定期的に金銭その他の給付を受けることを目的とする債権「定期金に関する権利」の評価は、給付事由（被保険者の死亡等）の発生の有無、定期金の種類又は一時金の区分などによって評価の方法が異なります。

(1) 給付事由が発生している定期金に関する権利（相法24）

ア　有期定期金（一定期間定期的に金銭等の給付を受ける権利）

次の①から③のいずれか多い金額となります。

① 解約返戻金の金額[※1]

② 一時金相当額[※2]

③ 1年間に受けるべき定期金の平均金額×給付残存期間に応じた予定利率[※3]による複利年金現価率[※4]

イ　無期定期金（期限の定めなく定期的に金銭等の給付を受ける権利）

次の①から③のいずれか多い金額となります。

① 解約返戻金の金額[※1]

② 一時金相当額[※2]

③ 1年間に受けるべき定期金の平均金額÷予定利率[※3]

ウ　終身定期金（受取人が死亡するまで定期的に金銭等の給付を受ける権利）

次の①から③のいずれか多い金額となります。

① 解約返戻金の金額[※1]

② 一時金相当額[※2]

③ 1年間に受けるべき定期金の平均金額×平均余命年数[※5]に応じた予定利率[※3]による複利年金現価率[※4]

エ　生存条件付定期金（権利者に対し、一定期間、かつ、その権利者の生存期間中定期金を給付するもの）

次の①か②のいずれか少ない金額となります。

① アの有期定期金として算出した金額

② ウの終身定期金として算出した金額

オ　保証期間付定期金（権利者に対し、その生存期間中定期金を給付し、かつ権

利者の遺族等に定期金を給付するもの）

次の①か②のいずれか多い金額となります。

　①　アの有期定期金として算出した金額

　②　ウの終身定期金として算出した金額

※1　解約返戻金の金額

　　　相続人らが権利を取得した時に、その契約を解約したとすれば支払われるべき解約返戻金の金額のことです。

※2　一時金相当額

　　　定期金に代えて一時金の給付を受けることができる場合で、相続人らが権利を取得した時に一時金の給付を受けるとすれば給付されるべき一時金の金額のことです。

※3　予定利率

　　　当該定期金給付契約に関する権利を取得した時における当該契約に係る「予定利率」のことをいいます（評基通200－6）。契約先の各保険会社等に確認を要します。

※4　複利年金現価率

　　　複利の計算で年金現価を算出するための割合として財務省令で定めるものです（相規12の2、別記「複利年金現価率・複利年金終価率」参照）。

※5　平均余命年数

　　　相続税法施行令第5条の7に規定する財務省令で定める平均余命です（相規12の3）。

(2) 給付事由が発生していない定期金に関する権利（相法25）

ア　解約返戻金の支払いがあるもの

　　解約返戻金の金額が評価額です。

イ　解約返戻金を支払う旨の定めがないもの

・掛金（保険料）が一時払いの場合

経過期間につき、掛金（保険料）の払込金額に対し、予定利率の複利による計算をして得た元利合計額 $\times \dfrac{90}{100}$ ＝評価額

　※　「経過期間」とは、定期金給付契約の掛金（保険料）の払込開始の時から当該契約に関する権利を取得した時までの期間です（相法25一イ）。

　※　「当該掛金（保険料）の払込金額に対し、当該契約に係る予定利率の複利

による計算をして得た元利合計額」の算出方法については財産評価基本通達200-4に計算式があります。

- 掛金（保険料）が一時払い以外の場合

経過期間に払い込まれた　経過期間に応じた
掛金（保険料）の金額の × 予定利率による複 × $\dfrac{90}{100}$ ＝評価額
1年当たりの平均額　　　利年金終価率

※　「複利年金終価率」　別記「複利年金現価率・複利年金終価率」

複利年金現価率・複利年金終価率

相続税法第24条と第25条の改正を受けて、次の相続税法施行規則が新たに規定されました。

1　第12条の2（複利年金現価率）

毎年定額の年金がn年間給付された場合に、約定の予定利率で複利運用した場合の現在の価値はいくらかを求めるための係数です

条文を数式化すると次のようになります。

$$複利年金現価率 = \dfrac{1 - \dfrac{1}{(r+1)^n}}{r}$$

r＝予定利率

n＝給付期間年数

　n　有期定期金の場合は残期間年数（1年未満は切上）

　　　終身定期金の場合は平均余命年数

　　　　厚生労働省作成の「完全生命表」に基づく年齢・性別に応じた平均余命とされています（相令5の7）

2　第12条の4（複利年金終価率）

毎年定額の年金を約定の予定利率を複利でn年間積立てた場合のn年後の金額を求めるために用いる係数です。

$$複利年金終価率 = \dfrac{(r+1)^n - 1}{r}$$

小数点以下第4位は四捨五入して小数点以下第3位までとします。

r＝予定利率

n＝払込年数

　nが1年未満の場合は切り上げた年数とします。

❸ みなし相続財産

3-3-4 特別縁故者が分与された財産

1 特別縁故者

相続が開始した後に相続人の不存在が確定した場合に、被相続人と生計を同じくしていた者や、被相続人の療養看護に努めていた者など、特別の縁故があった者に対し、相続財産を分与する制度があります。この、被相続人と特別の縁故があった者を特別縁故者といいます。

2 認定から財産の分与審判までの手続き

(1) 相続人の不存在

相続人のあることが明らかでない（存否不明）[1]ときは、相続財産は自動的に**相続財産法人**となります（民法951）。この場合、利害関係人又は検察官の請求によって、家庭裁判所が相続財産管理人を選任し、これを公告します（民法952）。

(2) 相続人の捜索公告等

相続財産管理人選任の公告のときから2か月以内に相続人の存在が不明の場合には、相続財産管理人は、相続債権者及びその受遺者に対し、2か月以上の期間を定めて当該期間内に請求の申出をするように公告します（民法957①）。相続財産管理人が行ったこの公告期間が満了しても、なお相続人の存在が不明のときは、家庭裁判所は、相続財産管理人または検察官の請求によって、6か月以上の期間を定めて、相続人があるならば当該期間内に権利を主張すべき旨を公告します（民法958）。この期間内に権利を主張しなかった相続人や、相続財産管理人に知られなかった相続債権者及び受遺者は、以後、権利を主張することができなくなります（民法958の2）。

(3) 財産の分与審判

上記(1)(2)の手続きを終えた後に、被相続人との関係で自己が特別縁故者に該

---

[1] 戸籍上の相続人が存在しない場合だけでなく、戸籍上の相続人が相続放棄をした結果、相続人がいなくなった場合、相続人の欠格、廃除によって相続人がいなくなる場合も考えられます。

当するという者からの請求があれば、家庭裁判所は、当該請求を行った者が特別縁故者に該当するか否かを判断します。特別縁故者に該当すると認めた場合は、相続財産の全部又は一部を分与する審判をします（民法958の3）。分与するか否か、いかなる範囲で分与するかは、家庭裁判所の裁量で決まります。

3 実際の手続申請者

特別縁故者への財産の分与は、相続財産管理人の選任申請から始まります。身寄りのない人が亡くなって相続人が知れない場合に、当該被相続人の世話をしてきた人が「利害関係人」としてこれを申請するのが通常と思われます。

4 特別縁故者

家庭裁判所が特別縁故者該当性を認定する際には、被相続人との生活上、経済上の関係を総合的に判断することになります。

▶どんな人が特別縁故者になるのか

5 課税関係

(1) みなし遺贈

特別縁故者に対する分与によって財産を取得した者は、当該取得財産を遺贈によって取得したものとみなされます（**みなし遺贈**、相法4）。分与の審判が確定した日の翌日から10か月以内に相続税の申告が必要です（相法29）。相続開始前3年以内に被相続人から贈与を受けていた場合は（**3年以内贈与**）、当該贈与財産の価額を相続税の課税価格に算入します（相基通4-4）。他方、特別縁故者は相続人ではありませんから、相続債務控除規定（相法13）の適用はありません。ただし、特別縁故者が被相続人の葬儀費用又は療養看護のための入院費用等を支出していた場合は、これらの金額を控除した価額を分与された金額として計算できることがあります（相基通4-3）[2]。相続税額は、特別縁故者が被

---

[2] 相続財産の分与を受けた特別縁故者であることが前提です。そして、これらの費用が相続開始の際にまだ支払われていなかったものを支払った場合で、相続財産から別に受けていない場合という条件があります（相続税法基本通達）。

相続人の一親等血族又は配偶者でない限り**2割加算**となります（相法18）。

特別縁故者には自然人だけでなく、法人や**人格のない社団**等もなり得ます。財産を分与された法人には法人税が課税されますが、人格のない社団等の場合は個人とみなされて贈与税（遺贈による取得）が課税されます（相法66①）。

(2) 分与された財産の価額と適用法令

審判で分与された財産は、その分与された時の時価で取得したものとみなされます（相法4）。分与された時とは、分与の審判が確定した時です。他方、適用法令は相続開始時の相続税法等が適用されます（神戸地判昭58・11・14 判時1112-37）。上述のように、特別縁故者が財産を取得するまでには複数回の公告等の手続きが必要ですし、相続開始から特別縁故者が相続財産管理人の申請をするまでに日数を経過している場合もあります[3]。元々、相続税の計算は、相続開始時の相続税法を適用するとともに、その時の財産の価額を課税価格として計算するものなのに（相法22）、分与財産は分与を受けた時の価額で評価しながら、適用相続税法は相続開始時のものというのは違和感があります（税率や遺産に係る基礎控除額が変動していることがあります）。しかし、この実務は定着しています。

6 課税関係の整理と税額計算

特別縁故者が分与された財産について相続税が課税される場合は、通常は相続人がいないのですから、**遺産に係る基礎控除額は3,000万円のみ**ですが（相法15①）[4]、相続人が相続を放棄したため相続人がいなくなった場合は、その金額の計算においては放棄した相続人も「相続人の数」に含めるため（相法15②括弧書き）、遺産に係る基礎控除額が増額します[5]。

---

[3] 実際例　相談を受けたのが相続開始から約20年を経過。相続財産管理人選任申立から特別縁故者が財産の分与を受けることが確定するまでに約22か月。こうなると、適用法令を確認するのも大変です。

[4] 平成27年1月1日以後の相続。それまでは5,000万円。

[5] 現実には想定できませんが、**推定相続人**が次々と放棄して相続人がいなくなったというケースを考えると、遺産に係る基礎控除額が飛躍的に増額することになります。

相続人ではありませんが、被相続人から遺贈を受けた受遺者やみなし遺贈となる生命保険金等を得た人は、その余の被相続人の財産（例えば5,000万円）が、相続人がいないため相続財産法人となった場合でも、相続税の計算は受遺者らが取得した財産（遺贈された財産等）の価額（例えば2,000万円）で計算されますから、課税遺産総額はマイナスとなって相続税は課税されません。しかし、相続財産法人から特別縁故者が5,000万円を分与されると、それと受遺者の取得財産2,000万円の合計7,000万円が相続税の課税価格の合計額となるため**課税遺産総額**はプラスになります。その結果、受遺者らも相続税の納税義務となります。この場合は**期限後申告**をすることになります（相法29）（5－2－2「修正申告」参照）。

特別縁故者に対する課税関係整理

対象事由	課税関係	備 考
取得形態	遺贈	相法4（みなし規定）
課税	相続税	
	法人税	特別縁故者が法人の場合
申告期限	分与審判確定から10か月以内	相法29
適用法令等	相続開始時の相法等	神戸地判昭58・11・14
財産評価	分与審判確定時の財産の時価	相法4
基礎控除	3,000万円	相法15 相続の放棄者がいない場合
兄弟姉妹等加算	2割加算	相法18
3年内贈与	課税価格に加算	相法19
債務控除	なし	相続人ではない
葬式費用等	控除できる	相基通4－3

〈基本解説〉

第4章

相続税の計算

1 課税遺産総額の計算

4-1-1 取得財産及び課税価格と「課税価格の合計額」

1 相続税の課税価格

「相続税の課税価格」は「相続又は遺贈により取得した財産の価額の合計額」とされています（相法11の2）。相続税法は、この課税価格について、単純な財産の市場価額ではなく、財産の性質、政策的配慮、繰り延べられた税金の清算などの理由から、具体的な金額の計算方法について規定しています。次のような規定がそれに当たります。

① 非課税財産は、相続税の課税価格に算入しません（相法12）。
② 相続債務・葬式費用は、相続税の課税価格から控除します（相法13）。
③ 相続税の納税義務者について相続開始前3年以内に被相続人からの生前贈与（**3年以内贈与**）がある場合は、その財産の価額を相続税の課税価格に加算します（相法19）。
④ **相続時精算課税**の適用がある贈与財産の価額も相続税の課税価格に加算します（相法21の15）。
⑤ **小規模宅地等の課税価格計算特例**により減額されることがあります（措法69の4）

2 課税価格及び課税価格の合計額と課税遺産総額

相続税法に基づく相続税の具体的な計算は、各相続人の取得財産の価額が起点です。

各自の取得財産[※1]の価額[※2]について、**みなし相続財産**を加算して非課税財産を控除した課税財産から相続債務及び葬式費用を控除した額（マイナスの場合は0円）に「3年以内贈与」を加算したものが各相続人の課税価格です。これは各相続人について計算します。その合計額が「課税価格の合計額」です。正確には、この金額が**遺産に係る基礎控除**の額を超えない場合が**非課税案件**です。超える金額が「**課税遺産総額**」です。つまり、相続税が課税される対象になる相続財産の金額です。

遺産分割を経ている場合は、各相続人の取得財産は具体的でわかりやすいのですが、未分割の場合は、法定相続分の割合で財産を取得したものとした財産の価額の金額を基にします（相続税申告書第11表「相続税がかかる財産の明細書」、4−3−2「遺産未分割と相続税の計算」参照）。

※1　本来の相続財産　相続又は遺贈により取得した財産です。
※2　相続時精算課税制度の適用を受けた贈与財産がある場合はその価額も加算します。

3 課税価格の合計額の意味と相続税の計算

(1) 課税価格の合計額

課税価格の合計額は、遺産分割を了している場合と、未分割の場合とでは異なることがあります。例えば、**小規模宅地等の課税価格計算特例**の対象になる土地が遺産に含まれている場合は、特例適用が認められる相続人が遺産分割等によって当該土地を取得すればその課税価格は減額されます。未分割の場合は減額されません（措法69の4④）。当然、課税価格の合計額に差が生じます。

(2) 課税遺産総額と相続税の計算

課税遺産総額（課税価格の合計額から遺産に係る基礎控除の額を控除した額）が相続税額計算の基になります。課税遺産総額を基にして、各相続人の法定相続分による仮の取得価額を算出して、これに税率を乗じて各相続人の税額を算出します[1]。算出した各相続人の税額を合計したものが「相続税の総額」です。これを相続人及び受遺者の取得価格で按分して各人の相続税額を計算します。

(3) 納付すべき相続税の計算

相続人や受遺者の相続税額について、それぞれに特有の事情により税額の控除をします（配偶税額軽減特例控除、障害者控除、未成年者控除、贈与税額控除、相次相続控除など）。加算事由としては**2割加算**があります。このような控除と加算を経て各人の納付すべき相続税額が確定します（4−3−1「相続税の総額と各自の相続税額」及び巻末第2表【相続税額計算の流れ】参照）。

1　この場合、受遺者の取得財産は考慮されません。

❶ 課税遺産総額の計算

4-1-2 遺産に係る基礎控除額と課税遺産総額

1 相続税課税の構造

　相続税法は、各相続人らの取得財産の**課税価格の合計額**を基にして相続税の総額を算定する構造になっています。この段階では、各相続人らの取得財産の価額とか取得割合にとらわれずに相続税の総額を算出します[1]。それは、相続人らがどのような遺産分割をしたとしても、原則として変わりません（**遺産課税方式**）。もっとも、未分割のまま相続税の申告をしていたが、後に遺産分割が成立したことによって各種特例[2]の適用が可能になり、相続税の総額が減額するようなことはありますが、これは別のことです。相続税額は、この相続税の総額を計算した上で、相続人、受遺者らの実際の取得財産に応じた金額（相続税の総額を按分した金額）を算出して、その者に課税する仕組みになっています（相法16）。

2 相続税法11条（相続税の課税）の条文構造

　相続税課税の基本条文です。重要なので分析をします。

> 相続税は、（略）相続又は遺贈[※1]により財産を取得した者[※2・3]の被相続人からこれらの事由により財産を取得したすべての者に係る相続税の総額（略）を計算し、当該相続税の総額を基礎としてそれぞれこれらの事由により財産を取得した者に係る相続税額として計算した金額により、課する。

※1　「遺贈」には、いわゆる**死因贈与**も含まれます。
※2　「相続又は遺贈により財産を取得した者」には「みなし相続、みなし遺贈」によって財産を取得した者を含みます。
※3　被相続人から贈与された財産について相続時精算課税の適用を選択した者も含まれます。

1　もっとも、各相続人がいかなる相続財産を取得したかが出発点です（未分割なら法定相続分割合による取得）(相続税申告書第11表「相続税がかかる財産の明細書」、4－3－2「遺産未分割と相続税の申告」参照)。
2　配偶者税額軽減特例（相法19の2）や小規模宅地等の軽減特例（措法69の4）などは、遺産分割ができていることが適用の要件です。

3 「課税遺産総額」と「相続税の総額」

　課税遺産総額は課税価格の合計額から後述の「遺産に係る基礎控除額」を控除したものです。一方、「相続税の総額」は、この課税遺産総額を基にして各相続人の法定相続分による仮の取得金額に税率を乗じて算出した税額の合計額です。これは巻末第2表【相続税額計算の流れ】でその位置づけがわかります。

4 遺産に係る基礎控除

(1) 概　要

　遺産に係る基礎控除額は、相続税額を算出する元となる課税遺産総額を計算するために必ず控除される金額です。課税遺産総額がこの金額を超えなければ相続税は課税されません（**課税案件・非課税案件**）。したがって、相続事案では最初に確認しておくべきポイントです。

(2) 金　額

　基礎控除額は次の計算式によって算出した金額です。

　遺産に係る基礎控除額＝3,000万円＋(600万円×相続人の数)

　※　平成27年1月1日以後に開始した相続に適用。
　※　平成26年12月末日までに開始した相続については次の計算式
　　　5,000万円＋(1,000万円×相続人の数)

「相続人の数」の留意点

① 　相続人が養子の場合は2人以内に制限されます。被相続人に実子がある場合、又は実子がなく、養子が1人の場合は1人に制限されます（巻末第11表【相続人となる養子の数】参照）。
② 　**代襲相続人**はここでの相続人です。
③ 　**放棄**した相続人もここでは「相続人」に含まれます。
④ 　**相続欠格**相続人、**廃除**された相続人は「相続人の数」に含まれませんが、その**代襲相続人**は含まれます。

5 基礎控除額の増減となる事由

(1) 相続人の異動

「相続人に異動が生じたこと」は相続税の更正の請求の事由になります（相法32①二）。これが何を指しているかわかりくいのですが、相続人の人数が変わることが含まれるのは間違いありません。

① 廃除、認知の裁判確定

相続人の廃除や認知の裁判が確定又はその取消しの裁判が確定すれば（相法32①二）、「相続人の数」が増減しますから、遺産に係る基礎控除の金額が増減します。それは相続税の総額を増減させるので相続人らの相続税額に影響することになります。廃除の場合は、代襲相続人が何人いるか、またはいないかによって相続人の数に増減が生じます（5−3−3「相続人の変動と更正の請求」参照）。

② 胎児の出生、失踪相続人に対する失踪宣告又はその取消し

胎児は、相続に関してはすでに生まれたものとみなされますが（民法886①）、相続税の申告書提出期限にいまだ生まれていない場合は、その胎児がいないものとして相続税の計算をしますから（相基通11の2-3）、生まれてきた場合は相続人の数が増えます。相続人が失踪宣告を受ければ相続人でなくなります。その取消しがあれば相続人として復活します。

(2) 相続の放棄

相続の放棄をした相続人がここでの「相続人の数」に含まれるのは前述のとおりです。相続の放棄は、代襲原因でないため代襲相続人は現れません。よって、「相続人の数」に増減は生じません。また、民法919条2項による「相続の放棄の取消し」は「相続人に異動」が生じる可能性があるものの（相法32①二）、これは相続人の数に影響するものではありません（5−3−3「相続人の変動と更正の請求」参照）。例えば、相続の放棄の取消しがあった場合、その人に生命保険金や死亡退職手当金等の非課税規定の適用が可能になりますから、非課税限度額は変わりませんが、その按分金額が変わります（4−2−1「生命保険金、死亡退職手当金等の非課税限度額」参照）。もっとも、改めて放棄することはできますし、その場合は何も変わらなくなります。

> **事例** 相続人の異動

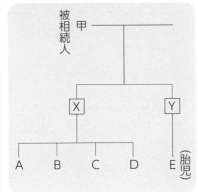

X放棄	Xは相続税法 15 条 1 項の相続人（括弧書き）。ＡＢＣＤは代襲しません。
X廃除・欠格	ＡＢＣＤが代襲相続人。相続税法 15 条 1 項の相続人の数が増えます。
Y放棄	Eは代襲しません。Yは相続税法 15 条 1 項の相続人 ＸＹに配偶者がいなくて、被相続人甲に直系尊属、兄弟姉妹がいないとすれば、Yに続いてＸも放棄すると、相続税法上の「相続人の数」は 2 人なのに遺産を承継する相続人はいないということもあり得ます。
Y廃除・欠格	胎児は相続税法 15 条 1 項の相続人には含まれません（相基通 15-3）。**相続税の総額**を計算する際の相続税法 16 条の「相続人」にも含まれないことになります。相続人各自の**課税価格**を計算する際は、Eがいないものとした各相続人の相続分によって計算します（相基通 11 の 2-3）。

2 課税価格の加減事由と計算

4-2-1 生命保険金、死亡退職手当金の非課税限度額

1 非課税限度額の計算

(1) 非課税限度額の算出

みなし相続財産になる生命保険金または死亡退職手当金等（相法3①一、二）については、非課税限度額が定められています（相法12①五、六）。これは、生命保険金や死亡退職金等については、遺族の生活費等のための財産となっている場合も多く、政策的配慮から、一定の限度額について非課税とされているものです。なお、死亡保険金と死亡退職手当金等とは異なるものですが、非課税限度額となる要件、その計算方法、及び、限度額を超過した場合の限度額の計算方法は同じです。非課税限度額は、相続人の数に500万円を乗じて計算します。

非課税限度額＝500万円×相続人の数

(2) 相続人の数

ここでいう「相続人の数」とは、相続税法15条1項に規定する相続人の数と同じです。したがって、相続に係る基礎控除額を算出する際の「相続人の数」に算入されない養子は含まれませんが、相続放棄をした相続人は含まれることになります（相法15②）。

(3) 非課税の範囲

被相続人の「すべての相続人」が取得したみなし相続財産となる生命保険金又は死亡退職手当金等の合計額が、この非課税限度額の範囲内であれば、生命保険金又は死亡退職手当金等は**相続税の課税価格**には算入されず、したがって相続税も課税されないことになります（相法12①五イ、六イ）。なお、**相続放棄**や**相続欠格**もしくは**廃除**などによって相続権を喪失した者については、上記「すべての相続人」には含まれません。したがって、これらの者が取得した生命保険金又は死亡退職手当金等は、みなし相続財産に該当する場合であっても、非課税限度額の計算では除外されます。

2 非課税限度額を超える場合

被相続人のすべての相続人が取得したみなし相続財産となる生命保険金または死亡退職手当金等の合計額が、上記の計算方法により算出された非課税限度額を超える場合は、超えた部分について相続税が課税されることになります。この超える部分の金額（非課税金額）は、各人について、次の計算式によって算出します（この算出された非課税金額を超える各自の取得保険金額には課税されます。要するに、非課税限度額の按分です）。

非課税金額＝

非課税限度額 × (その相続人が取得した死亡保険金または退職手当金等の合計額) / (被相続人のすべての相続人が取得した保険金または退職手当金等の合計額)

> **計算例**
>
> 相続人　　　妻、長男、次男（相続放棄）、2人の養子
> 取得保険金額　妻2,000万、長男1,000万、次男1,000万、養子各500万
>
> 非課税限度額　2,000万円（500万円×4人）[※1]　　…①
> 　※1　次男は相続放棄をしていますが、相続人の数に含めます。実子が2人いますから、養子の1人は相続人の数には含めません。
> すべての相続人[※2]が取得した保険金の合計額　4,000万…②
> （妻2,000万＋長男1,000万＋養子500万×2）
> 　※2　次男は相続放棄をしているため相続人から除外します。そのため次男の取得保険金額は合計額には含めません。
>
> 合計額が非課税限度額を超えていますので、非課税限度額を各相続人の取得金額で按分し、各人の課税金額を計算します。
>
> | 相続人 | 取得保険金額 (③) | 非課税金額（④）(①×各人の③／②) | 課税金額 (③－④) |
> |---|---|---|---|
> | 妻 | 2,000万 | 1,000万 | 1,000万 |
> | 長男 | 1,000万 | 500万 | 500万 |
> | 養子 | 各500万 | 各250万 | 各250万 |
>
> 相続放棄した次男は非課税限度額の適用を受けられないため、1,000万円全額が課税価格となります。

▶相続放棄をした者が取得した生命保険金等

❷ 課税価格の加減事由と計算

4-2-2 3年以内贈与の加算

1 生前贈与財産の加算

(1) 特別受益

民法では、共同相続人の中に、被相続人から遺贈を受けたり、もしくは、被相続人の生前に婚姻・養子縁組や生計の資本として贈与を受けたりした者がいる場合、その遺贈された財産、もしくは、生前贈与された財産については、被相続人の相続財産に加算した上で（持戻し）、遺贈や贈与を受けた各相続人の**具体的相続分からは控除する**という**特別受益**の制度があります（民法903①）。

(2) 3年以内贈与の課税価格加算

相続税法には、民法のような特別受益財産の持戻しについて定めた規定はありません。しかし、相続開始前3年以内に行われた生前贈与の贈与財産を相続税の課税対象に取り込む規定があります。すなわち、相続または遺贈により財産を取得した者（相続税の納税義務者）が、被相続人から相続開始前3年以内に生前贈与を受けて財産を取得している場合は、当該贈与財産の価額をその者の**相続税の課税価格**に加算します（相法19①）。ただし、当該贈与財産が贈与税の非課税財産[1]又は贈与税の配偶者控除の適用のある財産（特定贈与財産）[2]の場合は加算されません。

2 加算される場合

受贈財産の価額が受贈者の相続財産の課税価格に加算されるのは、次の①から④のすべてに該当する場合です。

① 相続又は遺贈により財産を取得した者であること
② その者が被相続人から生前贈与により財産を取得していること

---

[1] 法人から贈与により取得した財産、扶養義務者間での生活費や教育費、公益事業用財産、特定公益信託から支給された奨学金等、特別障害者扶養信託契約に基づく信託受益権、社交上必要と認められる香典、花輪代、年末年始の贈答、祝物、見舞いなどです。
[2] 婚姻期間が20年以上の配偶者に対する贈与で、居住用財産又はその取得のための金員の贈与のことをいいます。2,000万円までが非課税とされています。

③ その生前贈与が被相続人の相続開始前3年以内であること
④ その贈与財産が贈与税の非課税財産（相法21の3・4）や贈与税の配偶者控除の適用のある財産（**特定贈与財産**）でないこと

3 相続開始の年の贈与

相続又は遺贈により財産を取得した者が、その相続開始の年（1月1日から相続開始日まで）に被相続人から生前贈与を受けていた場合は、その贈与財産の価額はその者の相続税の課税価格に加算しますが、贈与税についてはその申告期限の前に相続が開始していますから、その贈与については「贈与税の課税価格に算入しない」（贈与税の課税はない）ことになります（相法21の2④）。結果として贈与税の課税はないので、贈与税額の控除もありません。

相続の開始があった年に生前贈与があった場合は、次のようになります。

① その者が、相続等により財産を取得していなかった場合

　贈与財産の価額を相続税の課税価格に加算しません。加算の基礎になる相続税の課税価格そのものがないからです。

　その年の贈与税の課税価格に加算します。

　相続税の申告ではなく贈与税の申告をします。

② その者が、相続等により財産を取得した場合

　贈与財産の価額を相続税の課税価格に加算します。

　贈与税の課税価格には算入しません（相法21の2④）。

　相続税の申告をしますが、贈与税の申告は必要ありません。

4 課税価格の加算

相続又は遺贈により取得した財産の価格 ＋ 3年以内贈与財産の価額 ＝ その者の相続税の課税価格

ここでの加算は、生前贈与に対して贈与税が課されているかどうかにかかわらず行われます（ただし、先述のとおり、非課税財産及び特定贈与財産は除きます）。これは、生前贈与については贈与税としての課税が行われる制度になっている

とはいえ、相続開始時に近接した時期に贈与された財産については相続財産になり得た財産であるとの考え方によるものです。

加算される贈与財産の価額は、それを贈与によって取得した時の価額（いわゆる時価）です。相続時の価額ではありません。財産評価基本通達によって相続税評価額が定められている場合は、その評価額によります。

5 加算する贈与の範囲

相続税の課税価格に加算される贈与は、贈与税の基礎控除（現行110万円、措法70の2）とは関係ありません。1年間の贈与の額を合計しても贈与税が課税されない場合でも、相続開始前3年以内の贈与であれば加算されます。

6 特定贈与財産の場合

特定贈与財産の適用があるということは、**贈与税の配偶者控除**（相法21の6①）の適用により当該贈与の贈与税が課税価格の2,000万円を限度として非課税となります。その贈与から3年以内に当該贈与者が死亡した場合は、3年以内贈与として配偶者の取得財産の課税価格に加算するのは非課税となる価額を控除した金額のみです[3]。

▶特定贈与財産の要件と加算されない課税価格

3　特定贈与が相続開始の年にされたものである場合は相続税法19条1項の適用はありません。したがって、贈与税の配偶者控除によって非課税とされる金額（2,000万円限度）はその配偶者の相続財産に加算されません。それはその年の贈与財産ですから贈与税の申告をしますが、贈与税の配偶者控除の適用要件（相法21の6①）をクリアしていれば、特定贈与財産として限度額の範囲内で非課税となります。特定贈与財産の特例適用を認めるわけです。

当該贈与が相続開始の年の前以前にされていた場合は、贈与税の配偶者控除規定の適用を受けて控除された金額（非課税相当部分）は相続税の課税価格に加算されません。これを相続税の課税価格に加算すれば特定贈与財産の特例の趣旨がなくなってしまいます。

> **事例**
>
> 被相続人　甲
> 相続人　　妻乙、長男A、次男B
> 相続財産　① 5,000万の不動産
> 　　　　　　　甲と乙の居住用。甲5分の3、乙5分の2の共有
> 　　　　　② 3,000万円の預金
> 　　　　　③ 1,000万円の有価証券
> 生前贈与　相続開始の年　　　乙に対して①不動産を5分の2
> 　　　　　　　　　　　　　　甲の友人Xに対して1,000万円の有価証券
> 　　　　　相続開始の2年前　Bに対して2,000万円の土地
> 　　　　　　　　　　　　　　相続開始時1,500万円
> 　　　　　相続開始の4年前　Aに対して1,000万円の現金
>
> **遺産分割**
> 　乙　不動産（持分5分の3）
> 　A　②の預金
> 　B　③の有価証券
>
> **各人の相続税の課税価格**
> 　乙　①不動産の価額 3,000万円
> 　　　5,000万円のうち相続財産は持分5分の3です。持分5分の2は居住用不動産ですから特定贈与財産の贈与と考えられます。贈与税の配偶者控除の限度額2,000万円を超えませんから3年以内財産ですが課税価格の加算はありません。乙は贈与税の配偶者控除の適用をして申告すれば贈与税は課税されません。
> 　A　②の預金 3,000万円
> 　　　4年前の生前贈与ですから加算はありません。
> 　B　3,000万円（③有価証券1,000万円＋受贈土地2,000万円）
> 　　　受贈土地は3年以内贈与に該当しますから受贈時の価額2,000万円が加算されます。
> 　X　贈与が**死因贈与**でない限り相続税の申告をする必要はありません。
> 　　　贈与税の申告をする必要があります。
> 　　　仮に死因贈与であれば課税価格は受贈財産の1,000万円です。
> 　　　死因贈与であれば、Xに課税されるのは**相続税の総額**に対する受贈財産の価額に相当する相続税額です[4]。

4　計算式　相続税の総額×受贈財産の価額／相続税の課税価格の合計額

❷ 課税価格の加減事由と計算

4-2-3 相続時精算課税に係る贈与財産加算

1 制度の概要

　贈与税は、毎年1月1日から12月31日までの間に行われた贈与の財産の価額を計算して申告納税を行う暦年課税制度がとられていますが、一定の要件に該当する場合には、**相続時精算課税**を選択することができます（相法21の9）。相続時精算課税制度とは、贈与時にいったん贈与税を納めた後、将来その贈与者が亡くなったときに、贈与財産の贈与時の価額と相続財産の価額とを合計した価額を基に相続税額を計算し、同相続税額からすでに納めた贈与税相当額を控除することによって、贈与税・相続税を通じた一体的な課税を行うものです。同制度の適用を受ける場合、取得財産の価額が2,500万円（特別控除額[1]）までは贈与税が課税されません。これを超える受贈財産の価額に対する税率については、一律20%という通常の贈与税よりも低い税率が適用されることになっています（相法21の13）。

2 適用対象者

　相続時精算課税の適用を受けることができるのは、贈与をした年の1月1日時点で満60歳以上である個人（父母又は祖父母）から、その贈与者の**推定相続人**[2]及び孫で、贈与を受けた年の1月1日時点で満20歳以上の個人に対して行われる贈与です（相法21の9①、措法70の2の5）。

　※　平成26年12月末までに開始した相続の場合は、贈与者は65歳以上の父母、受贈者は20歳以上の子（子が亡くなっているときは孫）となります。

　贈与財産の種類、金額、贈与回数に制限はありません。ただし、上記のとおり、特別控除額には限度額（2,500万円）があります。

1　特別控除額　相続時精算課税制度を選択した場合に、受贈者が特定贈与者から贈与された贈与財産から控除できる額。限度額は2,500万円ですが、前年以前にすでに特別控除額を利用している場合は、その残額が限度額です（相法21の12①）。
2　贈与者の推定相続人　贈与を受けたときに、贈与者の直系卑属のうち、もっとも先順位の相続人です（代襲相続人を含みます）。

3 適用手続

相続時精算課税は、贈与税の期限内申告書の提出期限内に、その年中に受贈した財産について、「相続時精算課税選択届出書」を贈与税の期限内申告書に添付して、納税地の所轄税務署長に提出する必要があります（相法21の9②、相令5①）。この相続時精算課税選択届出書を提出した相続時精算課税制度の適用がある贈与をする贈与者を「特定贈与者」といいます（相法21の9⑤）。この届出を提出して相続時精算課税の適用がある贈与の受贈者を、本稿では便宜上「特定受贈者」とします。

相続時精算課税は、特定受贈者が、特定贈与者である父、母（孫の場合は祖父、祖母）ごとに選択できますが、いったん選択すると、選択した年以後特定贈与者が亡くなるときまで継続して適用され、暦年課税に変更することはできません（相法21の9③、⑥）。

4 特定贈与者の死亡に係る相続税額の計算

特定贈与者から相続又は遺贈により財産を取得した特定受贈者の相続税額は、特定贈与者について相続が開始した場合、特定受贈者が相続又は遺贈により取得した財産の価額（相続財産の価額）と相続時精算課税の適用を受けた贈与財産の価額を合計した金額を基にして計算した相続税額から、すでに納付した相続時精算課税に係る贈与税相当額を控除して算出します。その贈与税額が相続税額よりも多い場合は、相続税の申告をして還付を受けることができます（相法33の2）。

なお、加算される財産の価額は、贈与の時の価額であって、相続開始時の価額ではありません。また、特定受贈者が、特定贈与者（被相続人）から相続または遺贈により財産を取得していなくても、相続時精算課税の適用がある財産を取得していれば、その財産の価額を特定贈与者から相続（受贈者が相続人でなくなっていれば遺贈）により取得したものとして、当該受贈者の**相続税の課税価格**を計算します（相法21の16①）。

> **事例**
>
> Y　特定贈与者

>
> 　　　　　1年目贈与　1,000万円
> 　　　　　2年目贈与　　800万円
> 　　　　　3年目贈与　　900万円
>
> X　特定受贈者

> **解説**
>
> **[1]　贈与税**
>
> 　特定贈与者からの贈与についての贈与税の額は、特定贈与者からのその年の贈与財産の価額の合計額から、特別控除額（限度額は2,500万円））を控除して、控除し切れない金額に対しては一律20％を乗じて計算します。
>
> 　設例の場合、1年目と2年目は、特別控除額を控除すると、Xの贈与税の税額は控除額の範囲内ですから0円です。しかし、3年目の特別控除額は700万円のみです（2,500万円－（1,000万円＋800万円））。受贈財産の価額900万円から、この700万円を控除した残額200万円に上記の一律税率20％を乗じると40万円となります。

> **結論**
>
> Xの贈与税額
>
> 　1年目　　0円
> 　2年目　　0円
> 　3年目　40万円

[2]　相続税

　Yについて相続が開始した場合、まず、Xが贈与された財産の合計額2,700万円を加算したYの相続財産の価額を基にXの相続税額を計算します。その後、その相続税額から納付済みの贈与税額を控除してXの相続税額を算出します（相法21の15③）。

　ただし、3年目の贈与がYについて相続が開始した年の場合は、Xが被相続人Yから相続又は遺贈により財産を取得したのであれば、下記**5**(1)のケースですから、受贈財産900万円を相続税の課税価格に加算して相続税額を計算します（**3年以内贈与の加算**）。贈与税についての課税はありません（相法21の2④）。

　XがYから相続又は遺贈により財産を取得しなかったのであれば、下**5**(2)のケースですから、Xは、特定贈与財産900万円を相続財産に加算して相続税額を計算します。贈与税は課税されません。

Xの相続税の課税価格は、相続時精算課税の適用を受ける受贈財産の加算により増額しますから、相続税額も対応して増額しますが、その相続税額からXの納付贈与税額40万円を控除してXが納付すべき相続税額を算出します。この金額がマイナスであれば、そのマイナス相当額の税金還付を受けることができます。相続人である特定受贈者のXが相続開始前に贈与された財産について、いわば贈与税の課税が繰り延べされているようなものです。それを特定贈与者Yの相続に際して精算するのがこの制度です。

5 贈与者が贈与をした年に死亡した場合の問題

　贈与者が贈与を行ったのと同じ年に死亡した場合、相続時精算課税の適用の有無の他に、**3年以内贈与**の加算も問題となります。

(1) 相続時精算課税の適用を受けている者（適用を受けようとする者を含む）が相続財産を取得した場合

① 贈与税は課税されません。

② 相続税は、贈与財産の価額を相続税の課税価格に加算して相続税額を計算します（3年以内贈与の加算）。

　※　3年以内贈与で相続時精算課税の適用を受ける以前の贈与がある場合には、その価額も相続税の課税価格に加算して相続税額を計算します。

(2) 相続時精算課税の適用を受けている者（適用を受けようとする者を含む）が相続財産を取得しなかった場合

① 贈与税は課税されません。

② 相続税は、相続時精算課税の適用がある贈与のみを相続税の対象とします。

(3) 相続時精算課税の適用がない者が相続財産を取得した場合

① 贈与税は課税されません。

② 相続税は、贈与財産の価額を相続税の課税価格に加算して相続税額を計算します（3年以内贈与の加算）。

(4) 相続時精算課税の適用がない者が相続財産を取得しなかった場合

① 贈与財産の価額は贈与税（暦年課税）の課税価格に算入され、基礎控除の額を超えるときは贈与税が課税されます。

② 相続税は課税されません。

❷ 課税価格の加減事由と計算

4-2-4 小規模宅地等の課税価格計算特例

1 特例の概要

相続や遺贈によって、被相続人が居住していた不動産や、被相続人が事業に使用していた不動産を取得することはよくあります。これらの資産は、直ちに換価・費消できるものではありませんし、これらの財産に対して多額の相続税を課してしまうと、被相続人と同居していた家族の生活を脅かしたり、被相続人が営んでいた事業の継続を妨げたりすることにもなりかねません。

そこで、これらの資産を取得した場合の相続税の負担を軽減して、居住用資産の維持や事業承継を税制面から支援するため、一定の居住用または事業用の宅地等について大幅な**相続税の課税価格**の評価減を認める特例が設けられています（措法69の4①）。

2 特例適用の対象となる宅地等

本特例の適用を受けることのできる宅地等は、以下の四種類です。

- 特定事業用宅地等……………被相続人又は被相続人と生計を一にしていた親族の事業に供されていた宅地等
- 特定居住用宅地等……………被相続人又は被相続人と生計を一にしていた親族の居住の用に供されていた宅地等
- 特定同族会社事業用宅地等……特定同族会社の事業の用に供されていた宅地等
- 貸付事業用宅地等……………被相続人又は被相続人と生計を一にしていた親族の貸付事業の用に供されていた宅地等

なお、租税特別措置法69条の4 1項本文の「事業」と、各宅地等の定義における「事業」の意義及び範囲には違いがあります。

すなわち、租税特別措置法69条の4 1項本文が規定する「事業」には、いわゆる準事業（事業と称するに至らない不動産の貸付け及びその他これに類する行為で、相当の対価を得て継続的に行うもの）を含みます。これに対して、特定事

業用宅地等及び特定同族会社事業用宅地等における「事業」には、準事業は含みません。また、不動産貸付業、駐車場業、自転車駐車場業も含みません。他方、**貸付事業用宅地等**における「事業」とは、不動産貸付業、駐車場業、自転車駐車場業、及び準事業のみを指します。

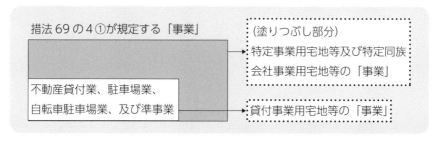

3 特例適用の要件

まず、各宅地等に共通の適用要件として、以下のものがあります。

① 個人が相続又は遺贈により取得した宅地等であること
② 建物又は構築物の敷地として使われていること
③ たな卸資産及びこれに準ずる資産でないこと
④ この特例の適用を受けることができる宅地等を取得した者が2人以上であるときは、その宅地等を取得した者全員が特例適用の選択について同意していること
⑤ 相続税の申告期限までに分割されていること
⑥ 相続税の申告書に、この特例の適用を受けようとする旨の記載をして、計算に関する明細書その他の財務省令で定める書類を添付していること

次に、各宅地等の個別の適用要件として、以下のものがあります。

(1) **特定事業用宅地等**

ア 事業承継要件

相続税の申告期限までその宅地等の上で事業を営んでいること（被相続人の事業の用に供されていた場合は、かかる被相続人の事業を、相続人が相続税の申告期限までに引き継いでいることも必要）

イ　保有継続要件

　　　その宅地等を相続税の申告期限まで有していること

(2) **特定居住用宅地等**

ア　被相続人の居住の用に供されていた宅地等

　(ア)　被相続人の配偶者が取得した場合

　　　特に要件はありません

　(イ)　被相続人と同居していた親族が取得した場合

　　　相続開始の直前から相続税の申告期限まで、引き続きその家屋に居住し、かつ、その宅地等を相続税の申告期限まで有していること

　(ウ)　被相続人と同居していない親族が取得した場合

　　　被相続人に配偶者がおらず、また、被相続人に相続開始の直前においてその被相続人の居住の用に供されていた家屋に居住していた親族で法定相続人（相続放棄をした相続人も含む）がいない場合で、

　　　㋐相続開始前3年以内に日本国内にある自己又は自己の配偶者の所有する家屋（相続開始の直前において被相続人の居住の用に供されていた家屋を除く）に居住したことがなく、㋑その宅地等を相続税の申告期限まで有しており、㋒相続開始の時に日本国内に住所を有しているか、又は、日本国籍を有していること

イ　被相続人と生計を一にする親族の居住の用に供されていた宅地等

　(ア)　被相続人の配偶者が取得した場合

　　　特に要件はありません

　(イ)　被相続人と生計を一にしていた親族が取得した場合

　　　相続開始の直前から相続税の申告期限まで引き続きその家屋に居住し、かつ、その宅地等を相続税の申告期限まで有していること

(3) **特定同族会社事業用宅地等**

ア　法人役員要件

　　　相続税の申告期限において、その法人の役員であること

イ　保有継続要件

　　　その宅地等を相続税の申告期限まで有していること

(4) 貸付事業用宅地等

ア　事業承継要件

　　相続開始の直前から相続税の申告期限までその宅地等の上で貸付事業を営んでいること（被相続人の貸付事業の用に供されていた場合は、かかる被相続人の事業を、相続人が相続税の申告期限までに引き継いでいることも必要）

イ　保有継続要件

　　その宅地等を相続税の申告期限まで有していること

4 特例の適用を受けることのできる面積

各宅地等について、以下の面積の範囲内まで、課税価格の減額の特例の適用を受けることができます。

① すべてが特定事業用宅地等の場合は、合計400㎡まで

② すべてが特定同族会社事業用宅地等の場合は、合計400㎡まで

③ すべてが特定居住用宅地等の場合は、合計330㎡まで

④ すべてが貸付事業用宅地等の場合は、合計200㎡まで

⑤ 特例の適用がある次の宅地等のうち、2以上の宅地等を選択する場合の限度面積の判定と限度面積の調整算式

　　A　特定居住用宅地等

　　B　特定事業用宅地等及び特定同族会社事業用地宅地等

　　C　貸付事業用宅地等

　ア　特例を適用する宅地等のなかに貸付事業用宅地等がない場合

$$\text{Aの適用面積の合計} \leq 330 \quad \text{Bの適用面積の合計} \leq 400$$

最大合計730㎡（併用可）

　イ　特例を適用する宅地等のなかに貸付事業用宅地等がある場合

$$\text{Aの適用面積の合計} \times \frac{200}{330} + \text{Bの適用面積の合計} \times \frac{200}{400} + \text{Cの適用面積の合計} \leq 200㎡$$

注　これらは、平成27年1月1日以後に開始した相続に適用があります。

5 特例による課税価格の減額

この特例の適用を受けることができる小規模宅地等については、利用状況によって、その土地の自用地、貸宅地、貸家建付地等の評価額の限度面積までの価額に次の割合を乗じた金額が減額されます。

① 特定事業用宅地等　　　　80％（20％が課税価格）
② 特定居住用宅地等　　　　80％（20％が課税価格）
③ 特定同族会社事業用宅地等　80％（20％が課税価格）
④ 貸付事業用宅地等　　　　50％（50％が課税価格）

6 その他の問題

(1) 老人ホーム入所により空き家になっていた建物の敷地の判定

被相続人が、居住していた建物を離れて老人ホームに入所していたような場合は、被相続人の生活の拠点が移転するので、それまで居住していた建物の敷地について小規模宅地等として特例の適用を受けることに問題があります。

ホームに移った被相続人は、自宅に戻ることを予定していることも多いので、自宅についても、いつでも戻ってきて生活ができるように維持管理されている場合が多くあります。

そこで、被相続人が介護施設等に入所し自宅には居住していない場合であっても、①被相続人の身体又は精神上の理由により介護を受ける必要があるため、老人ホームへ入所することになったものと認められること、②被相続人がいつでも生活できるようその建物の維持管理が行われていたこと、③入所後新たにその建物を他の者の居住の用その他の用に供していた事実がないこと、④その老人ホームは、被相続人が入所するために被相続人又はその親族によって所有権が取得され、あるいは終身利用権が取得されたものではないこと、の４つの要件を充たす場合には、本特例の適用を受けることができるものとされています（国税庁質疑応答集より）。

(2) 申告期限において遺産分割未了の場合

本特例の適用を受けるためには、相続税の申告時において当該対象土地等について遺産分割が完了していることが要件です（上記 3 適用要件⑤）。

ただし、相続税の申告書に「申告期限後3年以内の分割見込書」を添付して提出しておけば、相続税の申告期限から3年以内に分割できれば特例の適用を受けることができます。この場合、分割が行われた日の翌日から4か月以内に、**更正の請求**をします（措法69の4④但書）。3年を経過しても、一定の事由があれば、税務署長の承認を得て期限を延ばすことができます（5-3-2「遺産分割と更正の請求」参照）。

巻末第17表【税務署長の承認事由と更正の請求の起算日】に整理した表があります。なお、同様の扱いがされるものとして、4-5-3「配偶者の税額軽減特例」も参照してください。

▶遺産分割ができないうちに次の相続が開始した場合と特例の適用

特例適用対象面積の事例検討

※　いずれも相続人らについて適用要件をクリアしている前提です。
※　いずれも、改正法によります（平成27年1月1日以後に開始した相続に適用）。

事例1　**特定居住用宅地等と特定事業用宅地等の併用**

甲地　231㎡　　特定居住用宅地等
乙地　160㎡　　特定事業用宅地等

　いずれも、適用対象面積（居住用330㎡、事業用400㎡）の範囲内ですから、両者の完全併用が可能です。
　甲地231㎡が、乙地160㎡が特例の適用対象となって各土地の課税価格は20％まで減額できます。

第4章　相続税の計算

事例2 特定居住用宅地等と貸付事業用宅地等の併用

甲地　231㎡　　特定居住用宅地等
乙地　160㎡　　貸付事業用宅地等

一方の土地が貸付事業用宅地等の場合は、適用対象面積（200㎡）の範囲内であっても完全併用はできません。調整計算が必要です。

(1) 特定居住用宅地等を優先的に選択する場合
　〈調整計算〉
　　居住用宅地等（甲地）の全部に特例を適用した場合の貸付事業用宅地の適用面積を計算します。

$$231㎡ \times 200/330 + X = 200㎡$$
$$140㎡ + X = 200㎡$$
$$X = 200㎡ - 140㎡$$
$$= 60㎡$$

　甲地　231㎡特定居住用宅地等適用対象　課税価格80％減
　乙地　 60㎡貸付事業用宅地等適用対象　課税価格50％減

(2) 貸付事業用宅地等を優先的に選択する場合
　〈調整計算〉
　　貸付事業用宅地等（乙地）の全部に特例を適用した場合の特定居住用宅地等の適用面積を計算します。

$$X \times 200/330 + 160㎡ = 200㎡$$
$$X \times 200/330 = 200㎡ - 160㎡$$
$$200X = 40㎡ \times 330$$
$$200X = 13,200㎡$$
$$X = 66㎡$$

　甲地　 66㎡ 特定居住用宅地等適用対象　課税価格80％減
　乙地　160㎡ 貸付事業用宅地等適用対象　課税価格50％減

事例3 特定事業用宅地等と貸付事業用宅地等

甲地　231㎡　　特定事業用宅地等
乙地　160㎡　　貸付事業用宅地等

一方の土地が貸付事業用宅地等の場合は、適用対象面積（200㎡）の範囲内であっても完全併用はできません。調整計算が必要です。

(1) 特定事業用宅地等を優先的に選択する場合
〈調整計算〉
特定事業用宅地等（甲地）の全部に特例を適用した場合の貸付事業用宅地等の適用面積を計算します

$$231㎡ \times 200/400 + X = 200㎡$$
$$115.5㎡ + X = 200㎡$$
$$X = 200㎡ - 115.5㎡$$
$$X = 84.5㎡$$

甲地　231㎡　　特定事業用宅地等適用対象　　課税価格80％減
乙地　84.5㎡　貸付事業用宅地等適用対象　　課税価格50％減

(2) 貸付事業用宅地等を優先的に選択する場合
〈調整計算〉
貸付事業用宅地等（乙地）の全部に特例を適用した場合の特定事業用宅地等の適用面積を計算します。

$$X \times 200/400 + 160㎡ = 200㎡$$
$$X \times 1/2 = 200㎡ - 160㎡$$
$$X = 80㎡$$

甲地　80㎡　特定事業用宅地等適用対象　　課税価格80％減
乙地　160㎡　貸付事業用宅地等適用対象　　課税価格50％減

❷ 課税価格の加減事由と計算

4-2-5 債務控除

1 債務控除

被相続人の債務のうち、要件を満たす一部の債務については、相続人らが取得した財産の価額（課税財産の価額）からその者が負担する債務額を控除して**相続税の課税価格**を計算します（相法13①、②）。これが相続税の債務控除です。

2 控除できる債務

控除できるのは、相続開始時点において現に存在し、確実と認められる債務です（相法14①）。これが控除される債務の要件です。

具体的に控除の可否を検討します。

① 相続財産に関する費用　被相続人の債務が対象ですから相続財産に関する費用（民法885）は控除できません（相基通13-2）。

② 被相続人の税金　被相続人に課されるべき税金で相続開始後に徴収されるものは、相続開始時に確定していなくても控除できます。

③ 保証債務　原則として控除できません。保証債務については、それを履行した保証人が主たる債務者に対して求償権を取得するからです。ただし、主たる債務者について弁済不能などの特別な事情があり、保証人が債務の履行をしなければならない場合で、保証人が主たる債務者に求償しても弁済を受ける見込みのない金額については確実な債務とされますので控除できます（相基通14-3(1)但書き）。

④ 消滅時効にかかった債務　相続人は時効を援用して債務を免れることができますから確実な債務には該当しません（相基通14-4）。

3 控除できる債務の範囲

控除することができる債務の範囲は、**無制限納税義務者**と**制限納税義務者**とで異なります。

(1) 無制限納税義務者の場合

原則として、承継した被相続人の債務全部のうち、その者の負担に属す

る部分の金額を、課税価格から控除することができます（相法13①）。

(2) 制限納税義務者の場合

被相続人から相続または包括遺贈等によって取得した財産のうち、日本国内にある財産の価額から、相続税法13条2項各号の債務金額のうち、その者の負担に属する部分の金額を当該財産の金額から控除することができます（相法13②）。

▶注意すべき相続債務（控除の可否）

4 債務控除の対象にならない債務

相続税の非課税財産のうち、相続税法12条1項二号（墓所、霊びょう等）、三号（公益事業目的財産）に該当する財産の取得、維持、管理のために生じた債務は、債務として控除することはできません（相法13③）[1]。

5 控除する債務額の計算

各人の取得相続財産の価額から控除する債務の額は実際にその者が負担することになった債務額です。この負担の割合もしくは金額については相続人間で協議をして確定させます。相続人の一部について、取得した財産の価額よりも負担債務の金額の方が大きい場合には控除し切れない債務額が発生しますが、当然には相続人間で通算することはできません（4-4-5「債務分割と相続税」参照）。

6 葬式費用

被相続人の債務ではありませんが、葬儀費用も、被相続人の債務に準じて、課税価格から控除することができます。

ただし、葬儀に関連して発生した費用であっても、控除できる費用とできない費用があります。その範囲については、巻末第15表【葬式費用】に具体例をあげています。

---

[1] 例えば、被相続人が購入していたお墓の代金債務は債務控除の対象になりません。支払済みであればその分相続財産が減っていたことになりますが、仕方ありません。

3 相続税額の計算

4-3-1 相続税の総額と各自の相続税額

1 遺産課税方式と遺産取得課税方式

相続税法はいわゆる「**遺産課税方式**」と「**遺産取得課税方式**」の両方を取り入れた折衷型といわれています。相続税の総額を先に算出するのは遺産課税方式の考え方です。相続税の総額を算出した後は、それぞれの相続人が取得した財産の価額に応じた（総額に対する按分割合で）相続税額が計算されます。この部分は遺産取得課税方式の考え方です。

2 相続税の総額

相続税の総額は、**課税遺産総額**を相続人が法定相続分の割合で取得しているものとして計算します（巻末第2表【相続税額計算の流れ】参照）。遺産分割によって現に取得した財産の価額ではありません。法定相続分に対応した価額に税率を乗じて算出した税額の合計を相続税の総額とするのは、遺産の規模に応じた課税という「遺産課税」の趣旨には合います。まずは**相続税の総額**を計算することになります。

3 各相続人の相続税額

(1) 相続税額の計算

相続税の総額を算出したうえで、各相続人ら（受遺者らを含みます）の相続税額を計算します。それぞれが取得した財産の課税価格の割合で按分するため、計算式は次のようになります。

$$各相続人らの税額 = 相続税の総額 \times \frac{各人の課税価格}{課税価格の合計額}$$

(2) 具体的税額の計算

相続税法は、相続人の特性に応じて税額の加算や控除の事由を設けています。いったん算出された相続税額が増減する個別の事情です[1]。具体的には、**2割**

加算（相法18）をしたのち、**3年以内贈与**の贈与税額控除（相法19）、**配偶者の税額軽減**（相法19の2）、未成年者控除（相法19の3）、障害者控除（相法19の4）、相次相続控除（相法20）、**外国税額控除**（相法20の2）等をして、各相続人らの控除後の税額を算出します（前掲巻末第2表参照）。マイナスとなった場合は0円です。

事例（典型例）

課税価格の合計額	16,000万円
相続人	配偶者　長男　長女
遺産分割	妻　　10,000万円　　62.50%
	長男　 5,000万円　　31.25%
	長女　 1,000万円　　 6.25%

解　説

最初に、具体的な相続税の計算をする前に、**遺産に係る基礎控除額**を確定して、課税遺産総額を算出します。

基礎控除額　　 3,000万円＋ 600万円×3 ＝ 4,800万円
課税遺産総額　16,000万円－4,800万円　＝11,200万円

相続税の総額を算出

法定相続分で取得したものとして各相続人の相続税額を計算します。

	法定相続分	仮の取得金額	税　額
妻	2分の4	5,600万円	980万円
長男	1分の4	2,800万円	370万円
長女	1分の4	2,800万円	370万円
合計	1		1,720万円

巻末第5表【相続税額速算表】による計算

各自の相続税額

相続税の総額1,720万円を各自の取得財産価額で按分します。

	取得財産の価額	取得割合	相続税額
妻	10,000万円	62.5%	1,075　万円
長男	5,000万円	31.25%	537.5万円
長女	1,000万円	6.25%	107.5万円
合計	16,000万円	100%	1,720　万円

※　遺産分割ができれば、妻が**配偶者税額軽減特例**の適用によって納付税額が0円となる可能性がありますが、ここでは相続税額を算出しています。

1　これらの事由がない相続人は算出された相続税額が納付税額となります。

❸ 相続税額の計算

4-3-2 遺産未分割と相続税の計算

1 未分割遺産の相続税の課税価格

相続税の法定申告期限までに遺産分割ができなかった場合は、相続人らは民法の規定による相続分（法定相続分）又は包括遺贈の割合に従ってその財産を取得したものとして各自の**相続税の課税価格**を計算します。その場合、**特別受益**を受けた相続人にはその**具体的相続分率**に相当する額に従って割財産を取得したものとして課税価格を計算します。しかし、**寄与分**（民法904の2）は考慮されません。また、預貯金などの可分債権は当然に分割されて相続人に帰属しますから、その意味では未分割遺産ではありません。ただし、相続人の合意で遺産分割の対象にすることは可能です。

2 遺産未分割の場合の相続税申告

相続税の申告書では、各相続人らについてそれぞれが取得した財産を記載していきます（相続税申告書第11表）。未分割財産については、各共同相続人又は包括受遺者が法定相続分又は包括遺贈の割合に従って財産を取得したものとして課税価格の計算をします（相法55）。第11表は、相続財産ごとに取得した相続人とその財産の価額を記載する表ですが、「合計表」に「未分割財産の価額」を記載する欄②があります（右頁掲載図参照）。課税価格の計算はそれからです。

3 相続人間で相続分の譲渡があった場合

遺産分割前に共同相続人間で相続分の譲渡があると、譲渡人と譲受人の相続分が増減します。相続税の申告はその増減した相続分に応じて相続財産を取得したものとして計算します。これは、相続税法55条（未分割遺産に対する課税）の「民法（904条の2を除く）の規定による相続分」には共同相続人間の譲渡に係る相続分が含まれるとの解釈によるものです（最判平5・5・28、判時1460-60）。

▶相続分譲渡の法律問題
▶相続人間での相続分の譲渡があった場合

4 後に遺産分割ができた場合の税額是正

　未分割遺産について、相続税の申告をした後に遺産分割が調った場合は、その分割の効力は相続開始の時にさかのぼりますが（民法909）、ここで各人の取得財産の価額に変動が生じます。それに基づいて改めて相続税の計算をしますから、それぞれの相続税額も増減します。増額になった相続人らは**修正申告**を、減額になった（当初申告の税額が過大になった）相続人らは**更正の請求**（相法32一）をすることになります[1]。遺産分割と更正の請求の期間制限については巻末第17表【税務署長の承認事由と更正の請求の起算日】で確認をしてください。

　なお、遺産分割が調うことによって、それを要件としている特例（小規模宅地等の課税価格計算特例、配偶者税額軽減特例等）の適用が可能になる結果、**相続税の総額**が変動することがあります。そのため、**特定遺贈、死因贈与**等によって相続財産を取得した者は、遺産分割には影響されないのですが、納付する相続税額は増減することがあります[2]。

▶遺産分割ができないうちに次の相続が開始した場合と特例の適用

相続税申告書第11表（相続税がかかる財産の明細書）

合計表	財産を取得した人の氏名	（各人の合計）						
	分割財産の価額 ①	円	円	円	円	円	円	円
	未分割財産の価額 ②							
	各人の取得財産の価額 ③（①+②）							

（注）1　「合計表」の各人の③欄の金額を第1表のその人の「取得財産の価額①」欄に転記します。
　　　2　「財産の明細」の「価額」欄は、財産の細目、種類ごとに小計及び計を付し、最後に合計を付して、それらの金額を第15表の①から㉘までの該当欄に転記します。

第11表（平26.7）　　　　　　　　　　　　　　　　　　　　　　　　　　（資4-20-12-1-A4統一）

1　未分割申告は暫定的なものであって、遺産分割ができた暁には**小規模宅地等の課税価格計算特例**や**配偶者税額軽減特例**などの適用を予定しているのが普通です。ただし、分割後にその特例の適用を受けられるのは原則として申告期限後3年以内に分割ができた場合です（措法69の4④、相法19の2②）。実務では申告時に「申告後3年以内の分割見込書」を税務署長宛に提出することにしています。

2　その後の遺産分割によって相続税の総額に増減が生じた場合は、特定遺贈の受遺者らの取得財産に増減はありませんが、**課税価格の合計額**に占める取得財産価額の割合が変わるため、その税額が増減するということです。

4 遺産分割と相続税

4-4-1 遺産分割と相続税の関係

1 遺産分割の意義

被相続人の相続財産は、相続人らが複数いる場合は「共有」（民法898）となります。この「共有」状態は、あくまで暫定的なものです。この暫定的な共有関係を解消し、各相続人の相続財産の具体的取得財産を確定させることを遺産分割といいます。

2 遺産分割の種類

遺産分割には、①遺言による分割、②遺産分割協議による分割、③裁判所の調停による分割、④裁判所の審判手続による分割などがあります。

(1) 遺言による分割

被相続人は、遺言で遺産分割の方法及び相続分の指定をすることができます。ただし、相続人全員の合意があれば、遺言と異なる内容の遺産分割をすることもできます。

(2) 遺産分割協議による分割

遺言がない場合や遺言において遺産分割方法が指定されていない場合は、相続人らの協議によって遺産分割を行うことになります（民法907①）。

(3) 調停手続による分割、審判手続による分割

協議が調わずに遺産分割ができない場合は、家庭裁判所に調停を申し立てて調停手続のなかで引き続き協議を行い、それでもなお協議が調わない場合は、裁判所が審判によって遺産分割をします（民法907②）。

3 協議による遺産分割

相続人らの協議による遺産分割の内容は自由に決めることができます。1人の相続人が全ての相続財産を取得することもできますし、各相続人が相続財産を単独で取得することや、法定相続分による共有持分の割合を変更すること、あるいは引続き同じ割合の共有関係を継続することを合意することもできます

（この場合の共有状態は、暫定的なものではなく確定的なものです[1]）。遺産分割の内容が法定相続分と乖離していても、贈与税等の課税はありません。

4 遺産分割を行うことによる相続税法上の効果

相続税は、各相続人らが取得した相続財産に対して課せられる税金です。したがって、遺産分割を行って各人の具体的取得財産が確定することは、確定的な相続税の計算を可能にします。遺産分割ができている遺産については、**配偶者税額軽減特例**（相法19の2）や**小規模宅地等の課税価格計算特例**（措法69の4）の適用が可能となります。

5 申告期限において遺産分割未了の場合

(1) 遺産分割の期間

遺言で禁止されている場合（民法908）を除いて、遺産分割を行う期間に特に制限はありません（民法907①）。したがって、相続人らはいつでも遺産分割を行うことができるのですが、相続人らは「10か月以内」の法定申告期限内に相続税の申告をしなければなりません（相法27①）。しかし、この申告期限に到っても遺産分割ができていないことは珍しくありません。

(2) 分割未了の場合の申告の特例

相続税の申告期限においてもいまだ遺産分割が完了していない場合、相続税法は、各相続人が「民法の規定による相続分」[2]又は包括遺贈の割合に従って相続財産を取得したものとみなして、相続税の課税価格を計算して申告するものとしています（相法55）。

申告期限後に遺産分割を行って、その分割により課税価格が申告済みの価格よりも減少した相続人らは4か月以内に**更正の請求**をすることができます（相法32①一）。逆に、課税価格が増額した相続人らは**修正申告**をすることになります（相法31①）。

▶遺産分割ができないうちに次の相続が開始した場合と特例の適用

---

1 具体的には、共有物分割請求ができることになります。
2 指定相続分、特別受益者の具体的相続分を含みますが、寄与分は考慮されません（相基通55-1）。しかし、共同相続人間で譲渡された相続分も含まれます（最判平5・5・28 判時1460-60）。

❹ 遺産分割と相続税

4-4-2　代償分割

1 代償分割

(1) 意　義

代償分割とは、共同相続人などのうちの1人または数人に相続財産を現物で取得させる代わりに、その現物を取得した者から他の共同相続人などに対して代償金等の代償財産を交付させることによって遺産分割を行う方法です（代償債務を負担させる方法として家事事件手続法195条）。現物分割が困難な場合や、被相続人の自宅（遺産）に同居していた相続人が当該自宅不動産の取得を希望する場合などの遺産分割方法として活用されます。

(2) 代償財産

代償財産は、遺産の全部または一部を取得した相続人の取得財産の割合がその者の相続分[1]を超える場合に、その超過分を他の相続人との間で調整するものです。遺産分割の条項としては代償金の支払いを約束する「代償債務」の負担というのが最もポピュラーな形式です。代償財産を取得しても譲渡所得税は課税されません。相続税のみです。代償金を支払っても取得費にはなりません。

▶代償金の取得費性

2 代償分割を行った場合の相続税の課税価格の計算

代償分割を行った場合の相続税の課税価格の計算は次の計算式に基づき行います。

(1) 代償財産を交付した人の課税価格

相続又は遺贈により取得した財産の価額 − 交付した代償財産の価額

(2) 代償財産の交付を受けた人の課税価格

相続又は遺贈により取得した財産の価額 ＋ 交付を受けた代償財産の価額

この場合の代償財産（代償債務）の価額は、原則として、相続開始時における財産の価額（時価）になります。

1　ここでの相続分は、法定相続分、指定相続分のいずれであるかを問いません。

ただし、相続時と遺産分割時とで相続財産の価額に乖離が生じている場合の不公平を解消するために、代償分割の対象となった財産が特定され、かつ、代償債務の額がその財産の代償分割の時における通常の取引価額を基準に計算されている場合、あるいは、共同相続人及び包括受遺者の全員が合意した合理的と認められる方法により代償債務の額が計算されている場合には、その代償債務の額を代償分割の時における価額に換算し、その価額を代償債務の課税価格とすることが認められています（相基通11の2-10）。

次の算式によって計算します。

$$A \times \frac{C}{B}$$

A　代償債務の額
B　代償債務の額の決定の基となった代償分割の対象となった財産の代償分割の時における価額
C　代償分割の対象となった財産の相続開始の時における価額（財産評価基本通達の定めにより評価した価額）。

> **計算例**
>
> 相続人　　妻、子
> 相続財産　不動産のみ
> （相続税評価額5,000万、代償分割時の時価4,000万）
>
> 妻が単独で不動産を取得する代わりに、代償金として子に現金2,000万円を支払った場合
> 　妻の課税価格　5,000万円－2,000万円　　3,000万円
> 　子の課税価格　　　　　　　　　　　　2,000万円
>
> このような単純計算では妻にとって不公平な課税価格になります。
> 代償金の課税価格の金額は次のように調整されます。
> 代償金の額　2,000万円×5,000万円／4,000万円＝2,500万円
> 　妻の課税価格　2,500万円（5,000万円－2,500万円）
> 　子の課税価格　2,500万円

❹ 遺産分割と相続税

4-4-3 換価分割

1 換価分割の意義

　換価分割とは、共同相続人全員の合意のもと、相続財産を換価（売却）した上で、換価後の金員を分割する方法によって行う遺産分割です（相基通19の2-8（注））。

　換価分割を行った場合、換価によって譲渡益が発生することがあり、同譲渡益に対しては譲渡所得税が課税されます。相続人は、換価分割によって取得した金員の額に応じて、かかる譲渡益（譲渡所得）を按分することになります。

2 換価分割を行った場合の相続税の課税価格の計算

　換価分割を行った場合の**相続税の課税価格**は、換価の対価（売却価格）ではなく、換価遺産の相続税評価額となるため注意が必要です。換価代金額の分割割合が換価遺産の分割割合となります。したがって、換価遺産（売却換価した相続財産）の相続税評価額を各相続人らの換価代金の取得金額に応じて按分した金額で各相続人の相続税の課税価格を計算します。

3 換価分割の方法、条項の問題

（1）　代表者による売却

　換価分割の条項は、売却の最低価額、期限、共益費用の控除、譲渡代金の分割割合等などをあらかじめ決めておくのが普通です。不動産の売却の場合は、共同相続人の代表を定めて、相続登記もその者の単独登記にして、その者が売却を担当するのが契約の締結にしても移転登記手続にしてもスムースにできます。何よりも物件の購入者側が安心します。しかし、その場合は、単独の相続登記をしているのはあくまで換価の便宜のためであることと譲渡代金の取得割合を分割協議書等に明記しておくのが賢明です。相続登記の記載からは、代表者相続人が当該不動産をいったん単独取得したことになりますから、受領代金を他の共同相続人に分配すれば外形上は贈与に見えるからです。

(2) 共同売却

共同相続人全員が合意した分割割合でいったん相続登記をします。売買契約は相続人の代表者が締結することができますが、移転登記は共有者全員が一致してするという方法もあります。その共有持分割合で代金を分けることになるので明快ですが、移転登記手続の段階で1人でも反対すれば売買契約は履行できません。売主全員が債務不履行のペナルティーを科せられることになります。それを見越して、相続人の一部が合意金額以上の要求をすることもないとは限りません。換価分割の煩雑で難しいところです。

> **事例**
>
> 相続人　　妻、長男、次男
> 相続財産　不動産のみ
> 　　　　　相続税評価額　　　　5,000万円
> 　　　　　被相続人の取得額　　2,000万円
>
> 相続人全員が同意した上で、相続財産である不動産を6,000万円で第三者に売却した。売却代金については、妻が3,000万円、長男が2,000万円、次男が1,000万円をそれぞれ取得した。
>
> **解説**
>
> この場合の各人の相続税の課税価格の計算は、以下のとおりとなります。
> 　　妻　　2,500万円（5,000万円×3,000万円／6,000万円）
> 　　長男　1,667万円（5,000万円×2,000万円／6,000万円）
> 　　次男　　833万円（5,000万円×1,000万円／6,000万円）
> また、各人の譲渡所得金額の計算は、以下のとおりとなります。
> 　　不動産全体の譲渡所得の金額　6,000万円−2,000万円＝4,000万円
> 　　妻　　2,000万円（4,000万円×3,000万円／6,000万円）
> 　　長男　1,333万円（4,000万円×2,000万円／6,000万円）
> 　　次男　　667万円（4,000万円×1,000万円／6,000万円）
>
> ※　もちろん、実際には譲渡費用がかかりますし、それは譲渡収入から控除されます。ここでは取得費を控除しただけの譲渡益として計算しています。
>
> ※　不動産の譲渡所得は分離課税方式で計算されます（措法31）

❹ 遺産分割と相続税

4-4-4 一部分割と相続税の申告

1 遺産の一部分割

(1) 全部分割

　遺産分割は、被相続人の遺産について各相続人が実際に取得する財産を確定させる手続きであり、相続人の全員が合意する契約です。相続財産である遺産には、それぞれの財産が相互に関連し合っているものがあります（第三者に賃貸している不動産と賃借料が振り込まれる預金口座の預金等）。また、誰が何を取得するかは祭祀承継の問題とも切り離せません（代々続く家の不動産を承継する者が祭祀についても承継すべきだという考え方も根強くあります）。相続手続は、法的には各相続人らが取得する財産を最終的に決めることで終結します。真の相続税額も遺産分割による相続人らの取得財産によって決まります。そのことを考えると、包括的に一括して各相続人が取得する財産を取り決めてしまうことが望ましいことは確かです。

(2) 一部分割のメリットと必要

　共同相続人の中には、至急遺産を分けてほしい経済的な理由がある人もいるかもしれません。法定申告期限までに遺産分割ができなければ、法定相続分に応じた自分の相続税さえ納付できない相続人がいるかもしれません。また、いわゆる**配偶者税額軽減特例**は配偶者が取得する財産が確定すれば適用がありますし、**小規模宅地等の課税価格計算特例**も対象土地等の取得相続人が確定すれば適用があります。全部の遺産分割の合意が困難な場合でも、相続財産の一部を先に分割することで特例の適用を受けて負担相続税を軽減することのメリットは十分にあります。そこで、実務では、遺産の一部を他の相続財産から切り離して分割する「一部分割」も行われています。

2 一部分割が残余財産の分割に与える影響

　先に行った遺産の一部分割は、後から行う残りの相続財産についての遺産分割に対して影響を与えることはありません。法的、経済的には別々の遺産分割であり、相続税は全体の遺産分割結果に応じて計算されます。

もっとも、一部分割の対象遺産と残余遺産との間に密接な関連性がある場合には（例えば、分割済み遺産の土地と未分割の地上建物等）、残余遺産の分割において一部分割の内容を考慮しなければ不都合が生じることはあり得ます。そのため、残余遺産の分割においては、一部分割の内容を考慮しながら分割内容を決めることが大事です。要は、先行一部分割と合わせて全体としての遺産分割が相続人ら全員の納得ができるものになればよいわけです。もっとも、これは事実上の問題であり、それぞれの遺産分割がどのようなものであれ、残余遺産の分割の内容によって、先行一部分割に基づく法的効果や税効果が影響することはありません。

　残余遺産だけでは一部分割の不均衡を是正するには量的に不足する場合もあり得ます（さほど遺産がないのに主たる遺産である土地を小規模宅地等の課税価格軽減特例が受けられる相続人に取得させたものの、当該相続人には調整のための代償財産を提供できる資力がなかったというような場合）。だからといって、一部分割を解消して、改めて遺産の全部について遺産分割をすれば、分割済みの部分については、いわゆる遺産分割のやり直しになります（4-4-6「遺産分割のやり直しと相続税」参照）。

3 一部分割を行った場合の相続税の申告

　相続税の申告期限において、相続財産の一部の遺産分割ができている場合は、分割済みの相続財産については各相続人らの取得財産の価額とします。遺産分割未了の相続財産については、各相続人が法定相続分の割合によって財産を取得したものとして取得価額を計算します。各相続人の取得価額を合計したうえ各自の**相続税の課税価格**を計算し、それを基にして相続税の計算をすることになります（4-3-2「遺産未分割と相続税の計算」参照）。

　その後、全部の相続財産について遺産分割が成立すれば、各相続人らの取得財産が確定しますから、最終的な各自の相続税額が算出できます。その結果、先の申告税額が過大であった者は更正の請求（相法32条①一）を、過少であった者は修正申告（相法31①）をすることになります。

4-4-5 債務分割と相続税

1 被相続人の債務

(1) 被相続人の債務の承継

相続人は、相続について**単純承認**した場合は、被相続人の権利義務を無限に承継します（民法920）。承継するのは、被相続人の権利義務ですから、プラス財産だけでなくマイナス財産（被相続人の債務）も承継します。保証債務は、基本的には金銭債務と同様に考えることができますが、将来負担する債務の保証等、保証期間や責任限度額の定めがない保証債務については、相続人に承継されないと解されています（最判昭37.11.9 判時322-24）。相続人が被相続人の債務を承継したくないのであれば、**相続放棄**（民法938）もしくは**限定承認**（民法922）の手続きをとる必要があります。

(2) 可分債務の相続

金銭債務のような可分債務については、遺産分割を経ることなく、各相続人の法定相続分に応じて各相続人が承継します（最判昭34.6.19 判時190-23）。それは遺産分割をしなくても各相続人の負担割合が自動的に定まることになるので遺産分割の対象とはならないことになります。なお、遺産現金は遺産分割の対象になります。当然分割とは解されていません。

2 債務分割

(1) 債務分割の対抗力

可分債務は、遺産分割を経なくとも自動的に分割承継されるのですが、相続人の全員が同意すれば、債務の負担割合を定めることもできます（債務分割）。ただし、このような合意は、あくまで相続人相互の間で効力を有するものに過ぎず、被相続人の債権者には対抗できません。したがって、相続人の1人に被相続人の債務の全部を負担させることに合意したとしても、同相続人が債務の履行をしなければ、相続債権者は他の相続人に対して法定相続分に応じた債務の履行を求めることができます[1]。

---

1 債権者の同意を得た上での免責的債務引受であれば別です。

(2) 債務分割と相続税

被相続人に債務がある場合、各相続人らの取得財産の価額から、同人らの負担する債務額を控除して相続税の課税価格を計算します（相法13①）。控除する債務額は、債務分割によって各相続人らが負担することになった金額です。そして、取得した財産の価額よりも負担債務額のほうが大きい場合でも、控除し切れなかった金額を他の共同相続人らの取得財産の価額から控除する（通算する）ことはできません。したがって、各人の取得した財産の価額を十分に踏まえたうえで、各人の負担する債務の金額を決めるべきです。また、債務分割をせずに相続税の申告をする場合は、各相続人らの法定相続分又は指定相続分の割合に応じた負担額を各人の取得財産の価額から控除するのは同じですが、控除し切れなかった金額については他の相続人らの取得財産の価額から控除して課税価格の計算をすることができます（相基通13-3）[2]。

▶遺産債務の分割協議
▶遺言による債務承継者の指定

> **計算例** 債務未分割の課税価格
>
> 相続人　X、Y、Z　　遺産　1億6,000万円
> 債務総額　1億円
>
> | | X | Y | Z |
> |---|---|---|---|
> | 取得財産の価額 | 10,000万円 | 3,000万円 | 3,000万円 |
> | 負担債務額 | 3,334万円 | 3,333万円 | 3,333万円 |
> | 課税価格（分割） | 6,666万円 | △ 333万円 | △ 333万円 |
> | 課税価格（未分割） | 6,000万円 | 0円 | 0円 |

Xの課税価格は、債務分割の合意をした場合は、相続人間での通算ができないため、6,666万円（10,000万－3,334万）となりますが、債務分割の合意をせず法定相続分に従った負担割合で申告をした場合は、YZの負担債務と通算し6,000万円（10,000万－3,334万－333万－333万）となります。

---

[2] 未分割での申告では、課税遺産総額がゼロであって相続税額が発生しない場合でも、特定の相続人に積極財産と消極財産を別々に取得させる遺産分割をすれば、積極財産を取得した相続人に納付すべき相続税が算出される場合があり得ます。

❹ 遺産分割と相続税

4-4-6 遺産分割のやり直しと相続税

1 遺産分割のやり直し（再分割）

相続人は、全員の合意があれば、**遺産分割**をやり直すこと（いったん成立した遺産分割を合意解除して、新しく遺産分割を行うこと）もできます。

ただし、租税法においては、この「合意解除」は新たな契約とみなされる可能性が非常に高いです。そのため、遺産分割のやり直しは相続人間での新たな財産の贈与もしくは譲渡を行ったものとみなされかねません。それは贈与税等の新たな課税問題を生じさせる危険があります。

2 遺産分割をやり直した場合の相続税の申告

いったん成立した遺産分割に基づいて相続税の申告をした後に、その遺産分割を解消して新たに遺産分割をしたとしても、相続税の申告書の差し換えはもとより、**更正の請求**などによって是正することはできません。相続税法では「再度の申告」「申告のやり直し」ということは認められていません。更正の請求はその事由が厳格に決められています（通法23条、相法32条）。遺産分割の合意解除も再分割もこれらに該当しません。

ただし、相続税の法定申告期限内で、まだ相続税の納付をしていない場合は、申告書を提出していても、新たに合意した遺産分割の内容にしたがって相続税の申告をすることはできます。これは申告書の差し換えといわれるもので（相基通31-1期限内申告書の修正）、遺産分割のやり直し（再分割）ではありません。

3 遺産分割の合意解除と更正の請求

(1) 遺産分割の合意解除はできるか

遺産分割で定められた当事者の債務（例えば、**代償金**を支払う債務）が履行されていない場合に債務不履行を理由に解除できるかといえば、これは否定されています[1]。しかし、遺産分割の合意解除は認められています[2]。いったん成立した遺産分割でも法律上は合意解除によって解消できるのです。

(2) 合意解除の税法上の意味

相続人全員が同意して合意解除をすれば、当該遺産分割は解消してしまうのが民法上の効果のはずです。それなら、新たに合意した新遺産分割こそが真に相続税の課税の基礎になるように思うのですが、租税法ではそれを認めていません。合意解除による**更正の請求**の可否については、国税通則法23条2項、同施行令6条二号の「契約成立後のやむを得ない事情」による解除と認められる場合に該当するかという事実認定上の問題とその適用範囲の深刻な議論があります。

しかし、議論はあるとしても、実務ではいったん成立している課税関係の基礎となる権利関係を合意解除によって解消するのはほぼ許されないと理解しておくのが無難です。納税者が、任意に課税関係を変更できるわけではありません。合意解除は新たな合意という意味では確かに新たな契約です。それは元の遺産分割による権利関係からすれば有償・無償による資産の移転になりますから、それに対する新たな課税は避けられないことになります。

なお、遺産分割をやり直しても、新たな遺産分割が、当該相続に係る相続税の課税価格計算の基礎となる遺産分割にはなりませんから、遺産分割を適用要件とする特例は新遺産分割においては適用されません（**配偶者税額軽減特例**について相続税法基本通達19の2-8但書き[3]）。

▶遺言書と異なる遺産分割
▶特定遺贈の受遺者である相続人の遺産分割

1　最判平成元年2月9日判時1308-118
　「遺産分割協議が成立した場合に、相続人の一人が右協議において負担した債務を履行しないときであっても、その債権を有する相続人は、民法第541条によって右協議を解除することができない。」
2　最判平成2年9月27日 判時1380-89
　「共同相続人は、既に成立している遺産分割協議につき、その全部又は一部を全員の合意により解除した上、改めて分割協議をすることができる。」
3　「ただし、当初の分割により共同相続人又は包括受遺者に分属した財産を分割のやり直しとして再配分した場合には、その再配分により取得した財産は、同項に規定する分割により取得したものとはならないのであるから留意する。」

❹ 遺産分割と相続税

4-4-7 相続分の譲渡

1 相続分の譲渡

相続人は、他の相続人もしくは第三者に対して、自己の相続分（法定相続分又は指定相続分）を譲渡することができます。

(1) 相続人間での相続分の譲渡

相続人間で相続分の譲渡が行われた場合、譲渡人の相続分は譲渡した相続分が減少し、譲受人の相続分は、譲渡を受けた分が増加します。相続分全てを譲渡した相続人は相続分を失って遺産分割の当事者からは離脱します。しかし、相続人の債権者との関係では法定相続分に応じた債務を承継します。

(2) 第三者への相続分の譲渡

相続人は、相続人以外の第三者に対しても、自己の相続分を譲渡することができます（民法905）。この場合、譲受人の第三者が遺産分割協議に参加することになります。しかし、譲渡相続人が遺産分割の当事者として相続財産を取得しなければ譲受人に具体的な財産を取得させることができません。また、相続税の申告は譲渡相続人がします。

2 相続分の譲渡と相続税の申告

(1) 相続人間での譲渡の場合

ア　相続分を他の相続人に対して無償で譲渡した場合、相続税法上は、遺産分割協議で財産を何も取得しなかったことと同じです。相続分の譲受け自体は贈与税の対象にはなりません（一種の遺産分割）。

イ　相続分を他の相続人に対して有償で譲渡した場合、譲渡人は、譲受人が財産を多く相続する代わりに**代償金**又は代償債権を取得したのと同じですから、**代償分割**をしたのと同じです。ただし、相続分の譲渡をしただけで遺産分割があったわけではありません。譲渡人には相続分の譲渡について譲渡所得税が課税されることはありませんが、譲渡の対価は譲渡人の相続税の課税価格になります（全部譲渡）。なお、譲受人が譲受の対価として自己の資産を譲渡人に譲渡すれば譲渡所得税が課税されることがあり得ます。

ウ　いずれの場合でも、遺産分割未了なら、相続分の譲渡を反映した各相続人の相続分割合で相続財産を取得したものとして相続税法55条（未分割遺産の申告）の申告をします（最判平5.5.28 判時1460-60）。

(2) 第三者への譲渡の場合

第三者に対して相続分が譲渡されても、当該第三者が相続税の納税義務者になるわけではありません。譲受第三者を加えて遺産分割をしますが[1]、譲渡相続人は、その遺産分割により取得したことになる財産（これが譲受人の取得財産になります）を基礎に課税価格を計算して相続税の申告をします。申告期限に至っても遺産分割ができていなければ、各相続人は法定相続分に基づく相続税の申告をします（相法55条）。この場合でも、譲渡相続人は相続していなければ相続分の譲渡ができなかったはずだからです。

3 第三者への相続分譲渡と相続税以外の課税

(1) 譲受人が個人

ア　無償で個人に相続分を譲渡すれば贈与です。譲受人は贈与税の申告をしなければならない可能性がありますが、譲受財産は遺産分割を経て特定します。譲渡相続人は相続税の申告をしなければなりません。

イ　有償で個人に相続分を譲渡すれば資産の譲渡です。譲渡所得税が課される可能性があります（所法33①）。この場合も遺産分割によって譲渡資産が特定しますが、それが債権であれば譲渡所得は発生しません。

(2) 譲受人が法人

法人に相続分を譲渡すれば、譲渡相続人は有償、無償を問わず、遺産分割によって譲渡相続人が取得する資産を譲渡したとして譲渡所得税の申告が必要になります（所法59①）。もちろん、相続税の申告は免れません。なお、遺産分割で譲渡人が取得した財産が債権の場合は譲渡所得の申告は不要です。

▶相続分譲渡の法律問題

---

[1] 譲受第三者が相続分の全部を譲り受けていた場合は譲渡相続人に代わって遺産分割の当事者になります。

5 相続税額の加算と控除

4-5-1 相続税額計算に係る加算と控除

1 相続税額の加算・控除

　各人の相続税額は、各相続人らの課税価格の調整と合算を経て**課税遺産総額**を計算し、それを基に**相続税の総額**を算出し、これに各相続人及び受遺者らが取得したそれぞれの相続財産の価額に応じた（按分された）金額の相続税額を計算して算出します。

　しかし、現実に各相続人らが納付する相続税額がそれで確定するわけではありません。相続税法は、納税者それぞれが被相続人との関係で一律ではないこと（配偶者、子、親、兄弟姉妹など）や、特別な地位にあること（未成年者、障害者など）を考慮して、実際に納付すべき相続税額について特別の規定を置いて加算・控除しています。

　相続税額を加算するものとして、2割加算（相法18）があります。他方、控除するものとして、3年以内贈与の贈与税額控除（相法19①括弧書き）、未成年者控除（相法19の3①）、障害者控除（相法19の4）、相次相続控除（相法20）、外国税額控除（相法20の2）があります。これらの加算・控除は、いったん算出された相続税額に加算又は控除がされるので、課税価格の増減（3年以内贈与の加算、小規模宅地等の課税価格計算特例）や配偶者の税額軽減特例（相法19の2）とは異なります。

　これらの税額計算の流れは巻末第1表【課税遺産総額の計算の流れ】及び同第2表【相続税額計算の流れ】で確認してください。

2 相続税が加算又は控除される場合と控除額

(1) 2割加算（兄弟姉妹等加算）

　納税者が被相続人の配偶者及び一親等血族以外の者である場合は、相続税の額は20％の税額が加算されます（4-5-2「2割加算」参照）。

(2) 3年以内贈与の贈与税額控除

　納税者が、相続開始前3年以内に被相続人から贈与を受けて贈与税を納付し

た者である場合は、その者の相続税額から納付贈与税額を控除します。

(3) 配偶者税額軽減特例

納税者が被相続人の配偶者である場合は、その課税価格が、配偶者の法定相続分に相当する金額又は1億6,000万円のいずれか多い金額までは課税されません（4−5−3「配偶者の税額軽減特例」参照）。

(4) 未成年者控除

納税者が未成年者である場合は、10万円に納税者が20歳になるまでの年数を乗じた金額を控除します（4−5−4「未成年者控除」参照）。

(5) 障害者控除

納税者が障害者である場合は、10万円（特別障害者は20万円）に納税者が70歳になるまでの年数を乗じた金額を控除します（4−5−5「障害者控除」参照）。

(6) 相次相続控除

相続が10年以内に続いた場合は、2回目以後の相続（第2次相続）の相続税額について、その相続の被相続人が、直前の相続（第1次相続）で課税された相続税の一部を控除します（4−5−6「相次相続控除」参照）。

(7) 外国税額控除

納税者が外国にある財産を相続等によって取得した場合は、その在外財産について課せられた外国相続税額を控除します。

3 控除等の順序

控除等の順序は次のとおりです（相基通20の2-4）。

① 3年以内贈与の贈与税額控除
② 配偶者税額軽減特例
③ 未成年者控除
④ 障害者控除
⑤ 相次相続控除
⑥ 外国税額控除

❺ 相続税額の加算と控除

4-5-2　2割加算（兄弟姉妹等加算）

1 2割加算（兄弟姉妹等加算）の意義

　財産を取得した相続税の納税義務者が、被相続人との関係において、一親等血族又は配偶者のいずれでもなければ、各相続人らについて、相続税法の規定により算出された相続税額の2割相当額が加算される制度です（相法18①）。課税価格の加算ではなくて税額の加算です。いったん算出された相続税額を増額するのは、この規定だけです。

　このような税額加算がされる理由として、①対象となるのは相続人になる可能性が少ない人たちで、財産を取得するのは偶然的であること、②遺贈や養子縁組で孫への財産承継が可能ですが、それでは相続の順位を一世代飛ばして相続税の課税機会を減らすことになること、などがあげられています。

　遺贈によって親等を飛び越して財産を取得した人や親族以外で財産を取得した人は、2割加算に注意する必要があります。

2 2割加算（相法18）の特例が適用される要件

① 相続又は遺贈により財産を取得した相続税の納税義務者であること
② その納税義務者が、被相続人の一親等血族（代襲相続人となった直系卑属を含む）及び配偶者以外の者であること

3 具体的該当者

　加算の対象となるのは、被相続人の配偶者、子、養子、実親、養親等<u>以外</u>の者です。

- 兄弟姉妹やその代襲相続人である甥、姪が該当するので、2割加算されます。
- 孫が代襲相続するときは、被相続人の一親等血族と扱われ、2割加算されません。
- 一親等血族には法定血族（養子・養親）も含まれ、2割加算されませんが、被相続人の直系卑属を養子としている場合（いわゆる孫養子）は一親等血族に含まれず、2割加算されます（相法18②）。ただし、その養子が代襲

相続をする場合（孫である養子が被相続人の子を代襲相続するような場合）は、一親等親族として扱い、２割加算されません。
- 相続を**放棄**した相続人、**廃除**された相続人が遺贈により財産を取得した場合、その者が一親等血族であれば、２割加算されません（相法18①括弧書き）。これらを整理したものとして、次の表を参考にしてください。

２割加算規定適用関係

被相続人との関係	適用の有無	２割加算の有無
妻	なし	加算なし
子	なし	加算なし
養子	なし	加算なし
父母	なし	加算なし
兄弟姉妹	あり	２割加算
孫養子	あり	２割加算
代襲相続人である孫	なし	加算なし
代襲相続人である甥・姪	あり	２割加算
放棄している一親等受遺者	なし	加算なし
廃除された一親等受遺者	なし	加算なし

❺ 相続税額の加算と控除

4-5-3 配偶者の税額軽減特例

1 意 義

被相続人の配偶者は遺産形成に関与していることも多く、残された遺族に対する生活保障の趣旨もあって、配偶者に対する相続税は大幅に減額する特例措置が講じられています。また、相続税法は次世代への遺産承継にこそ富の再分配として課税する趣旨と考えられ、被相続人と同列にある配偶者への財産承継は、次世代への相続を控えていますから、このことも考慮されているものと思われます。

2 特例の適用要件

① 相続人の配偶者が相続又は遺贈[※1]により遺産を取得したこと
② 配偶者の取得財産が確定していること[※2]
③ 相続税の申告書に本特例の適用を受ける旨とその計算に関する明細を記載すること[※3]
④ 申告書に法定の書類を添付すること[※4]

  ※1 相続放棄をした配偶者でも受遺者、受贈者になることがあります。遺贈や死因贈与により財産を取得した場合は適用があります（相基通19の2-3）。
  ※2 後記「4 取得財産の確定要件」
  ※3・※4 後記「5 手続要件」

3 税額軽減の内容

(1) 配偶者に相続税が課税されない場合

配偶者には、原則として、①法定相続分に相当する相続財産の取得については相続税が課税されません[※]。②その取得財産の課税価格が1億6,000万円に満たない場合も同様です（相法19の2①）。

  ※ 相続税の課税価格の合計額×当該配偶者の法定相続分

(2) 配偶者についての税額控除限度額

遺産分割等で配偶者に取得財産を集中すれば節税にはなりますが、遺産分

割は節税効果だけでされるわけではありません。あるいは、次の相続まで含めて考えると、相続税の負担額は必ずしも有利とは限りません。そこで、配偶者が取得した相続財産の価額に対応する控除額の計算が必要となります（控除限度額）。なお、相続人が隠ぺい又は仮装していた財産については、その財産の金額について本特例の適用はありません（相法19の2）。

次の算式により計算した金額が配偶者の税額から控除できます。

ただし、配偶者の課税価格の計算の基礎となる事実について仮装又は隠蔽があった場合は、課税価格等は次のように計算します。

※1 「相続税の総額」は、配偶者が仮装又は隠蔽していた金額を含まない**相続税の課税価格の合計額**を基に計算した相続税額です。
※2 「相続税の課税価格の合計額」は、配偶者の実際取得価額に含まれている仮装又は隠蔽による金額を控除して計算した金額です。
※3 「配偶者の課税価格相当額」は、配偶者が実際に取得した財産の価額のうち、仮装又は隠蔽行為による金額を控除した金額です。

4 取得財産の確定要件

配偶者の税額軽減特例の限度額を計算するについては、「配偶者の課税価格」は、配偶者の取得が確定している財産であることが要件です。つまり、本特例の適用要件です。

配偶者が被相続人から取得した次の財産がこれに該当します。

① 相続税の申告期限[※1]までに分割されている財産[※2]
② **特定遺贈**により取得した財産
③ **単独相続**により取得した財産
④ **3年以内贈与**により取得した財産（相続税の課税価格に算入されているもの）

⑤ **みなし相続財産**となる生命保険金等及び退職金・退職慰労金等を取得した場合

> ※1 相続税の申告書に「申告期限後3年以内の分割見込書」を添付して提出しておけば、相続税の申告期限から3年以内に遺産分割をして特例の適用を受けることができます。この場合は**更正の請求**ができます（措法69の4④但書き）。さらに、この3年以内に分割ができない場合でも、一定のやむを得ない事情がある場合は、税務署長の承認を得て分割期限を延長することが可能です。巻末第17表【税務署長の承認事由と更正の請求の起算日】を参照してください。
>
> ※2 配偶者がその財産を確定的に取得するのは、遺産分割によって取得する場合が典型例ですが、それに限らず、遺産分割の対象にならない場合も含まれます。②から⑤がこれに当たります。また、遺産預貯金から払戻しを受けた現金、**相続させる遺言**で取得することになる特定財産などもこれに当たります。

▶遺産預金の払戻しと配偶者軽減特例の適用

5 手続要件

本特例の適用を受けるためには、相続税の申告書（期限後申告書、修正申告書を含みます）又は更正請求書[※1]（通法23③）に本特例の適用を受ける旨を記載するとともに、その申告書又は更正請求書に次の書類を添付する必要があります（相法19の2③）。

① 配偶者が取得した財産等、相続税法19条の2 1項に掲げられた各金額の明細を記載した書面[※2]

② 財務省令で定める書類[※3]

> ※1 3年以内に遺産分割ができて更正の請求をする場合などです。
>
> ※2 実際には相続税申告書第5表「配偶者の税額軽減額の計算書」を提出することになります。
>
> ※3 遺言書、遺産分割協議書等です（相規1の6③）。

本特例の適用を受けるために相続税の申告書に添付を要する書類	添付書類例	趣旨
	申告書第5表	配偶者の税額軽減額の計算書
	遺言書、遺産分割協議書、死因贈与契約書、遺産分割調停書、家事審判謄本、生命保険金の支払調書等	遺産分割によって配偶者が取得した財産であること又は分割の対象とならない財産を配偶者が取得したことを証するもの

(注) 本特例のいわゆる「当初申告要件」は廃止されました（平成24年度税制改正）。平成23年12月2日以後に申告書の提出期限が到来する相続税又は贈与税から適用されます。

申告書又は更正請求書に上記の「財務省令で定める書類」を添付しなかった場合でも、添付しなかったことについてやむを得ない事情があると認められるときは、その書類を改めて提出することが要件ですが、本特例の適用が受けられます（相法19の2④）。

▶遺産分割協議書の要件
▶申告漏れ遺産の配偶者取得と特例の適用

事例1

遺産　　2億円（課税価格の合計額）
相続人　妻、長男、長女
遺言　　遺産現金・預貯金のうち、長男に7,000万円、長女に3,000万円、その余の財産はすべて妻に相続させる。

遺言に従って相続税の申告をしました。相続税の総額は2,700万円です。妻が本特定の適用を受けると次のようになります。

相続人	課税価格	割合	特例適用前の税額	納付すべき税額
妻	1億円	50%	1,350万円	0円
長男	7,000万円	35%	945万円	945万円
長女	3,000万円	15%	405万円	405万円
合計	2億円	100%	2,700万円	1,350万円

※　配偶者税額軽減の限度額　1,350万円

その後、税務調査の結果、妻が隠蔽していた総額5,000万円の妻名義預金が発見され、被相続人の遺産と認定されました。相続税の総額は3,970万円にな

ります。

この場合の本特例の適用と相続税額の修正

相続人	課税価格	割合	特例適用前の税額	納付すべき税額
妻	1億5,000万円	60%	2,382万円	1,032万円
長男	7,000万円	28%	1,111.6万円	1,111.6万円
長女	3,000万円	12%	476.4万円	476.4万円
合計	2億5,000万円	100%	3,970万円	2,620万円

※ 配偶者税額軽減の限度額　1,350万円

解説

　妻は隠蔽していた預金5,000万円全部を遺言によって取得します。改めて遺産分割をしなくても配偶者が取得して確定しています。課税価格の合計は2億5,000万円となって、相続税の総額は3,970万円となります。もし、発見された5,000万円が隠蔽されたものでなかったとすれば、本特例の適用は可能ですから、妻は納付すべき税額は0円というケースです。しかし、隠蔽されていた分については本特例の適用がありません。この場合、相続税法19条の2　1項2号ロの「配偶者に係る相続税の課税価格」には、隠蔽していた金額を含めないで計算します。配偶者の税額軽減限度額は1,350万円のままです（【税額控除限度額の算式】によって限度額を算出します）。その結果、妻の納付すべき相続税額は1,032万円（2,382万円－1,350万円）となります。

事例2

事例1の例で、遺言書がなかったので隠蔽されていた5,000万円の預金を長女が全部取得する遺産分割をしたとすれば、各自の相続税額はどのように計算することになるのでしょう。

解説

遺産総額（課税価格の合計額）が2億5,000万円であることは変わりありません。相続税の総額が増えるのを相続人全員が負担するのは1と変わりません。したがって、妻に適用される特例の金額は当初申告時の域を超えません。

各相続人の取得財産価額に応じて、相続税の総額を按分すると次のようになります。

相続人	課税価格	割合	特例適用前の税額	納付すべき税額
妻	1億円	40%	1,588 万円	238 万円
長男	7,000万円	28%	1,111.6万円	1,111.6万円
長女	8,000万円	32%	1,270.4万円	1,270.4万円
合計	2億5,000万円	100%	3,970 万円	2,620 万円

※ 配偶者税額軽減の限度額　1,350万円

第4章　相続税の計算

❺ 相続税額の加算と控除

4-5-4 未成年者控除

1 未成年者控除の意義

未成年者の生活保障の趣旨から特別な控除（税額控除）を認めたものです（相法19の3①）。未成年者の相続税額から控除しきれない場合は、その扶養義務者の相続税額から控除することも認めています（相法19の3②）。扶養義務者の負担を軽減するために配慮されたものです。

2 未成年者控除の特例が適用される要件

① 未成年者が相続又は遺贈によって財産を取得していること
② 当該未成年者が被相続人の法定相続人であること
③ **無制限納税義務者**であること

3 未成年者控除の特例が適用される者

(1) 未成年者

相続開始時に20歳に満たない相続人等が該当します。婚姻して成年とみなされる者でも（民法753）、20歳未満であれば適用があります（相基通19の3-2）。**相続放棄**をしていても、遺贈や**死因贈与**によって財産を取得した未成年者は**相続税の納税義務者**ですから適用があります（相基通19の3-1）。しかし、相続人が相続を放棄したことによって繰り上がって相続人となった次順位相続人は、未成年者であっても適用がありません（相法19の3①括弧書）。

(2) 扶養義務者

配偶者及び民法877条に規定する親族（相法1の2一、直系血族、兄弟姉妹、家庭裁判所が扶養義務を認めた三親等内の親族）のほか三親等内の親族で生計を一にする者も含みます（相基通1の2-1）ただし、当該扶養義務者に納付すべき相続税があることが前提です。

▶扶養義務者の範囲

4 未成年者控除額の計算方法

(1) 原則

10万円に未成年者が20歳に達するまでの年数を乗じた金額が控除金額です。年数が１年未満の端数があるときは、１年として計算されます。

10万円※×(20歳－未成年者の年齢)＝控除額

※ 平成27年１月１日以後に開始した相続。それより前は「６万円」。

(2) すでに未成年者控除の適用を受けていた場合

未成年者が20歳に達するまでの間は、要件を充たす限り、その都度未成年者又は扶養義務者は控除を受けることができます。ただし、過去に未成年者控除の適用を受けた人は、２回目以後の控除額は、それまで受けた既往の控除額の合計金額が最初に受けた控除金額に満たなかった場合に、その満たなかった部分の金額の範囲内に制限されます(相法19の３③)。

▶２回目以後の未成年者控除(障害者控除)の計算

(3) 扶養義務者が複数いる場合

扶養義務者が複数いる場合、その割振りについて、相続税法は扶養義務者らの協議による決定を認めています。これは、実際にその未成年者を扶養する者を扶養義務者全員で決定するのが制度の趣旨に合うからだと思われます。

各扶養義務者が控除を受けることができるのは、次の①又は②の金額です。

① 扶養義務者の全員が各人ごとに控除金額を定めて控除する方法(相令４の３一)

② それぞれが被相続人から相続等によって取得した財産の価額について相続税額により按分した金額を控除する方法(相令４の３二)

この場合の控除額は、次の算式によって計算します。

扶養義務者の未成年者控除額
＝扶養義務者が受けることができる控除金額の総額 × その扶養義務者の相続税額 / 扶養義務者全員の相続税額の合計額

❺ 相続税額の加算と控除

4-5-5 障害者控除

1 障害者控除の意義

相続又は遺贈により財産を取得した者が障害者であり、被相続人の法定相続人である場合、未成年者相続人と同様、障害者の生活保障の趣旨から、その者及び扶養義務者の相続税の負担を軽減する制度です（相法19の4）。**非居住無制限納税義務者**、**制限納税義務者**を除きます。相続放棄をしていても、遺贈や死因贈与によって財産を取得した場合に控除を受けられるのは未成年者控除の場合と同様です（相法19の4①括弧書き、19の3①括弧書き）[1]。

2 障害者控除の特例が適用される要件

① 相続又は遺贈により財産を取得した者が被相続人の法定相続人であること
② 無制限納税義務者であること
③ 85歳未満であり、障害者であること

3 障害者控除の適用がある障害者

(1) 一般障害者（相法19の4②、相令4の4①）

精神上の障害により事理を弁識する能力を欠く常況にある者、失明者その他の精神又は身体に障害がある者で、政令（相令4の4①）で定めた次の者。

［1］ 所得税法施行令10条1項一号から五号まで及び七号（障害者及び特別障害者の範囲）に掲げる者（相令4の4①一）。具体的には、知的障害がある人、精神障害者福祉手帳の交付を受けている人、身体障害者手帳に身体上の障害がある者との記載がある人、精神障害者福祉手帳や戦傷病者手帳の交付を受けている人などが該当します。

［2］ 同六号に掲げる者（常に就床を要し、複雑な介護を要する者）のうち、精神又は身体に障害のある年齢65歳以上の者で、その障害の程度が同項一号又は三号に掲げる者に準ずるものとして同項第七号に規定する市町

---

1 相続の放棄があったため、相続人になった次順位相続人が障害者であっても、その相続人は障害者控除を受けられません。

村長等の認定を受けている者（相令4の4①二）

(2) 特別障害者

一般障害者のうちで、精神又は身体に重度の障害がある者で、政令（相令4の4②）で定めた次の者（相法19の4②）

［1］　所得税法施行令10条2項一号から四号まで及び六号（障害者及び特別障害者の範囲）に掲げるもの。具体的には重度知的障害の人、精神障害者等級1級の人、身体障害者手帳の記載が1級又は2級となっている人などが該当します。

［2］　同1項五号に掲げる者（相令4の4②二）

［3］　前(1)［2］のうち、その障害の程度が同2項一号又は三号に掲げる者に準ずるものとして同1項七号に規定する市町村長等の認定を受けている人などです（相令4の4②三）。

4 控除額

一般障害者は10万円、特別障害者は20万円に、障害者が85歳に達するまでの年数を乗じた金額が控除金額です。

10万円（20万円）×（85歳－障害者の年齢[※1]）[※2]＝控除額

※1　障害者の年齢相続開始時の年齢です。
※2　年数が1年未満の端数があるときは、1年として計算します。

5 扶養義務者の相続税額からの控除

控除は、障害者が納付すべき相続税額から控除します。

障害者控除の規定は、未成年者控除の規定（相法19の3）を準用しています（相法19の4③）。このため、扶養義務者の納付すべき相続税額の計算方法や、障害者控除を重ねて受ける場合の制限も未成年者控除と同じ計算方法で算出します。「未成年者」を「障害者」、「20歳」を「85歳」と読み替えます（4-5-4「未成年者控除」参照）

▶2回目以後の未成年者控除（障害者控除）の計算

❺ 相続税額の加算と控除

4-5-6 相次相続控除

１ 意 義
比較的近い時期に相続が連続した場合にも一律に相続税を課税すると前回の相続でも課税対象になっていた財産に課税することになりかねません。相続が続いた相続人の負担軽減をはかるものです。

２ 相次相続控除規定（相法20）の適用要件
① 適用を受ける相続人が被相続人の相続人※であること
② 被相続人が、同人の相続（第２次相続）開始前10年以内に開始した相続（第１次相続）により、財産を取得していたこと
③ 被相続人が、第１次相続により取得した財産について相続税を課税されていたこと

※ 「相続人」に限定されているので、たとえ遺贈によって財産を取得して納税義務者になっていても、相続放棄をした者や欠格・廃除等によって相続権を失った者は含まれません。

３ 相次相続控除額の計算
被相続人が第１次相続により取得した財産につき課せられた相続税額に相当する金額に、相続税法20条１項１号から３号に定める割合を順次乗じて算出した金額です。まず、相次相続税控除額の総額を算出します。

【相次相続控除額の計算式】

$$控除額総額 = \boxed{A} \times \frac{\boxed{C}}{\boxed{B}-\boxed{A}} \left(\frac{100}{100}を超えるときは1\right) \times \frac{10-\boxed{E}}{10}$$

$$各人の控除額 = 控除額総額 \times \frac{\boxed{D}}{\boxed{C}}$$

- $\boxed{A}$ は、第２次相続に係る被相続人が第１次相続により取得した財産につき課せられた相続税額
- $\boxed{B}$ は、第２次相続に係る被相続人が第１次相続により取得した財産の価額（債務控除をした後の金額）
- $\boxed{C}$ は、第２次相続により相続人及び受遺者の全員が取得した財産の価額（債

務控除をした後の金額）の合計額
- ⒟は、第2次相続により当該控除額対象者が取得した財産の価額（債務控除をした後の金額）
- ⒠は、第1次相続開始の時から第2次相続開始の時までの期間に相当する年数（1年未満の端数は切捨て）

事例

- 第1次相続人：乙　　　　　　被相続人：甲
- 第2次相続人：丙・X・Y・Z　　被相続人：乙
  　　受遺者：K
- 乙が第1次相続時に取得した純財産価額　　Ⓑ　2,000万円
- 乙の第1次相続の際の相続税額　　　　　　Ⓐ　420万円
- 丙・X・Y・Z・Kらの取得財産の合計価額　Ⓒ　5,500万円
  〔内訳〕丙　2,500万円、X　1,000万円
  　　　　Y　800万円、Z　700万円、K　500万円
- 第1次相続と第2次相続の年数：7年

解説

- 相次相続控除額総額の計算：$\dfrac{C}{B-A} = \dfrac{5,500}{2,000 - 420}$

  100/100を超える⇒1　　420万円 × 1 × $\dfrac{10-7}{10}$ = 126万円

〈各相続人の相次相続控除額の計算〉

第2次相続の相続人ら	❶ 相次相続控除額の総額	❷ 第2次相続の各相続人の取得財産の価額	❸ 相続人以外の者も含めた取得財産の合計額	❹ 各人の割合 ❷/❸	❺ 各人の相次相続控除額 ❶×❹
丙		¥25,000,000		0.45	¥567,000
X		¥10,000,000		0.18	¥226,800
Y	¥1,260,000	¥8,000,000	¥55,000,000	0.15	¥189,000
Z		¥7,000,000		0.13	¥163,800
K		¥5,000,000		0.09	
		¥55,000,000			¥1,146,600

※　Kは受遺者ですから、相次相続控除を受けられません。
※　この例は、第2次相続の相続人らに相続人以外の受遺者が存在するため、相続人らは相次相続控除額の総額を使いきれない場合です。

〈基本解説〉

第5章

相続税の申告

1 期限内申告

5-1-1 相続税の申告書提出義務者と提出期限

1 相続税の申告書提出義務者

相続税の納税義務者（相法1の3）は、相続税法27条の定めるところにより相続税の申告書を提出して相続税を納付しなければなりません。この申告書を提出しなければならない相続人らが相続税の申告書提出義務者です。

2 相続税の申告書の提出義務が生じる事由

(1) 納税義務者であること

まず、財産を取得した者が次のいずれかである場合。

① 相続人から相続又は遺贈（死因贈与を含む）によって財産を取得した（相法1の3、一から三）。

② 被相続人から相続時精算課税の適用を選択した財産を贈与された（相法1の3四）。

③ **特別縁故者**が財産の分与を受けた（民法958の3①、相法4）。

(2) 課税遺産総額が遺産に係る基礎控除額を超えていること

次に、相続財産の価額について**相続税の課税価格の合計額**が**遺産に係る基礎控除の額**を超えている場合です。いわゆる**課税遺産総額**が遺産に係る基礎控除の金額を超えていなければ、だれも相続税を課税されませんが、相続人又は受遺者らに納付すべき相続税がないからといって申告書の提出義務がないというわけではありません。

(3) 納付相続税額があることと申告書の提出義務

各相続人の課税価格について、相続税の計算をした結果、納付すべき相続税額が算出された相続人らは、相続税の申告書の提出義務があります（相法27①）。これについては、次の2点に留意してください。

① **配偶者税額軽減特例**の適用がないものとして相続税の計算をした場合に、納付すべき相続税が算出されなければ申告書の提出義務はありません（相基通27-1）。逆にいうと、特例を適用しないで計算すれば納付税額が生じ

る配偶者は、たとえ課税されなくても申告書は提出しなければなりません。
② 課税価格の合計額の計算において、**小規模宅地等の課税価格計算特例**を適用しないで計算した相続税の課税価格の合計額が、遺産に係る基礎控除の額を超えなければ、申告書の提出義務はありません。つまり、特例を適用しないで（課税価格を減額しないで）計算すれば税額が発生する場合は、申告書の提出義務があります（相基通27-1）。

また、障害者控除等の税額控除の特例が適用された結果、納付税額が生じない相続人、受遺者等は、当該相続が**課税相続案件**であったとしても、当該相続人らが納付すべき相続税額はありませんから、相続税の申告書の提出義務はないことになります（相基通27-1参照）。被相続人から財産を取得していない相続人も同じです。実務では、相続税の定型申告書は共同相続人全員の連名による共同申告形式になっていることと、相続税の計算と申告書作成にはこれらの相続人等を含めて計算、作成するほうがわかりやすいことから、便宜上、共同申告をしますが、これは申告書の提出義務があるからではありません。

3 申告書の提出期限

相続税の申告期限は、遺産分割の有無にかかわらず、相続の開始があったことを知った日の翌日から10か月以内です（相法27①）。例えば、相続人が被相続人の死亡を2月14日に知ったときには、申告期限は同じ年の12月14日となります。ここでいう「相続の開始があったことを知った日」は、通常は被相続人の死亡事実を知った日となります。特別縁故者は家庭裁判所の審判により財産が分与されることを知った日となります（相法29①）。特異な例としては相続税法基本通達27-4に整理されています。

▶「相続の開始があったことを知った日」の意義

2 期限後申告等

5-2-1 期限後申告

1 意 義

　法定の申告期限を過ぎてからする納税申告のことです。期限後申告書を提出して行います（通法18）。期限内申告をすべきであった者は、税務署長の**決定**（通法25）があるまでは期限後申告をすることができます（通法18①）。決定があった後はできません。

2 相続税法における期限後申告

(1) 相続税における期限後申告の特則

　相続税は、法定申告期限後に一定の事由が生じたことにより、新たに申告書を提出しなければならなくなった者について、期限後申告書を提出することを認めています（相法30①）。これをしないまま放置すると、税務署長による**決定**をされる可能性があります。

(2) 相続税の期限後申告ができる事由

　期限後申告書が提出できる「一定の事由」というのは、相続税の「更正の請求ができる事由」と重なっています（相法30①、32①一から六）（5－3－1「相続税の更正の請求」参照）。更正の請求は、申告・決定に係る相続税の税額が過大となった場合にするもの（税金の還付を請求するもの）ですが、期限後申告は、新たに納税義務者になった相続人や受遺者らがするものです。ただし、法定申告期限が過ぎているといっても、相続の開始を知らなかった人には申告期限が到来していません（相法27①）（5－1－1「相続税の申告書提出義務者と提出期限」参照）。

(3) 具体的事由

　当該相続人らについて、次の事由（相法32①一から六）が生じたため、同相続人らが新たに相続税の申告書を提出しなければならなくなった場合です。

　① 未分割の相続財産について遺産分割ができて、相続人らの課税価格が当初申告のそれと異なることになった（相法32①一）

(5−3−2「遺産分割と更正の請求」参照)

② 一定の事由※により相続人に異動を生じた（相法32①二）

※ 「一定の事由」とは、例えば、認知の訴え、廃除又はその取消しに関する裁判の確定、相続回復請求による相続の回復、相続の放棄の取消しなど。胎児の出生、相続人に対する失踪宣告又はその取消し等も該当します（相基通32-1）。

(5−3−3「相続人の変動と更正の請求」参照)

③ 遺留分減殺請求があって、返還又は弁償すべき額が確定した（相法32①三）

(2−2−3「遺留分減殺請求と相続税」参照)

④ 遺贈に係る遺言書が発見又は遺贈の放棄があった（相法32①四）

(2−1−5「遺贈の放棄と相続税」参照)

⑤ 物納について条件を付して物納の許可がされた場合に、当該条件に係る物納に充てた財産について政令[1]に定める一定の事由が生じた（相法32①五）

⑥ これら①から⑤に準じるものとして政令で定める事由[2]が生じた（相法32①六）

3 過少申告加算税、延滞税との関係

期限後申告書の提出が、自発的なものであれば、無申告加算税は課税されない扱いです。逆に、更正又は決定があるべきことを予知してされた期限後申告は無申告加算税が課税されます[3]（5−2−2「修正申告」参照）。本来の納期限から期限後申告を提出するまでの期間は、延滞税を賦課される期間には算入されません（相法51②一）。

---

1 相続税法施行令8条1項
2 相続税法施行令8条2項
　一 相続若しくは遺贈又は贈与により取得した財産についての権利の帰属に関する訴えについての判決があつたこと。
　二 民法第910条（相続の開始後に認知された者の価額の支払請求権）の規定による請求があつたことにより弁済すべき額が確定したこと。
　三 条件付の遺贈について、条件が成就したこと。
3 国税庁「相続税、贈与税の過少申告加算税及び無申告加算税の取扱いについて（事務運営指針）」（平成12年7月3日）

❷ 期限後申告等

5-2-2 修正申告

1 国税通則法の修正申告

相続税法には修正申告についての特則がありますが、原則的なものは各税の共通規定である国税通則法に規定があります。

(1) 修正申告の意義

申告に係る課税標準又は税額等を修正する内容の申告のことです。誤って税額を過少に申告した確定申告を修正する場合にする修正申告が典型ですが（通法19）、更正や決定でいったん確定した税額についても、後にその税額が過少となった場合は修正申告ができます。修正申告書を提出して認められると以前に提出していた申告書に係る税額等は自動的に変更されて、新たに納付することになった税額について納税義務が生じます。修正申告ができる事由は国税通則法19条1項、2項の各号に定められていますが、実際に税額が増加する場合か、純損失[1]の金額が減少する場合でなければ修正申告はできません。

(2) 修正申告ができる期間

修正申告は、納税者が任意でするもので、義務ではありません[2]。ただし、納税者が修正申告をするべき場合（税額が過少）にもかかわらず、これをしないで放置すると、税務署長は**更正**をします（通法24）。したがって、納税者は、この更正があるまでは修正申告ができることになります。もっとも、税務署長が更正をできる期間は制限されています（通法70）。原則は法定の申告期限から5年です（通法70①）。偽りその他不正の行為により全部又は一部の税額を免れた場合は7年です（通法70④）。この期間を超えると、国の賦課権（更正、決定をする権利）[3]は消滅します。

---

1 純損失　損益通算をしても控除しきれない損失の金額（赤字）のことです。繰越損失の金額が減少することから修正申告をする意味があります。ただし、相続税には純損失そのものがありません。

2 税務調査において調査官が修正申告を勧奨（慫慂）することがありますが、納税者は拒めます。調査官の見立てや見解に承服できない場合は、これを拒否して、更正をされれば再調査の請求又は審査請求等の不服申立てができます。修正申告をするとこれができなくなります。ただし、**更正の請求**はできます。

修正申告書を提出したことによって新たに納付することになる税金は、修正申告書を提出した日が納期限になります。

(3) 修正申告と過少申告加算税

修正申告書をしても、納税者は本来の税額を納付していなかったことに違いはないので、ペナルティを科せられますが、税務署の調査を受ける前に自主的に修正申告をした場合は[4]、過少申告加算税は課税されません（通法65⑤）。更正処分を受けると過少申告加算税が課税されますから、自主的な修正申告は、更正処分よりはペナルティが緩和されていることになります。税務調査があって、調査官に指摘されて行う修正申告は過少申告加算税が課せられることになります。調査官の勧奨（慫慂）に従って修正申告した場合も同じです。ただし、税務調査の実施日（臨場調査）の日時の連絡があった段階で修正申告書が提出された場合は、原則的には自主的な修正申告と扱われます[5]。

2 期限後申告との異同

修正申告も期限後申告も、法定の申告期限後に申告書を提出するものであることは共通ですが、修正申告が、いったんは申告書を提出するか又は更正、決定により税額が確定した場合にするものであるのに対して、期限後申告は新たに納税義務者となった者が申告書の提出期限を過ぎてから提出するものです（相法18）（5-2-1「期限後申告」参照）。

3 相続税法における修正申告の特則

期限後申告及び更正の請求についても、相続税法は国税通則法とは別に特則を置いています。

(1) 相続税の修正申告ができる人

相続税の申告書（期限内申告、期限後申告書）を提出した人及び相続税につい

---

3 徴収権とは異なります。徴収権は、具体的に確定した租税債権についての履行を請求する権利です。徴収権の消滅時効は5年です（通法72②）。
4 「更正があるべきことを予知してされたものでないとき」に該当します（通法65⑤）
5 脚注10の「事務運営指針」

て決定を受けた人（相法31①）です。

(2) 修正申告ができる事由

相続税の修正申告ができるのは、下記の①から⑥の事由が生じたため相続税額に不足を生じた場合です（相法31①）。この事由は、相続税の**更正の請求**ができる事由と同じです（相法31①は32①一ないし六の事由を引用）。直接、相続人らの税額が減額になる事由と、他の相続人らがした更正の請求が認められたことに対応して税額が増額になる場合があります。これは、更正または決定がなされる事由でもあります（相法35③）。つまり、同じ被相続人に係る相続人らの一部について税額が減額する更正の請求が認められる場合は、他の相続人の税額が増額する場合は修正申告を、新たに納付税額が発生する場合は期限後申告をしなければ、税務署長により更正又は決定がされるということです。

① 未分割の相続財産について遺産分割ができて、相続人らの課税価格が当初申告のそれと異なることになった（相法32①一）

（5−3−2「遺産分割と更正の請求」参照）

② 一定の事由※により相続人に異動を生じた（相法32①二）

※ 「一定の事由」とは、例えば、認知の訴え、廃除又はその取消しに関する裁判の確定、相続回復請求による相続の回復、相続の放棄の取消しなど。胎児の出生、相続人に対する失踪宣告又はその取消し等も該当します（相基通32-1）。

（5−3−3「相続人の変動と更正の請求」参照）

③ 遺留分減殺請求があって、返還又は弁償すべき額が確定した（相法32①三）

（2−2−3「遺留分減殺請求と相続税」参照）

④ 遺贈に係る遺言書が発見又は遺贈の放棄[6]があった（相法32①四）

（2−1−5「遺贈の放棄と相続税」参照）

⑤ 物納について条件を付して物納の許可がされた場合に、当該条件に係る物納に充てた財産について政令[7]に定める一定の事由が生じた（相法32①五）

---

6 遺贈の放棄が無制限に更正の請求の事由になるかについて疑問があることについては、2−1−5「遺贈の放棄と相続税」参照。

7 相続税法施行令8条1項

⑥　これらに準じる政令で定める事由[8]が生じた（相法32①六）

(3) 修正申告をしなければならない事由（相法31②）

　相続税の申告書（期限内申告、期限後申告書）を提出した人及び相続税について決定を受けた人が、**特別縁故者**に対する財産の分与を受けたことによりすでに確定した相続税額に不足を生じた場合は※、分与の審判が確定した日[9]の翌日から10か月以内に修正申告書を提出して相続税を納付しなければなりません（相法33）（3-3-4「特別縁故者が分与された財産」参照）。

　※　特別縁故者が分与を受けた財産は**みなし遺贈**となる財産ですから、**相続税の課税価格**の合計額が増額します。そのため、被相続人から財産を遺贈されていた受遺者やみなし遺贈となる生命保険金等を取得していた人の相続税額に影響します。

4 修正申告をした場合の過少申告加算税

　相続税の申告書を提出後に前3項(2)①から⑥の事由が生じたことにより修正申告をするに至った場合は、過少申告加算税については「正当な理由」があるものとされます（通法65④）[10]。申告後に生じた事由が原因であるため、修正申告をせざるを得なくなったことに帰責事由がないからです。この場合は、納期限の翌日から修正申告書の提出期限までは延滞税も課されません（相法51②八）。

8　相続税法施行令8条2項
　　一　相続若しくは遺贈又は贈与により取得した財産についての権利の帰属に関する訴えについての判決があつたこと。
　　二　民法910条（相続の開始後に認知された者の価額の支払請求権）の規定による請求があつたことにより弁済すべき額が確定したこと。
　　三　条件付の遺贈について、条件が成就したこと。
9　相法29①の「当該事由が生じたことを知った日」と同じです。
10　国税庁「相続税、贈与税の過少申告加算税及び無申告加算税の取扱いについて（事務運営指針）」（平成12年7月3日）

3 更正の請求の特則

5-3-1 相続税の更正の請求

1 更正の請求

(1) 更正の請求の意義

更正の請求とは、申告等によっていったん確定した課税標準等または税額（租税債務）を法定申告期限後に自己に有利に変更すべきことを税務署長等税務官庁に求めることをいいます。更正の請求は処分権者に更正の請求を「請求」するものであって、税額の変更を請求できる法的権利ではありません。納税者が更正の請求をして、税務署長が「更正処分」をすることで、はじめて税額が変更されます。税務署長は、納税者の更正の請求について理由がないと判断した場合は「更正をすべき理由がない旨の通知」をします（通法23④）。これも処分ですから取消訴訟の対象になります。当初の申告が存在する点において期限後申告と異なり、納税者にとって有利な変更である点が修正申告と異なります。

2 相続税法における更正の請求の特則

相続税法には、相続税の計算方法や課税構造の特性に対応するため、更正の請求に相続税法の特則を設けています（相法32）。

(1) 更正の請求ができる事由（相法32①一から八）

相続税の申告者[1]らに次の事由が生じて、その者の納付税額が過大になった場合は（その場合に限られます）、その者の相続税について更正の請求ができます。

① 未分割の相続財産について遺産分割ができて、相続人らの課税価格が当初申告のそれと異なることになった（相法32①一）

　　（5-3-2「遺産分割と更正の請求」参照）

② 一定の事由[2]により相続人に異動を生じた（相法32①二）

---

[1] 確定申告書の提出者だけでなく、決定を受けた者、修正申告書を提出した者を含みます。
[2] 例えば、認知の訴え、廃除又はその取消しに関する裁判の確定、相続回復請求による相続の回復など。胎児の出生、相続人に対する失そうの宣告又はその取消し等も該当します（相基通32-1）

③ 遺留分減殺請求があって、返還又は弁償すべき額が確定した（相法32①三）

（2-2-3「遺留分減殺請求と相続税」参照）

④ 遺贈に係る遺言書の発見又は遺贈の放棄[3]があった（相法32①四）

（2-1-5「遺贈の放棄と相続税」参照）

⑤ 物納について条件を付して物納の許可がされた場合に、当該条件に係る物納に充てた財産について政令[4]に定める一定の事由が生じた（相法32①五）

⑥ これらに準じる政令で定める事由[5]が生じた（相法32①六）

⑦ **特別縁故者**に対する財産の分与があった（相法32①七）

（3-3-4「特別縁故者が分与された財産」参照）

⑧ 遺産分割によって配偶者の取得財産が確定して、**配偶者の税額軽減特例**の適用をした（相法32①八）[6]

（5-3-2「遺産分割と更正の請求」参照）

(2) 期間制限

更正の請求は、納税者がこれらの事由が生じたことを知った日の翌日から4か月以内にする必要があります（相法32①）。

---

3 遺贈の放棄が無制限に更正の請求の事由になるかについて疑問があることについては、2-1-5「遺贈の放棄と相続税」参照。

4 相続税法施行令8条1項

5 相続税法施行令8条2項

　一　相続若しくは遺贈又は贈与により取得した財産についての権利の帰属に関する訴えについての判決があつたこと。

　二　民法第910条（相続の開始後に認知された者の価額の支払請求権）の規定による請求があつたことにより弁済すべき額が確定したこと。

　三　条件付の遺贈について、条件が成就したこと。

6 相基通32-2「通則法第23条の規定による更正の請求もできるので、その更正の請求の期限は、当該分割が行われた日から4月を経過する日と法第27条第1項に規定する申告書の提出期限から5年を経過する日とのいずれか遅い日となる」

❸ 更正の請求の特則

5-3-2 遺産分割と更正の請求

1 相続と遺産分割

　相続財産について、相続人らの権利関係及び経済関係を最終的に確定するのは**遺産分割**です。その意味では、遺産分割は相続についての法的、経済的問題に決着をつけるものです。相続税の負担割合も、この遺産分割の結果に応じて確定します。相続税は、各相続人らの取得財産に応じて計算されるのですから当然です。

2 遺産分割が更正の請求の事由になる理由

　遺産分割は相続開始後であればいつでもできます。遺産分割の期限に制限はありません。しかし、相続税の申告については「10か月以内」の申告期限が設けられています（相法27①）。この申告期限までに遺産分割ができるとは限りません。相続人相互では利害が対立するのですから、全員が合意に至るまでは時間がかかる事案もあります。そのため、相続税法は遺産分割の未了の状態での相続税の申告を予定しています（相法55）（4－3－2「遺産未分割と相続税の計算」参照）。相続税の更正の請求は、未分割申告の後に行われた遺産分割の結果、相続税額が過大になった相続人らがするものです（相法32①一）。相続税の**更正の請求**の最も一般的な事由です。

3 相続税額の増減

　遺産分割前に申告する場合は、各相続人らが法定相続分の割合で遺産を取得したものとして相続税を計算して申告するのですが、遺産分割の結果、取得財産の額がそれとは異なる課税価格になれば、課税価格が減額となる相続人は申告税額が過大になります。その他にも、**配偶者税額軽減特例**や**小規模宅地等の課税価格計算特例**の適用を受けることによって、相続税の課税価格が減額する相続人は税額が過大となります。いずれも相続税法上の更正の請求が可能になるのですが、これらは、遺産分割によって取得財産の増減が生じたからというのではなく、遺産分割によって特例の適用が可能になったからです。すなわち、

相続人である配偶者は税額が軽減されるからです。小規模宅地等を取得した相続人はその取得財産の課税価格を減額されるからです。

4 特例適用に係る遺産分割期限の延長

上記の各特例については、遺産分割が法定申告期限内にできなくても、下記の手続きを怠らなければ、申告後に遺産分割ができた段階[1]で更正の請求をすることが認められています。

(1) 「申告後3年以内の分割見込書」の提出

この書面を相続税の申告書を提出するのと同時に提出しておけば、その期間内に遺産分割ができれば特例の適用が認められます（相法19の2②括弧書き、措法69の4④括弧書き）。

(2) 税務署長の承認

3年の期限が到来しても、裁判中や調停で話合い中など相応の理由があれば税務署長の許可を得て延長することも可能です。申告期限後3年を経過する日の翌日から2か月を経過する日までに、「遺産が未分割であることについてやむを得ない事由がある旨の承認申請書」を提出して所轄税務署長の承認を受けた場合がこれに当たります（相令4の2、措令40の2⑫）。巻末第17表【税務署長の承認事由と更正の請求の起算日】に整理されています。

5 相続債務の分割と更正の請求

相続債務を遺産分割の対象にすることは可能です（4-4-5「債務分割と相続税」参照）。しかし、遺産未分割のまま相続税の申告をした場合に、債務分割だけをして、法定相続分相当額よりも多額の債務負担をした相続人が更正の請求をしたとしても、おそらく認められないと解します。相続税法32条1項一号の「第55条の規定により分割されていない財産」には相続債務を予定していないと考えるからです。

---

1 分割が行われた日の翌日から4か月以内。

❸ 更正の請求の特則

5-3-3 相続人の変動と更正の請求

1 相続人の数の変動

　遺産に係る基礎控除の金額は「3,000万円＋600万円×相続人の数」の計算式で算出されますから（相法15①）、相続人の数が増えれば基礎控除額も増えます。また、相続人の数が増えれば、各人の法定相続分は減少するため、法定相続分によって取得したものとして計算する**相続税の総額**は減少することがあり得ます（相法16）。したがって、相続税の申告を行った後に相続人の数が増える場合は、相続税の総額が減額になって、申告相続税額が過大となれば**更正の請求**をすることができます（相法32①二）。

2 「相続人の異動」が生じる事由

　申告書を提出した相続人らについて、「認知」「相続人の廃除又はその取消し」に関する裁判の確定、「相続回復請求による相続の回復」「相続の放棄の取消し」「その他の事由」によって相続人に異動が生じた場合です（相法32①二）。上記の相続人の数の変動に限りません。

3 個別検討

(1) 認　知

　認知の裁判が確定すると相続人の数が増えて、相続税の総額が減額となります。それによって納付相続税額が過大になった相続人らは、更正の請求ができます[1]。

(2) 廃除又はその取消し

　相続税の申告後に相続人の廃除の裁判が確定した場合は、代襲相続人が2人以上いるときは相続税の総額が減額しますから、他の相続人は更正の請求ができます。代襲相続人が1人の場合は相続税の総額に増減はありません。代襲相

---

[1] 認知によって相続人となった者に支払うべき価額弁償金（民法910）が確定した場合も、他の相続人は更正の請求をできますが（相法32六、相令8②二）、これは相続人の異動によるものではなくて、相続税を申告している相続人らの課税価格が減少する結果、その者の納付税額が過大となるためです。

続人がいなければ、場合によっては次順位の相続人が相続人になります。この場合も相続税の総額が減額することはあり得ますから[2]、納付税額が過大となった相続人らは更正の請求ができます。

(3) 相続の回復

相続の回復とは、真正な相続人が表見相続人[3]から個々の遺産の引渡しを請求して実現することですが、それは表見相続人が相続人ではなかったことが前提ですから、相続人の変更となります。

(4) 相続の放棄の取消し

相続の放棄をしても、相続税法15条1項の「相続人の数」には当該放棄者を含むため（相法15②括弧書き）、遺産に係る基礎控除の金額及び相続税の総額には影響しません。しかし、放棄が取り消されると[4]、相続人の異動が生じる可能性があります[5]。その結果、相続税の申告をしていた相続人らの納付相続税額が過大となった場合は、更正の請求ができます（4－1－2「遺産に係る基礎控除額と課税遺産総額」参照）。

(5) その他の事由

胎児の出生や失踪宣告又はその取消し等です（相基通32-1）。胎児の場合は、その出生前に他の相続人らのみで相続税の申告をしていた場合が該当します（1－2－4「胎児と相続税」参照）。行方不明者の相続人が失踪宣告を受けると[6]、初めから相続人でなかったことになりますから、相続人の異動が生じます。その取消しも同様です（1－1－2「失踪宣告と認定死亡」参照）。

---

2 次順位相続人の相続分は、廃除された相続人の相続分とは異なりますし、相続人となる者の数も異なりますから、相続税の総額を計算すると減額になることはあり得ます。
3 戸籍上の相続人です。無効な養子縁組による養子、虚偽の出生届による子などが実際にあり得るものです。
4 相続放棄の撤回はできませんが（民法919①）、民法総則編及び親族編の規定による放棄の取消しはできます（民法②）。意思表示に瑕疵がある場合などです。
5 例えば、その人に生命保険金や死亡退職金等の非課税規定の適用ができますから、非課税限度額は変わりませんが、その按分金額が変わります（4－2－1「生命保険金、死亡退職手当金の非課税限度額」参照）。もっとも、改めて放棄することはできますし、その場合は何も変わらなくなります。
6 行方不明、生死不明ではあっても、相続人として相続税の納税義務者になることはあり得ます。被相続人の失踪宣告が取り消されると相続そのものがなかったことになりますから、相続人の異動とは別問題です。

実務問答 NOTE　自分の疑問は他人の疑問・他人の常識は自分の疑問

◆ Key Word 一覧表

相続開始後の法律と相続税の問題	1
相続税申告用紙の送付	1-1
申告を要しない遺産額	1-2
共同相続人からの離脱	1-3
相続分の放棄	1-3
検認不出頭の不利益	1-4
遺言書の発見者や保管者の義務	1-5
遺言書の検認と効果	1-6
検認証明書	1-6
遺産内容の不知と申告義務	1-7
遺産情報開示義務	1-8
隠蔽遺産の発覚	1-9
一部相続人による申告	1-10
遺産の独占使用	1-11
共有遺産の管理	1-11
相続の放棄・承認に係る法律と相続税の問題	2
後片づけと単純承認	2-1
熟慮期間経過後の相続放棄	2-2
準確申告と単純承認	2-3
相続放棄の方法	2-4
相続放棄者が受領した生命保険金	2-5
相続放棄と基礎控除等	2-6
事実上の相続放棄	2-7
相続分の放棄	2-7
熟慮期間の伸長	2-8
熟慮期間伸長の回数制限	2-9
相続債務に係る法律と相続税の問題	3
債務弁済と承認	3-1
相続債務の分割	3-2
債務承継者の指定	3-3
扶養義務の相続	3-4
相続放棄と生命保険金の受領	3-5
相続開始を始期とする債務と債務控除	3-6
停止条件付債務の相続債務性	3-7
遺産分割に係る法律と相続税の問題	4
遺産預金の払戻し	4-1
代償分割の相続税計算	4-2
少額取得財産と申告義務	4-3

相続分の有償譲渡	4-4
隠蔽財産の調査	4-5
数通で一の遺産分割協議書	4-6
記名・押印による遺産分割協議書	4-7
特別代理人との遺産分割協議	4-8
遺言書の一部変更	4-9
生命保険金の受領と配偶者税額軽減特例	4-10
共同相続人以外に対する贈与と特別受益	4-11
持戻義務の承継	4-12
特別受益分を考慮しない遺産分割	4-13
未分割申告と特別受益	4-14
１次相続の遺産分割と２次相続の相続財産	4-15
遺産分割によって増減する相続税と附帯税の関係	4-16
低額代償金と課税問題	4-17
非課税案件の再分割	4-18
遺産現金（相続財産）に係る法律と相続税の問題	5
遺産現金の費消と弁償	5-1
遺産現金の帰属	5-2
遺産現金の運用	5-3
共有遺産の管理	
遺産預貯金に係る法律と相続税の問題	6
相続開始後の払戻預金	6-1
相続人らによる預金払戻	6-2
遺言書に係る法律と相続税の問題	7
相続させる遺言と遺言執行者	7-1
遺贈遺言の読み替え	7-2
要式欠缺遺言	7-3
遺言による権利の相続	7-4
停止条件付補充文言遺言	7-5
夫婦相互遺言	7-6
特別受益の持戻免除	7-7
扶養条件付遺言の履行請求	7-8
廃除遺言の実効性	7-9
相続放棄を求める遺言	7-10
遺留分に係る法律と相続税の問題	8
遺留分の放棄の効果	8-1
遺留分の相続	8-2
相続債務と遺留分侵害額	8-3
特殊な経済的利益	8-4

◆実務問答 NOTE

1	相続開始後の法律と相続税の問題	
	質　問【Keyword】	結論と参照情報
1-1	【相続税申告用紙の送付】 相続が開始したのですが、税務署から相続税の申告書用紙が送られてきていないケースです。「当局には、申告するほどの遺産がないとみられている」という認識でよろしいでしょうか。	そのような判断をできる根拠はありません。逆の場合（申告用紙や「お尋ね」が送られてきた場合）なら、申告が必要という可能性は高いとは思いますが、それも断定はできません。 　税務署が申告書用紙や「お尋ね」を相続人の代表者と思われる人に送付するのは、それなりのデータがあるからですが、あくまで相続税の**課税案件**か否かは相続財産の規模、**課税価格の合計額**で決まります。1-2参照。
1-2	【申告を要しない遺産額】 相続税の申告をしなければならないかどうかの判断基準を尋ねられた場合は、相続財産の金額としてはいくらくらいを目安に答えればよいのでしょう。	一般相談なら、相続財産の総額から相続債務と葬式費用を控除して、それに**3年以内贈与**の額を加算した額が**遺産に係る基礎控除**の金額を上回っていると、相続税の申告が必要と答えることにしています。一般相談では概ねその程度で判断できます。 　ただし、各種減額ないし税額控除の特例などもありますから、断定できないことはもちろんです。 　4-1-1「取得財産、課税価格、課税価格の合計額」 　4-1-2「遺産に係る基礎控除額と課税遺産総額」
1-3	【共同相続人からの離脱】 【相続分の放棄】 「遺産をもらわなくてもいいので、一切相続問題に関わらなくてもよいようにしてほしい」という相続人からの相談に困惑しています。	遺産分割の当事者から抜けたいのであれば当該相続人の相続分を全部他の相続人に譲渡させる方法があります。 　もう一つは相続分の放棄です。相続の放棄をする機会を逸しても、相続分を放棄することは可能と解されています。 　相続分の全部を譲渡した相続人や相続分を放棄した相続人は、遺産分割調停でも出頭を免除されています。 　4-Q3「相続人間での相続分の譲渡」 　4-4-7「相続分の譲渡」 　▶相続分譲渡の法律問題

	質　問【Keyword】	結論と参照情報
1-4	【検認不出頭の不利益】 家庭裁判所から遺言の検認をするので出頭するようにとの通知がきました。出頭しないと何か不利益に扱われることがありますか。	不利益扱いはされません。相続に係る裁判でも不利になることはありません。ペナルティーを科せられることもありません。相続人や受遺者であることに変わりありません。 出頭するのは、検認申請者の遺言書発見の経緯などの説明を聞く機会になります。
1-5	【遺言書の発見者や保管者の義務】 故人の遺品を整理していて遺言書を見つけたという人からの相談がありました。まず、最初にすることのアドバイスとしてはどんなことがあるでしょう。	それが自筆証書遺言であれば、家庭裁判所に行って**検認**の申立をするようにアドバイスしてください。遺言書を発見した人又は保管をしていた人は家庭裁判所に検認の請求を遅滞なくする必要があります（民法1004①）。怠ると過料の制裁があります（同1005）。 また、封がしてある遺言書は勝手に開封しないように助言してください。 その遺言書が公正証書遺言であれば、検認は不要です。
1-6	【遺言書の検認と効果】 【検認証明書】 遺言書の検認は、当該遺言書の有効・無効とは関係ないということですが、なぜ検認をするのですか。検認していない遺言書とどこが違うのですか。	検認済証明書がないと、預金の払戻し、相続登記等の遺言の執行ができません。 検認は、家庭裁判所が相続人に対して、遺言書の存在及びその内容を知らせるものです。検認の日現在における遺言書の内容を明確にして遺言書の偽造・変造を防止するための手続きです。検認が終わると、裁判所が遺言書に「検認済証明書」を付けます。
1-7	【遺産内容の不知と申告義務】 仲たがいして対立する相続人の一方ですが、他の相続人から「相続税の申告は自分でしろ」と突き放されています。しかし、遺産の内容については他の相続人は何も教えてくれないそうです。対処方法等を尋ねられています。	できるだけ調べて、わかる範囲の相続財産をもとにして申告をすることを説明するくらいしかできません。 申告期限は相続が開始したことを知った日の翌日から10か月以内です。遺産の内容がわからないというだけでは、申告期限を延長されることはありません。申告義務も納税義務も免除されません。無申告加算税や過少申告加算税も免除されません。

	質　問【Keyword】	結論と参照情報
1-7		現実には、後日に想定される税務署の調査時に事情を話して、他の相続人の申告内容に合わせて**修正申告**等をすることになると思います。 3-Q1「共同で相続税の申告ができない場合の申告書」 3-Q2「共同相続人の申告書の閲覧」
1-8	【遺産情報開示義務】 相続財産の詳細を教えてもらえなかったために相続税について過少申告加算税と延滞税を課されました。遺産の全容を知っていて教えてくれなかった他の相続人に払わせることはできないのでしょうか。	他の相続人に支払いをさせる法的な根拠はありません。 　正確な相続税の申告ができなかったことについて附帯税を課税された相続人が、他の相続人に対して損害賠償請求をすることが考えられますが、相続税の申告は相続人それぞれの義務ですから、各相続人の調査と判断でするのが法の建前です。不法行為の立証は困難であると言わなければなりません。
1-9	【隠蔽遺産の発覚】 相続人の1人が遺産を隠蔽していたことが税務調査で発覚しました。修正申告をしたのですが、相続税の増額だけでなく加算税が課されるとのことです。隠匿のことなどまったく知らなかった相続人にもこれらの税金が課されるのでしょうか。	実務は隠蔽などに加担していない共同相続人にも加算税を課する傾向が強いと言えます。 　隠蔽していた相続人に申告を任せていた場合は、自分が過少申告であることを認識していなくても重加算税などが課せられるというのが先例です。 　隠匿財産を取得した相続人は、取得財産の課税価格が増えるため、当然相続税額も増えますが、相続税の課税価格の合計額が増えたことによる相続税額の増加分は他の相続人の相続税額も増額させるおそれがあります。 　なお、**配偶者税額軽減特例**（相法19の2）の適用限度額の計算に際しては仮装・隠蔽に係る財産の価額は除外して計算します。 4-5-3「配偶者の税額軽減特例」 3
1-10	【一部相続人による申告】 相続税の申告に協力しない相続人	できます。ただし、その相続人が取得した財産も含めて相続税の計算をします。遺産分割ができていない場合は、各相続人が法定相続分で

	質　問【Keyword】	結論と参照情報
1-10	がいる場合は、申告はその者を抜きにできますか。	取得したものとして計算します。 3-Q1「共同で相続税の申告ができない場合の申告書」
1-11	【遺産の独占使用】 【共有遺産の管理】 遺産分割を拒否している長兄が遺産の不動産に住み続けています。他の相続人はその不動産の固定資産税を分担していますが不満です。せめて長兄に家賃でも支払わせることができれば我慢してもらえるのですが、賃料相当の支払請求をすることは可能でしょうか。	法的な効果がある請求としては難しいです。 住み続けているというのは、元々そこに住んでいて被相続人と同居していたと推測できますので、それを前提に検討します。長兄は共同相続人として共有持分を有していますから、共有物全部を使用、利用する権利があります。不当利得をしていることにはならないのです。もっとも、他の共有者（相続人）の持分合計が長兄の持分を上回るなら、共有物の管理方法として長兄に使用料を支払わせる決定をすることは考えられますが、支払いを法的に強制できるかは疑問です。交渉によって共有物の使用の対価を支払わせる契約を結ぶ方策を検討してください。
2	相続の放棄・承認に係る法律と相続税の問題	
	質　問【Keyword】	結論と参照情報
2-1	【後片づけと単純承認】 相続人が、被相続人が借りていた家の後片づけを家主から求められています。アドバイスとしては、やめさせるほうが無難でしょうか。	単純承認をしたとみなされる可能性は少ないと思います。ただし、明渡義務を履行する範囲で止めることが必要です。リスクを説明する必要はありますが、現実には避けられない相続人の義務でもあります。無難で安全策ばかりではアドバイスにならない気がします。 4-Q5「遺品の整理と相続の承認効果」 ▶相続の単純承認と見なされる処分行為等
2-2	【熟慮期間経過後の相続放棄】 被相続人が死んだのは知っていたのですが、多額の借金があるのに気付いたのは1年後だということです。相続放棄の手続きをしても無駄でしょうか。	原則的には**熟慮期間**を過ぎているのですが、事情によっては相続放棄の申述（民法938）が認められることもあります。借金の不知について無理からぬ事情があるのなら可能性はあります。 ▶熟慮期間の起算点の実務 1-3-3「相続の放棄と相続税」**2**

	質　問【Keyword】	結論と参照情報
2-3	【準確申告と単純承認】 相続人は、被相続人の所得税の申告(準確申告)をするつもりですが、それによって単純承認をしたとみなされることを心配しています。	準確申告は、客観的に確定している被相続人の税債務を計算して納付義務を履行するだけのものです。単純承認の原因（処分行為）になるというのは疑問です。おそらく、実務は確定債務の履行に準じて扱っていると思います。承認があったとみなした例は知りません。 4-Q5「遺品の整理と相続の承認効果」 ▶相続の単純承認とみなされる処分行為等
2-4	【相続放棄の方法】 相続の放棄をするには、相続人本人でもできますか。本人は、専門家に頼まなくてもできるだろうかと心配しています。	被相続人の住所地又は相続開始地を管轄とする家庭裁判所に行って「放棄の申述」をするだけです。申述用紙は家裁に備えつけてあります。また、記載方法なども説明してもらえます。 　相続関係が証明できる戸籍書類と住民票などが必要です。なお、意思確認のために審判官が面接をします。 1-3-3「相続の放棄と相続税」**3**
2-5	【相続放棄者が受領した生命保険金】 債務者の相続人は相続放棄をしたようですが、一方で多額の生命保険金を受け取ったとの情報もあります。それが本当なら、債権者はその保険金を差し押えることはできないのでしょうか。	法的には無理です。 　生命保険金は相続財産ではありません。また、保険金を受け取ったことが相続の承認になるわけでもありません。 　相続人が**相続債務**の弁済をするのは債務の承認になりますから、いったん放棄した相続人が債務の弁済をすることは考えられません。 ▶相続放棄をした者が取得した生命保険金等
2-6	【相続放棄と基礎控除等】 相続放棄をした相続人が受け取った生命保険金でも、相続税の申告をする際には基礎控除などの恩恵は受けられるのですか。	「みなし遺贈」となる生命保険金は相続税の申告対象ですから、遺産に係る基礎控除の規定（相法15①）の適用があります（**相続放棄**をした者が受領していますから「**みなし遺贈**」です）。ただし、放棄者には生命保険金等の非課税規定（相法12①五）の適用はありません。 ▶相続放棄をした者が取得した生命保険金等 1-3-3「相続の放棄と相続税」　**4**(3)

	質　問【Keyword】	結論と参照情報
2-7	【事実上の相続放棄】 【相続分の放棄】 相続から3か月以上が経ってしまいましたが、「遺産はいらない」と言っている相続人が相続をしないで済む方法はありますか。	「事実上の相続放棄」といわれている方法があります。遺産を何も取得しない遺産分割や特別受益の証明書作成などがその例です。 それとは別に、相続分の放棄をすることも考えられます。放棄した相続人の相続分は他の相続人らに帰属します。 ただし、相続債務は民法938条以下の「相続の放棄」をしない限り承継します。 ▶事実上の相続放棄
2-8	【熟慮期間の伸長】 3か月間では相続債務などの詳細がわからない場合は相続放棄の申述をしておくようにアドバイスするのが無難ですか。	とりあえず期間の伸長を家庭裁判所に請求できます（民法915①）。伸長が承認されたら、その間に債務の調査をするようにアドバイスします。放棄をしてしまうと、単に債務があることが判明したからという理由だけでは撤回できません（同919①）。 ▶熟慮期間の起算点の実務 1-3-3「相続の放棄と相続税」 2
2-9	【熟慮期間伸長の回数制限】 熟慮期間の伸長は1回しかできないのですか。	そのような制限はありません。ただし、毎回の伸長を家庭裁判所が認めてくれるとは限りません。 なお、**熟慮期間**の伸長は相続税の申告期限を変更する効果はありません。
3	相続債務に係る法律と相続税の問題	
	質　問【Keyword】	結論と参照情報
3-1	【債務弁済と承認】 被相続人が金融業者から借りていた借金ですが、相続人は返済を迫られて一度だけ少額を返済したと言っています。もう、相続放棄はできないのでしょうか。	債務の返済は承認したとみなされる行為ですが、この事情では、その一回だけの一部弁済で必ず承認したとみなされるとは限りません。返済額が少額で、相続人として当該債務を返済することを認めたとは思われない事情があれば、放棄の申述をしてみる価値はあります。 ▶相続の単純承認と見なされる処分行為等 4-Q5「遺品の整理と相続の承認効果」

	質　問【Keyword】	結論と参照情報
3-2	【相続債務の分割】 相続債務を共同相続人間で法定相続分と異なる割合の分割をすることはできますか	できます。ただし、相続債権者には対抗できません。相続税の計算には影響します。 4-4-5「債務分割と相続税」 ▶遺産債務の分割協議
3-3	【債務承継者の指定】 遺言で債務の承継者を指定することはできますか	できます。ただし、相続債権者に対しては対抗できません。債権者は共同相続人に対して相続分に応じた債務の履行を請求できます。相続税は、当該相続人が取得した相続財産の価額から承継した債務の金額を控除して計算します。 ▶遺言による債務承継者の指定
3-4	【扶養義務の相続】 妻の唯一の相続人である夫は、妻が実母に負っていた扶養義務を相続して義母の生活扶助を続けなければならないのでしょうか。	扶養義務を相続することはありません。 　扶養義務は一身専属権ですから相続の対象になりません。ただ、当該夫にとって義母は一親等姻族ですから親族に該当します（民法725三）。家庭裁判所が夫に扶養義務を負わせることはあり得ます（同877②）。
3-5	【相続放棄と生命保険金の受領】 被相続人の債務が多額なので相続を放棄するつもりですが、そうすると、被相続人が掛けていてくれた生命保険金は受け取れなくなるのですか。	取得できます。保険金は相続財産ではありません。ただし、「みなし遺贈」となりますから相続税の申告が必要になる場合があります。 ▶相続放棄をした者が取得した生命保険金等 1-3-3「相続の放棄と相続税」
3-6	【相続開始を始期とする債務と債務控除】 被相続人は、生前、お墓（墓石）の購入・設置の契約を業者と交わしていました。ただし、被相続人が亡くなってからお墓を設置することになっていました。総費用額	相続財産の価額から控除ことはできると解します。 　墓石の購入費用、設置費用は葬式費用には該当しません。 　被相続人の生前の契約による債務を相続債務と扱えるか否かです。控除ができる債務は「相続の際に現に存するもの」で「確実と認められるもの」です（相法14①）。被相続人が業者と

	質　問【Keyword】	結論と参照情報
3-6	は契約書に明記してあり、その分は配偶者が預かって保管していました。相続税の申告時には実際にお墓を設置して費用もそこから支払っています。葬式費用か相続債務として控除することはできないのでしょうか。	交わした契約は成立しています。契約上の債務は金額も含めて確定しています。ただ、契約の効力発効に不確定期限が付されているものと理解します。「相続開始の時」に存在するかといえば疑問ですが、「相続開始の際」はもう少し幅がありますから、相続開始と同時に発効、発生した債務は含まれると解されています。金額も確定していますから「確実な債務」といってもよいでしょう。なお、配偶者が費用(代金)を預かっていたことは特に影響しないと思います。 4-2-5「債務控除」
3-7	【停止条件付債務の相続債務性】 被相続人が提起していた事件が相続開始後に勝訴したので、勝訴した場合に支払うことになっていた弁護士報酬を相続税の申告期限前に支払いました。この場合、相続債務として控除して相続税を計算してもよいのでしょうか。	特別な例外として控除が認められる可能性は高いと考えています。 　停止条件付債務については、**債務控除**を認めないのが実務と思います。債務が確定しているとは言えないからです。しかし、相続税の申告期限前に現実に支払ったのであれば、金額も明確になっているのですから、相続開始時点で確定していたものと扱っても不都合はないと思います。なお、停止条件付権利は、相続財産とは扱われていません。 4-2-5「相続債務」 3-1-3「相続財産(3)　特殊な債権」　❷(1)
4		遺産分割に係る法律と相続税の問題
	質　問【Keyword】	結論と参照情報
4-1	【遺産預金の払戻し】 遺産分割ができないうちは遺産預金の払戻しはできないのでしょうか。銀行に問い合わせたところ、相続人全員に共同で請求してもらうことになっていると言われました。	法定相続分相当額なら相続人単独でもできます。これが原則です。 　よくある質問ですが、金融機関の対応は改められる必要があると思っています。預金債権は可分債権ですから相続人に当然帰属するというのが最高裁判所の判例です。 2-Q1「遺産預貯金の解約・払戻請求」

	質　問【Keyword】	結論と参照情報
4-2	【代償分割の相続税計算】 現金がないので、代償金の代わりに自分の土地と上場株式を渡して遺産全部を取得した場合の申告はどうするのですか。	相続税は、取得財産の価額から土地と株式の価額を控除して計算します。土地と株式については、譲渡益があれば譲渡所得税の申告が必要です。譲渡所得税は相続税の計算において控除できません。 4-4-2「代償分割」
4-3	【少額取得財産と申告義務】 ほんのわずかの遺産をもらっただけですが、相続税の申告は必要なのですか。	課税相続案件である限り、取得財産の多少にかかわらず納税義務者です。 5-1-1「相続税の申告書提出義務者と提出期限」❷(2)
4-4	【相続分の有償譲渡】 相続権者として遺産はもらいたいが、長々とした遺産分割の協議には参加したくないという相続人が採り得る手段はありますか。	自分の相続分を他の相続人に全部譲渡すれば遺産分割協議から離脱できます。有償で譲渡すれば、その対価は**代償金**を得たのと同じです。第三者への譲渡も可能ですが、あまり勧められません。 4-Q3「相続人間での相続分の譲渡」 4-4-7「相続分の譲渡」❷(1)
4-5	【隠蔽財産の調査】 遺産の一部を被相続人と同居していた長男が隠しているようです。他の相続人からこれを明らかにさせる方法を尋ねられているのですが、法的な手段としてはどんなことができるのでしょう。	法律上強制する方法はありません。 遺産を隠していることが後に明らかになると相続税のペナルティーがあります。そのことを説明して開示するように求めるか、明らかに不審な点があれば税務署に相談することも考えられます。調査があれば隠蔽が明らかになることも期待できます。ただし、税務署が調査をするのは必要を認めた場合だけです。また、隠蔽財産と長男の財産との区別は容易でないのも確かです。
4-6	【数通で一の遺産分割協議書】 遺産分割協議書は相続人全員が一つの文書に連名で署名・押印をしたものでなければならないのですか。	単一の文書でなくても大丈夫です。 遺産分割は相続人の全員が合意していることが必要ですが、一つの文書に相続人の全員が署名、押印している必要はありません。同じ内容の分割協議書を数通作成して、相続人らが別々

	質　問【Keyword】	結論と参照情報
4-6		にそのうちの一つに署名、押印をしても、各分割協議書を併せれば相続人全員が合意していることが証明できれば大丈夫です。もっとも日付まで同じ内容の文書にしておくべきです。 ▶遺産分割協議書の要件
4-7	【記名・押印による遺産分割協議書】 遺産分割協議書には必ず自筆で署名しなければならないのですか。印鑑証明書を添付していても、自筆の署名でなければ有効ではないのですか。	印鑑証明書を添付するのは、その遺産分割協議書に基づいて相続登記をするとか、遺産預貯金の払戻請求とか名義変更手続きをするために文書が真正に作成されていることを証明するためです。内部的な確認のためだけなら必須のものではありません。署名は、法令上は自署が要件になっていますから（相規1の6③一括弧書き）、少なくとも署名は自署で作成するのが望ましいです。もっとも、実務では記名・押印でも相続登記申請や相続税の申告を受理しています。 ▶遺産分割協議書の要件
4-8	【特別代理人との遺産分割協議】 未成年者相続人のために特別代理人を選任しなければならないのはわかっているのですが、遺産分割はその特別代理人と話し合ってまとめればいいのですか。	特別代理人の権限は限られています。特別代理人が署名・押印する遺産分割協議書を用意して、その内容が未成年者に不利でなければ、家庭裁判所がその遺産分割協議書を作成する範囲内で代理権行使を許可します。分割内容を代理人の権限で決められるわけではありません。 1-Q8「特別代理人を選任しての遺産分割」
4-9	【遺言書の一部変更】 遺言書があるのですが、その一部だけを変更して、それ以外は遺言書どおりにしたいということです。可能でしょうか。	できます。 遺言書の一部について、それと異なる遺産分割をすることになります。もとより相続人や受遺者らの当事者全員が同意している場合に限られます。 ▶遺言書と異なる遺産分割

	質　問【Keyword】	結論と参照情報
4-10	【生命保険金の受領と配偶者税額軽減特例】 みなし相続財産となる生命保険金の受取人が配偶者です。申告期限に遺産分割はできていませんが、配偶者税額軽減特例の適用は無理でしょうか。	特例の適用は受けられます。 その保険金は取得が確定している財産です。 1-Q4「配偶者税額軽減特例が適用できる場合」
4-11	【共同相続人以外に対する贈与と特別受益】 被相続人から長男の孫や嫁に多額の生前贈与がされています。これは遺産分割や相続税の計算に際して持戻しをしなくてもいいのでしょうか。	持戻計算は不要です。適法に贈与されたものは被相続人の財産から離脱します。孫が**代襲相続人**の場合は、被代襲者の長男が亡くなった後に贈与されたものが特別受益に該当することがあります。この場合は持戻しの対象になります。 なお、特別受益の持戻義務の承継については次の4-12を参照してください。
4-12	【持戻義務の承継】 代襲相続人の親（被代襲者）が被相続人から生前に特別受益となる贈与等を受けていた場合は、代襲相続人は持戻義務があるのですか。	持戻義務があります。つまり、代襲相続人は被代襲者の**特別受益**の持戻義務を相続しているのです。代襲相続人は自身の特別受益と被代襲者の特別受益の両方について**持戻し**をしなければならない場合があります。
4-13	【特別受益分を考慮しない遺産分割】 相続人のそれぞれが、かなりの差があるにしても、生前贈与を受けているのは間違いありません。この場合、特別受益の持戻しをした遺産分割をしなければ相続税の申告は修正させられるのでしょうか。	その心配はありません。相続税法では特別受益についての規定はありません。遺産分割は、相続人の全員が合意しているのであれば、遺産の範囲（持戻しをしないで現実に存在する相続財産に限定するなど）や相続割合（**具体的相続分**を考慮しない相続分）を任意に決めることは可能です。 ただし、相続開始の3年以内に被相続人から受けた贈与の価額は相続財産に加算しなければ相続税の申告は修正させられます。 2-1-3「相続させる遺言」5①② 4-2-2「3年以内贈与の加算」

	質　問【Keyword】	結論と参照情報
4-14	【未分割申告と特別受益】 未分割のまま相続税の申告をする場合でも、特別受益者については特別受益の価額を持ち戻して、具体的相続分の割合で財産を取得したものとみなして相続税の計算をする必要があるのですか。	実際にはそのような計算をしなくても相続税の申告は受理されます。相続税法55条は「法定相続分又は包括遺贈の割合に従って財産を取得したものとして課税価格の計算」することになっています。この「法定相続分」は**特別受益**を考慮した相続分のはずですが、遺産分割をする際に特別受益は考慮されても、未分割の相続税を申告する段階では**持戻し**計算などするのは困難です。実際には、民法900条、901条1項が定める相続分の割合で各相続人が取得したものとして相続税の申告をしています。 　1-3-1「相続分の意義と問題点」**5** 　4-3-2「遺産未分割と相続税の計算」
4-15	【1次相続の遺産分割と2次相続の相続財産】 1次相続（夫死亡）が未分割のうちに2次相続（妻死亡）が開始しました。1次相続の遺産分割ができるのはわかっているのですが、それによって相続税が還付される場合は（申告済み）、2次相続の相続財産に影響するのですか。	1次相続の相続人（妻）が2次相続の被相続人（妻）です。1次相続について、遺産分割が成立して妻に配偶者税額軽減特例の適用がされる結果、相続税の還付請求権を取得します。それは同人が被相続人である2次相続の相続財産に加算されます。 　特例が小規模宅地等の課税価格計算特例の場合は、1次相続の遺産分割に基づいて改めて各自の相続税額を計算します。その結果、2次相続の被相続人（妻）の税額が減額となる場合は還付金請求権が2次相続の相続財産に加算されます。 　要は、1次相続の遺産分割の結果、2次相続被相続人の1次相続税額が減るか増えるかです。増える場合は相続債務になります。

	質　問【Keyword】	結論と参照情報
4-16	【遺産分割によって増減する相続税と附帯税の関係】 　遺産分割によって取得した財産の関係で、相続人によっては当初の申告（未分割申告）の税額よりも納付すべき税額が増減することになります。それと附帯税の関係はどうなるのでしょうか。	増減する税額については、附帯税は課税されません。 　まず、遺産分割による財産の取得によって増額する相続税は、納税者が税額の計算の基礎としていなかったことについて正当な理由があります（通法65④）。過少申告加算税は賦課されません。増額分については延滞税も賦課されません。 　逆に、当初申告の税額に加算税、延滞税が課されていたけれど、遺産分割によって税額が減額したという場合は、本税について更正の請求ができるのは当然ですが、加算税・延滞税も減額されます（還付されます）。
4-17	【低額代償金と課税問題】 　いわゆる代償分割ができたのですが、相手方の相続人は取得した相続財産の価額に比べると非常に低い金額で承諾してくれました。この場合、当該遺産を取得した当方の相続人には、相続分を超過して財産を取得した利益があると思うのですが、課税上の問題はないのでしょうか。	相続税の計算上、取得財産から控除できる代償金の金額が比較的低額になる（その分相続税が高額になる）というだけで、いわゆる資産の低額譲渡にはなりません。代償金は持分の対価ではありません。その遺産を取得した相続人は遺産分割によってそれを取得したのですから、相続分相当額と代償金の差額に受贈益が課税されることはないと考えています。 4-4-2「代償分割」
4-18	【非課税案件の再分割】 　遺産分割をやり直して相続税の修正申告をしても認められないということですが、相談されているのは相続税がかからない案件です。そんな配慮はしなくてもよいとアドバイスしていいのでしょうか。	相続税が**非課税案件**でも、遺産分割のやり直し（再分割）は危険です。贈与税や所得税が課税されるおそれがあります。やり直した遺産分割（再分割）で新たに取得した財産は、元の遺産分割で他の相続人が取得していた財産です。無償なら贈与されたことになります。**代償金**を支払えば、それが対価の有償譲渡になります（譲渡所得）。 4-4-6「遺産分割のやり直しと相続税」

	質　問【Keyword】	結論と参照情報
5	遺産現金（相続財産）に係る法律と相続税の問題	
	質　問【Keyword】	結論と参照情報
5-1	【遺産現金の費消と弁償】 被相続人の配偶者は、遺された遺産現金で相続開始後の生活費をまかなっていますが、他の相続人が異議を言い出しました。配偶者の相続分相当額の範囲内なら違法ではない、という弁解は通用しないのでしょうか。	混乱があります。現金も分割対象となる財産ですから、配偶者の相続分相当額といえども当然に配偶者に帰属しているわけではありません。費消してしまった現金であっても、遺産分割の対象にすることはできます。そうすると、単に費消しているだけでは配偶者税額軽減特例の適用はないと解します。一方、配偶者も遺産現金に権利を有していますから、費消したことが直ちに横領等の犯罪行為になるわけではありません。 　結局、配偶者が取得した分も遺産分割対象に含めて、それを同配偶者が取得する内容の遺産分割をするのが穏当と思いますが、他の相続人がそれを取得する内容であれば、配偶者はその取得者に弁償しなければならないことになります。 ▶遺産預金の払戻しと配偶者軽減特例の適用
5-2	【遺産現金の帰属】 相続財産の現金はいかようにも分けられる財産ですから、法定相続分相当額は当然に相続人に帰属するという理解なのですが、どこが間違っているのですか。	現金は可分債権ではなく、一種の動産という理解です。相続が開始すると共同相続人らの共有状態となります。確かに、預金よりも分割しやすいのですが、可分債権と所有権の違いといえるのかもしれません。現金の所有権というのも違和感がありますが、債権でないことは確かです。
5-3	【遺産現金の運用】 【共有遺産の管理】 被相続人が残してくれた現金が、かなりの金額があります。しかし、それを事実上管理している長男はこれを預金するだけでなく、投資信託などに投じて運用しています。やめさせられないのでしょうか。	投資信託運用はやめるように請求できると解しますが、預金は、長男名義にしていれば問題ですが、そうでなければ適法な管理方法でしょう。 　遺産の現金は共有物です。保存行為は単独でできますが、管理行為は各共有者の持分の価格に従い（ここでは相続分に相当する価額になります）過半数で決定します(民法252)。共有物に変更を加えることは他の共有者の同意がなければできません(同251)。ところで、共有物である

	質　問【Keyword】	結論と参照情報
5-3		現金をリスクのある投資信託で運用するのは管理行為を越える変更になると解します。他の相続人の同意がなければできません。しかし、預金は元本が保証されているのですから保管方法を変えるだけの保存行為といえます。ただし、預金名義は共有者の代表者としてするなどが必要です。長兄の固有財産と混同するような預金の仕方は疑問です。
6	遺産預貯金に係る法律と相続税の問題	
	質　問【Keyword】	結論と参照情報
6-1	【相続開始後の払戻預金】 被相続人が亡くなった後に、そのことを秘して同人の預金から払戻しを受けました。そのお金は葬式費用や配偶者の生活費に充てました。相続税の申告では、この金額を相続財産の価額に含めなくてもよいのでしょうか。遺産分割はどのようにすればいいでしょう。	相続財産に含めて申告します。遺産に含めて遺産分割します。 　相続開始の時点で被相続人の預金として現存していたのですから相続財産です。確かに相続税の申告時や遺産分割をする時には存在していませんが、それを取得する相続人を遺産分割で決めて相続税の申告をすることになります。生活費に充てた分は、配偶者が取得する遺産分割とするのが相当でしょう。葬式費用相当額も実際に葬式費用を負担した相続人がその払戻金を取得する遺産分割が相当だと考えられます。ただし、そうしなければならいということではありません。
6-2	【相続人らによる預金払戻】 病気療養中の被相続人が重篤な状態になったことを医師から告げられました。そこで、相続人全員が同意のうえで被相続人の預金を払い戻し、被相続人の妻の生活が成り立つようにそれを渡しました。相続税の申告ではどのように扱えばいいのでしょう。	相続が開始した時に預金の払戻金が現金として存在していたものを配偶者が取得するという遺産分割が考えられます。 　被相続人から配偶者に対する生活費の支給といえるものであれば、費消分は相続財産から除外してもよいと思います。そうではなく、相続人が費消した被相続人の財産は、相続税の申告に際しては遺産に含める必要があります。 4-Q4「相続開始前に銀行から払戻しを受けた現金の性質」 1-Q7「相続開始前に引出した預貯金の遺産性」 ▶遺産預金の払戻しと配偶者軽減特例の適用

7	遺言書に係る法律と相続税の問題	
	質　問【Keyword】	結論と参照情報
7-1	【相続させる遺言と遺言執行者】 遺言執行者がいる場合でも、相続人が遺言書に基づいて単独で相続登記などができますか。	「相続させる遺言」ならできます。遺贈の場合は遺言執行者に協力してもらいます。 5-Q1「遺言執行者がいる場合の遺言実行」 2-1-3「相続させる遺言」**2** ▶相続させる遺言
7-2	【遺贈遺言の読み替え】 相続人に「遺贈する」という遺言ですが、遺言執行者が指名されていないところをみると、被相続人は「遺贈」と「相続させる遺言」の違いを意識していなかったのだと思います。「相続させる」に読み替えることはできませんか。	読み替えるということはできません。遺言執行者の選任を家庭裁判所に申請することができます（民法1010）。遺言執行者がいなければ、相続登記をする際に他の相続人の同意（登記義務者の協力）が必要ですが、仮に同意を得られなくても、遺言が有効であれば同意に代わる判決を得て遺言内容を実現できます。相続人全員が遺言内容に異存がなければ、同内容の遺産分割協議書を作成することも可能です。 　なお、相続人に対する遺贈ですから、現在では不動産取得税や登録免許税なども相続させる遺言と税率に変わりはありません。 2-1-3「相続させる遺言」 ▶相続させる遺言
7-3	【要式欠缺遺言】 相続人が、日付が空白の遺言書が見つかったと連絡してきました。無効だと思いますが、遺言者は「日付は自分で日を選んで記入しなさい」と言っていたようです。どのようにサポートすればよいでしょう。	無効だと思います。遺言は要式行為であり、日付の記載は要件です（民法968①）。白地手形のように、日付の記載権限を遺言者が付与しているとの解釈が認められるかは未知数です。かといって、日付を補充すれば有効な遺言になると助言するのは避けるべきです。 　相続人が、その遺言書の内容を遺言者から聞いていたりして承知している可能性が高いと思われます。**死因贈与**契約が成立しているとして、遺言内容を実現することを検討する価値はあります。 2-1-4「死因贈与」 5-Q4「無効遺言が死因贈与と認められる要件」

	質　問【Keyword】	結論と参照情報
7-4	【遺言による権利の相続】 遺言者が「相続させる遺言」で財産を取得させることにしていた長男が遺言者よりも先に亡くなりました。長男には子（遺言者の孫）がいますが、その子が遺言上の長男の権利を相続するのならそれで異存ないと言います。そうなるのでしょうか。	残念ながら孫は相続しません。遺言は長男の死亡により長男に関する部分は途切れてしまうと考えてください。遺言書を書き直すことが必要です。確かに、遺言書に、長男が死亡している場合はその子に相続させる旨が明記されているような場合は、その遺志を尊重されることになっていますが、余裕があるのなら、遺言書の書き直しのほうが無難です。 ▶「相続させる遺言」による遺産取得相続人が遺言者より先に死亡した場合
7-5	【停止条件付補充文言遺言】 遺言で財産を取得させる予定の者が遺言者より先に死亡した場合には、その財産を別の者に取得させる遺言書は有効ですか。	有効です。「Aが遺言者の相続開始以前に死亡した場合は、Aに相続させることにしている財産をBに遺贈する（相続させる）」という遺言文言を補充しておきます。
7-6	【夫婦相互遺言】 夫婦がお互いに自分が先に死んだ場合は相手に遺産を相続させたいのですが、それぞれが、相手が先に亡くなった場合に取得する財産を前提にした遺言を作成することはできますか。	相続開始の時に存在する財産についての遺言としてできます。夫婦がそれぞれ互いに財産を相手に相続させる旨の文言を入れます。そのうえで、自分が死亡の時に配偶者が死亡している場合は、その相続した財産を含めて相続する相続人を指定します。相続人以外の人に遺贈することも可能です。
7-7	【特別受益の持戻免除】 家業を支えてくれた長男に生前贈与をしてやっても、特別受益となって相続分を減らされるのでは意味がないと悩んでおられます。具体的な対処方法はありますか。	特別受益の**持戻**しを免除しておきます。 　その旨を他の相続人に伝えておけば足りますが、長男のためには、意思表示は明確にしておくべきです。遺言書で免除の意思表示をすることが多いです。持戻しの免除は、他の相続人が承諾している必要はありません。 　具体的には「〇〇に対する贈与はなかったものとして相続財産には加算しない」などの文言が考えられます。

	質　問【Keyword】	結論と参照情報
7-8	【扶養条件付遺言の履行請求】 被相続人の遺言書には、妻（母親）を長男が同居して扶養することを条件に、自宅と遺産預金の半分を相続させるという文言があります。これに基づいて長男は自宅と預金の半分を取得したのですが、母親とは同居していないうえに、生活費も支給しようとしません。長男以外の相続人にできることはあるでしょうか。	条件付きの相続させる遺言と理解します。長男は母親を扶養するべき義務があります（財産を取得したことに対応する義務で、民法877条以下の扶養義務とは異なります）。母親は、長男に対して扶養することを請求できますが、母親も、他の相続人も、不履行を理由に長男から自宅や預金を返還させることを法的に強制することは難しいと思います。 　長男が取得している自宅について、遺言の効力が生じていないことを理由に、遺産であること（遺産分割の対象財産）を確認する調停や裁判も考えられますが、どこまで実効性があるかは不明です。
7-9	【廃除遺言の実効性】 遺言者をないがしろにする長男家族に遺産を相続させたくないという相談があるのですが、長男を廃除する旨の遺言を作成するアドバイスでいいのでしょうか。	長男を廃除しても、長男に子がいる場合は「長男家族」の一部が代襲相続します。 　**廃除**は長男の相続権を剥奪しますが、同時に**代襲原因**ですから子が代襲相続人になります。ただし、遺産はすべて長男以外に取得させる遺言になるでしょうから、結果的に孫が取得できる遺産はないことになります。なお、長男の孫は遺留分を相続しません。 　より深刻な問題は、家庭裁判所が廃除の審判を容易には認めてくれない実情です。 ▶相続人廃除の効果と代襲相続

	質　問【Keyword】	結論と参照情報
7-10	【相続放棄を求める遺言】 遺言書に「妻と長女は相続を放棄すること」「長男には遺産財産をすべて相続させるが、妻と長女が相続放棄をすることに感謝して、その生活の面倒をみること」という文言があります。長男は、母親（遺言者の妻）と姉（同長女）から遺留分減殺請求をされました。多額の相続税が課税される案件ですが、実務家としてどんな助言をするかべきか戸惑っています。	まずは、法的にできること、できないことを整理するべきです。相続の放棄は遺言によっても強制できません。母と長女の遺留分減殺請求は適法です。これを前提としたアドバイスになります。 　**遺留分**は、単純計算では遺産の8分の3（37.5％）で厳しいです。 　相続税の申告は、長男が単独で遺産全部を相続したとして申告、納税しなければなりません。遺留分減殺請求をされただけでは長男の取得財産の課税価格に影響しません。後日に返還財産又は**価額弁償金**の額が確定すれば**更正の請求**ができることを説明します。 2-2-3「遺留分減殺請求と相続税」 6-Q2「遺留分減殺請求により取得した財産と特例の適用」
8	遺留分に係る法律と相続税の問題	
	質　問【Keyword】	結論と参照情報
8-1	【遺留分の放棄の効果】 共同相続人の1人が遺留分を放棄しています。他の相続人の相続分や遺留分は当然に増えるのでしょうか。	影響しません。 　遺留分を放棄しても、相続権を放棄することにはなりません。また、遺留分として留保される相続財産は一定割合ですが、一部の遺留分権利者が遺留分を放棄しても他の遺留分権利者の相続分が増えるわけではありませんから、その財産に対する遺留分の割合も影響を受けません。この点は相続分の放棄とは異なります。
8-2	【遺留分の相続】 遺留分権利者が、遺留分減殺請求権を行使しないうちに亡くなりました。共同相続人が遺留分権利者の相続人であっても、遺留分は相続できないのでしょうか。	遺留分減殺請求権は相続できます。 　遺留分減殺請求権は、行使上の一身専属権です。相続できることについては明文の規定があります（民法1031）。相続人の**遺留分**の割合は、自身の遺留分に相続した遺留分を加えた割合です。

	質　問【Keyword】	結論と参照情報
8-3	【相続債務と遺留分侵害額】 遺言者から土地・建物を遺贈されたのは確かですが、それを取得する際の借入金のローンが残っています。他の遺産はすべて別の相続人が取得する遺言でした。遺留分侵害の有無を計算する場合、遺贈された財産の評価はローン債務を控除してもよいのでしょうか。	まず、遺贈財産の価額を含めた相続財産から相続債務を控除した金額を基にして遺留分の金額を算出します（民法1029①）。借入金債務を遺留分権利者が承継してローンを返済することに合意したとか、元々その債務の承継を条件とする遺贈だったという場合は、当該債務額を控除して遺留分侵害額を算定します。債務の承継を特に相続人間で決めないのなら、遺留分権利者の相続分相当額を控除して算出するものと解します。
8-4	【特殊な経済的利益】 遺産家屋に生涯無償で住むことを遺言書で保障された後妻が、当該建物を含む財産を遺言によって取得した相続人に対して遺留分減殺請求をしてきました。遺言者の意思に反しているのではないでしょうか。	遺留分侵害の有無が問題です。遺産の家屋に生涯住めることの経済的利益を相続により取得した利益として遺留分を計算することはできると解します。それでも後妻の遺留分が侵害されているのなら、遺留分減殺請求権の行使を法的に否定することは困難です。遺言者の意思は相続人全員に対する配慮だと思いますが、それだけでは遺留分権利者の権利を制限することはできません。 なお、後妻が遺産家屋を無償で使用できること自体は、同人の**相続税の課税価格**に算入する経済的利得にはなりません。

要点解説

あ

▶**遺産債務の分割協議**

　可分債権と同様に可分債務も、相続人が法定相続分に応じて当然に承継すると解されています（連帯債務について最判昭34・6・19 判時190-23）。そのため、遺産分割の対象にはならないのですが、遺産分割協議書で債務の弁済者を特定したり、債務を負担する割合を合意したりすることはあります。これは負担割合の分担合意ですが、共同相続人間ではその合意内容について契約の効力を主張できます。しかし、債権者に対しては対抗できません。

　相続税の関係で重要なのは**相続債務の控除**です。各相続人が負担した債務額（債務金額のうちその者の負担に属する部分の金額）は当該相続人の取得財産に係る課税価格から控除します（相法13①一）。したがって、各相続人の**課税価格**と相続税額は相続債務の負担金額を控除した金額によって計算されます。

　なお、共同相続人が、当該相続分の割合に応じて負担することとした場合の債務の金額が、相続により取得した財産の価額を超えることとなる場合に、その超える部分の金額を他の共同相続人又は包括受遺者の相続税の課税価格の計算上控除することとする申告も認められます（相基通13-3）。

▶**遺産分割ができないうちに次の相続が開始した場合と特例の適用**

　例えば、被相続人甲の相続について相続人妻乙、子A、同B、同Cらが遺産分割協議をしていたところ、その間に乙が死亡したような場合の例。

　甲の遺産について、子A・B・Cは「甲相続人妻乙　相続人長男A（B・C）」の立場で乙が財産を取得する遺産分割ができます。この場合、乙は**配偶者税額軽減特例**及び**小規模宅地等の課税価格軽減特例**など、遺産分割を要件とする特例の適用を取得財産について受けることができます。これは、甲についての相続税の申告期限後であっても可能です。

　ただし、**更正の請求**をして税金の還付を受けるには、税務署長への届出等然るべき手続をしておく必要があります。

▶遺産分割協議書の要件

　配偶者税額軽減特例の適用を受けるために添付する遺言書、遺産分割協議書は、共同相続人らが全員自署して、それぞれ印鑑証明を添付することが必要とされています（相規1の6③一括弧書き）。

　しかし、実務では記名・押印された遺産分割協議書でも受理されています。相続税の申告書に添付する書類として受理されます。ただし、法令上は自署が要件になっていることは間違いありません。相続登記の原因証書としての遺産分割協議書は記名で足りるとされています。自署を要件とする規定はありません。また、1通の遺産分割協議書に共同相続人ら全員が連名で署名又は連記している必要はなく、同じ内容の遺産分割協議書に署名・押印又は記名・押印がされて、全部合わせて相続人ら全員の合意があると認められれば足ります。もちろん、印鑑証明書で証明できる実印で作成されていることを要するのは共通です。

▶遺産預金の払戻しと配偶者軽減特例の適用

　預金債権について、遺産分割がいまだなされていない段階でも、配偶者がその法定相続分について金融機関から実際に払戻しを受けた場合は、配偶者はその金員を実効支配していることになり、その預金は**配偶者税額軽減特例**の対象になります（平12・6・30裁決 例集59-24）。

▶遺贈についての留意点

1　受遺者が遺言者の死亡以前に死亡したときは（同時死亡を含む）、効力が生じません（民法994①）。停止条件付遺贈で条件成就前に受遺者が死亡した場合も同様です（民法994②）。
2　遺贈は何時でも取り消す（撤回する）ことができます（民法1022）。
3　包括受遺者は相続人と同一の権利義務を有していますから、遺産分割協議に参加できます。放棄も限定承認も相続人がするのと同じ方式でします。ただし、受遺者には遺留分はありません。代襲することもされることもありません。**遺産に係る基礎控除**の計算に際しても、相続税法15条1項の「相続人の数」には含めません（相法15②）。

4　受遺者が一親等血族、その代襲相続人及び配偶者以外の者であるときは、その者の相続税額は算出税額の120％（すなわち**2割加算**）となります（相法18①）。

▶遺留分侵害が生じている可能性がある場合
1　遺言によって、全部又はほとんどの財産を1人の相続人が取得している。
2　遺言又は**死因贈与契約**によって、全部又はほとんどの財産を相続人又は相続人以外の者が取得している。
3　生前贈与によって、全部又はほとんどの財産を相続人又は相続人以外の者が取得している。
4　被相続人が多額の債務を免除している。

▶遺留分に関する中小企業経営承継円滑化法の特例
「中小企業における経営の承継の円滑化に関する法律」は、事業承継人が相続人から無制限に遺留分減殺請求をされると中小企業の円滑な承継に支障が生じる場合があることに鑑み、これを防止するため、民法の遺留分について特例を設けています。一定の場合に、遺留分算定の基礎財産に含めないことや、含める場合の合意を認めています。

1　後継者が取得した株式等に関する合意

　　後継者を含む旧代表者の推定相続人は、全員が書面により合意した場合、後継者が旧代表者からの贈与によって取得した特例中小企業者の株式等の全部又は一部について、民法の規定にかかわらず、次の①②が認められます。ただし、これらの合意が効力を生じるのは、経済産業大臣の確認（承継円滑化法7①）と家庭裁判所の許可（承継円滑化法8①）を要件としています。

①　株式等の価額を遺留分算定のための財産の価額に算入しないこと（承継円滑化法4①一）

②　遺留分を算定するための財産の価額に算入する価額を合意の時の価額とすること（承継円滑化法4①二）

2 株式等以外の財産に関する合意

　旧代表者の推定相続人は、1の合意をする際に併せて、全員が書面をもって、後継者以外の推定相続人が旧代表者から贈与により取得した財産の全部又は一部についてその価額を遺留分算定のための財産の価額に算入しない合意をした場合はこれが認められます（承継円滑化法5）

　※「特例中小企業者」「旧代表者」「後継者」等の定義については承継円滑化法3条を参照。

か

▶課税価格の合計額と各相続人らの相続財産

　課税遺産総額の基になる「**課税価格の合計額**」は、被相続人に属していた遺産の全体に直接相続税法の規定する各種加算又は控除をして算出するのではありません。

　計算の基になるのは、各相続人、受遺者ら各自の取得財産の価額です（相続税申告書第11表③）。「みなし相続財産」や「3年以内の生前贈与加算」も「債務控除」「葬式費用控除」も各相続人、受遺者らの取得財産について計算します。その結果、各自の「課税価格」が算出されます。それをすべて合計したものが「**課税価格の合計額**」です。

　その前提は、遺産分割がなされていること、又は**特定遺贈**や**死因贈与**によって取得財産が決まっていることです。

▶共有化分割は危険

　配偶者税額軽減特例などの適用を受けるためにだけ、とりあえず法定相続分による共有取得という遺産分割をする例があります（共有化分割）。

　しかし、取得割合とか取得財産をめぐって争いがあるため遺産分割ができない場合に、この方法によることは危険です。それによって持分が固有財産になってしまいますから、それと異なる遺産分割をした場合は共同相続人間の贈与などになってしまいます。もはや遺産分割が終わっているのです。

▶建築途中の家屋の評価

　建築中の家屋の評価額は次の計算式によって算出します（評基通91）。

　建築途中の家屋の評価額＝費用現価の額×70％

　　※「費用現価の額」相続の開始した日（課税時期）までに当該建物に投下された建築費用の額を相続開始日の価額に引き直した額の合計額です。

　この費用現価の額は、現に支払った建築費総額とは解されていないようで、工事進行度合いに応じた費用相当額とされています。したがって、工事が２割程度しか完成していないのに、工事代金は９割も支払っているという場合は、全体の工事費用総額に20％を乗じて算出した金額の課税時期の現価が「費用現価の額」となります。

計算例

工事費用総額　5,000万円

5,000万円×20％×70％＝700万円
700万円が相続開始日に建築途中であった家屋の評価額です。
支払済の工事代金（5,000×90％＝4,500万円）との差額3,800万円（4,500万円－700万円）は相続債権（前渡金）として相続税の課税対象になります。

さ

▶死因贈与の実務メリット

　遺贈のように厳格な要件があるわけではないので、自署する必要はありません。ワープロ作成、記名押印でも問題はありません。民法上は口頭でも可能ですが、それだけでは課税庁も認めてくれないでしょう。**検認**（民法1004①）も不要です。執行者を定めておけば、遺産不動産の所有権移転登記は執行者が登記義務者になりますから、相続人の同意や登記手続の協力を必要とすることなくできます。もちろん、被相続人と相続人間でも可能です。贈与者は、原則的にはいつでも取り消すことができますが、負担付死因贈与は制限されます（最判昭57・4・30、判時1042－96）。

▶死因贈与の受贈者が贈与者よりも先に死亡した場合

　これについては、遺贈に関する民法994条1項の準用を認めて、①死因贈与は失効するので、贈与者が死亡しても、目的財産は贈与者(被相続人)の遺産となるとする判例(東京高判平15・5・28 判時1830-62)と、準用は認めず、②死因贈与は効力を失わず、贈与者が死亡した場合は、受贈者の遺産となるとする判例(京都地判平20・2・7判タ1271-181)があります。このように、下級審の判例は分かれていますが、死因贈与は、受贈者が贈与者より先に死亡した場合は、特段の事情がないかぎり失効すると考えておいたほうが無難でしょう。「特段の事情」というのは、受贈者が先に死亡した場合であっても、死因贈与の効力を失効させないで、受贈者に権利を承継させる意思表示をしていると認められる場合など、民法994条1項の準用を認めて死因贈与契約を失効させることが著しく不合理であるといえるような事情と考えられます(➡▶「相続させる遺言」による遺産取得相続人が遺言者より先に死亡した場合)。

▶時効と相続財産

　時効の効力は起算日にさかのぼります(民法144)。起算日とは、取得時効の場合は占有開始の時です。そうすると、相続開始時はいまだ他人名義の他人所有の土地であっても、被相続人から自主占有を承継した相続人がその後に時効期間(民法162)の満了を理由に時効を援用(民法145)すれば、相続開始時にはすでにその土地が相続財産であったことになって相続税の**修正申告**をしなければならないのでしょうか。あるいは逆に、相続開始の時点では所有名義人であったため相続財産に組み入れて申告していた土地を、その後に占有者から時効取得したとして時効の援用をされた場合は、もともと相続財産でなかったとして**更正の請求**ができるのでしょうか。

　通説・判例・実務は、時効の効力は援用によって確定的に生じるもので、効力の遡及は擬制ですから、援用するまでは時効取得者も権利を取得できないし、所有者も権利を失わないとしています。そのため、時効の援用が相続開始後であれば、上記いずれの場合も相続税の申告を是正する必要はないことになります。

　ただし、被相続人名義の土地でも、相続開始時点ですでに時効が完成している資産については、相続税の申告に際しては相続財産に組み入れざるを得ないとしても、占有者から援用があれば更正の請求を認めるべきと考えます(賃借権の時効取得の

例ですが、この理を認めたものとして裁決平14・10・2 例集64－1）。相続開始時点で占有者が時効を援用できる状態であったのに、たまたま相続開始後、相続税の申告が終わってから援用をしただけのことなのです。

▶熟慮期間の起算点の実務

民法915条1項の「自己のために相続の開始があったことを知った時」というのは、文字通りなら被相続人の死亡を知った時です。しかし、相続を承認するか放棄又は限定承認するかの判断は、遺産、特に相続債務について知っていてこそ悔いなくできるものです。この点に配慮して、実務では多額の債務があることを相続人が知らなかったこと及びその知らなかったこと、債務の調査をしなかったこと等についてやむを得ない事情がある場合には、単純に被相続人の死亡の日を**熟慮期間**の起算日とはしていません（参考となる裁判例として　仙台高決平19・12・18 家月60・10－85があります）。

▶申告漏れ遺産の配偶者取得と特例の適用

遺産分割協議書に「その他の財産はすべて相続人〇〇が取得する」というような条項を入れることがあります。分割協議書で特定できない細々とした遺産の帰属を決めるだけでなく、後日に見つかった遺産について改めて遺産分割を要することなく、取得者をあらかじめ決めておくことに実益があります。

しかし、それは遺産として認識されていませんから、相続税の申告はされないはずです。この指定された取得者〇〇が配偶者であった場合、**配偶者税額軽減特例**の適用が認められますが、申告漏れが相続人の仮装・隠ぺいによる場合は、後にその遺産が税務調査で露見しても本特例の適用はありません。

▶生命保険契約等に基づく年金の所得税課税問題

生命保険契約に基づいて死亡保険金を年金として受領することになっている相続人らは、いわゆる「年金受給権」を有しています。この年金受給権の取得に対しては、相続税（受給期間に対応した現在価格による評価額）が課税されるのとは別に、毎年受け取る年金に対して所得税（雑所得）が課税されていました。

これについて、いわゆる二重課税になるのではないかと争われた事件の最高裁判

決（最判平22・7・6 判時2079-20）を受けて、実務の取り扱いが変更されました。

年金受給権のうち相続等により取得した部分については、所得税は課税されません（所法9①一六）。運用益には所得税が課税されます。具体的には次の通りです。

支払いを受けた年金のうち、支給初年分は全額非課税です。

2年目以降は所得税が課税されます。その課税部分は段階的に増加します。これは、定額で支給される年金額のうち、相続により取得した部分（所得税の非課税部分）が段階的に減少して、期間に応じた運用益（所得税の課税部分）が増加するからです。

対象になる保険の種類と年金受給者（いずれも、年金受給権を相続等により取得している場合）

- 年金型保険（死亡保険金を年金形式で受給している相続人ら）
- 学資保険（保険契約者が死亡して養育年金を受給している相続人ら）
- 個人年金保険（個人年金保険契約の年金を受給している相続人ら）

▶相続財産の帰属が争われている財産

その財産が被相続人のものであるか否かが争われている場合でも、相続人らがそれを被相続人のものであると主張するのなら、それを相続財産に含めて申告しなければならないという判例があります（東京高判平7・11・27 税資214-504）。相続人が相続財産であることを主張しながら、相続税の申告に際しては相続財産から外すのはいかにも不自然です。

申告しておけば、後に、裁判等でその財産が被相続人のものでなかったことが確定した場合は、納税者は**更正の請求**をして相続税について是正できます（通法23②一）。

▶相続させる遺言

いくつかの最高裁判例からいえることは、「相続させる遺言」は遺産分割方法及び分割割合を指定するものであり、特段の事情のない限り、何らの行為も要せずに、相続開始と同時に目的遺産は「相続させる」と指名された相続人に相続されます。

また、その目的遺産が不動産の場合、相続人は遺言書に基づいて単独で所有権移転登記手続をすることができます（遺言執行者が指名されていなくてもよい）。さらには、登記を経なくても取得した権利を第三者に対抗できると解されています。

▶「相続させる遺言」による遺産取得相続人が遺言者より先に死亡した場合

遺贈の場合は、受遺者が遺言者よりも先に死亡した場合は効力が生じません（民法994①）。したがって、代襲相続人が受遺者の取得する遺産を相続することはありません。

「相続させる遺言」では、その遺言により遺産を相続することになっていた相続人が遺言者よりも先に死亡した場合について判例は分かれていましたが、「当該推定相続人の代襲者その他の者に遺産を相続させる旨の意思を有していたと見るべき特段の事情がない限り、その効力を生ずることはない」との最高裁判例によって一応の決着がつきました（最判平23・2・22 判時2108-52）。ただし、遺言書の文言に、孫ら**代襲相続人**に相続させる旨を表示していた場合は失効しないこともあり得ることが判決文から読み取れます。

▶相続人間での相続分の譲渡があった場合

相続税の申告書の提出前に、相続人が自己の相続分を他の相続人に無償又は有償で譲渡することができます。遺産分割の当事者を少なくして話し合いを容易にすることにもなりますし、事案を単純にすることにもなります。もっとも、相続分の譲渡は全部に限らず、一部についても可能です。この場合は、未分割遺産として相続税法55条に基づいて申告することになりますが、各自の相続分は、その譲渡を反映したものになります。相続分を譲渡した場合は、譲渡人についてはその相続分（法定・指定）から譲渡した相続分を控除したもの、譲受人については逆に譲り受けた相続分を加えたものが計算の基礎になります。

相続分が有償で譲渡された場合は、**代償分割**をしたのと同じことになります。無償で全部譲渡をした場合は、その相続人の相続分はゼロですから、遺産分割の当事者からも外れることになります。ただし、その譲渡を証明する文書を遺産分割協議書とともに相続税の申告書に添付することを要すると思われます。

▶相続人に対する生前贈与は賢明か

受贈者が覚悟しておくこと

一言でいうなら、受贈者は、3年超前にもらった贈与財産については遺留分減殺請求がされるのに、その受贈財産について納付した贈与税は相続税から控除されて戻ることはないというリスクがあります。

1　相続開始よりも遡ること3年超の生前贈与でも、相続人に対してのものなら遺留分減殺請求の対象になります。
2　前1の遺留分減殺請求をした相続人は、生前贈与を含めた遺産に対する遺留分相当額を取得できますが、相続税は生前贈与財産を含まない遺産を基に計算します。
3　前2の場合、生前贈与を受けていた相続人は、贈与税を納付していても自分の相続税から控除できません。一方、遺留分相当額を取得した相続人は、生前贈与によって相続税が減額するメリットを受けることがあります。
4　生前贈与を受けた相続人は、**特別受益**があったことになり、**具体的相続分**が本来の法定相続分（民法900）より割合が縮小することがあります（民法903）。

▶相続人廃除の効果と代襲相続

被相続人の兄弟姉妹は**廃除**の対象にはなりません。兄弟姉妹は**遺留分権利者**ではないからです。逆にいうと、廃除しなくても、被相続人は遺言によって兄弟姉妹に相続させないこともできますから、不都合はないわけです。

しかし、廃除は代襲相続を妨げませんから、廃除された子の子（孫）は相続権を主張できます。この場合でも、被相続人は、遺言で廃除するだけでなく、その者の相続分をゼロにしておけば、結果として孫が代襲相続する遺産はゼロになります。

▶「相続の開始があったことを知った日」の意義

相続税法27条1項の「相続の開始があったことを知った日」を整理すると次のようになります（相基通27-4）。

	相続人、受遺者等	相続の開始があったことを知った日
1	失踪宣告を受け死亡したものとみなされた者の相続人又は受遺者	失踪の宣告に関する審判の確定のあったことを知った日
2	相続開始後に、その相続人について失踪宣告があり、死亡とみなされた日が当該相続開始前のために繰り上がって相続人となった者	その者が当該失踪の宣告に関する審判の確定のあったことを知った日
3	失踪宣告の取消しがあったことにより相続開始後において相続人となった者	その者が当該失踪の宣告の取消しに関する審判の確定のあったことを知った日
4	認知に関する裁判又は相続人の廃除の取消しに関する裁判の確定により相続開始後に相続人となった者	その者が当該裁判の確定を知った日
5	相続人の廃除に関する裁判の確定により相続開始後において相続人となった者	その者が当該裁判の確定を知った日
6	相続についてすでに生まれたものとみなされる胎児	法定代理人がその胎児の生まれたことを知った日
7	相続開始の事実を知ることができる弁識能力がない幼児等	法定代理人がその相続の開始のあったことを知った日(相続開始の時に法定代理人がないときは、後見人の選任された日)
8	遺贈(被相続人から相続人に対する遺贈を除く)によって財産を取得した者	自己のために当該遺贈のあったことを知った日
9	停止条件付の遺贈(被相続人から相続人に対する遺贈を除く)によって財産を取得した者	当該条件が成就した日
10	当該相続に係る被相続人を**特定贈与者**とする相続時精算課税適用者	1ないし9の日にかかわらず、当該特定贈与者が死亡したこと又は当該特定贈与者について民法第30条(失踪の宣告)の規定による失踪の宣告に関する審判の確定のあったことを知った日

▶相続の開始があった年に生前贈与があった場合

① その者が、相続等により財産を取得していなかった場合
- **相続税の課税価格**に加算しません。加算の基礎になる相続税の課税価格そのものがないからです。
- その年の贈与税の課税価格に算入されます。

② その者が、相続等により財産を取得した場合
- 相続税の課税価格に加算します。
- 贈与税の課税価格には算入しません（相法21の2④）。

▶相続の単純承認とみなされる処分行為等

　相続人が相続財産について処分行為をすると単純承認をしたものとみなされます（民法921）。相続の放棄を考えねばならないような相続の事案では、相続人は債務の承継となる単純承認を恐れます。しかし、ことは親とか兄弟等の身内の死亡に際してのことです。相続に関してのいろいろな用務について、どこまでなら単純承認とみなされずに済むのかというのは相談事例としてめずらしくありません。

　具体的には、期限が到来している債務について、遺産のなかから支出して弁済するのは処分行為にならないと解されています。しかし、相続人が自分の財産から支払うのは債務を承継した者の行為ですから承認とみなされるでしょう。後で相続財産から清算するとしても、立替払いをするのはリスクがあります。遺産預金の払戻金から葬儀費用や墓石を購入するのは、相当な程度なら処分行為にはならないと解されています（大阪高判平14・7・3　家月55－1－82）。ただし、これは、相続人が債務の存在を知らないでこれらの行為をした場合のことです。債務があることを承知していた場合は処分行為となる可能性が高いです。いわゆる形見分け程度の故人の衣類の分配、ごみ類の処分、借家の明渡しなども、特別の事情がなければ民法921条の処分行為とはならないでしょう。とはいえ、**熟慮期間**中の遺産の扱いは極力気をつけるべきです。

▶相続分譲渡の法律問題

1 民法第905条第1項の「相続分」

ここで譲渡の対象になる相続分は、他の規定の相続分とは異なります。遺産全体に対する各共同相続人の持っている包括的持分ないしは法律上の地位といわれています。遺産分割を請求する権利であり、相続人の人格的要素を含みません。

2 譲渡の効果

譲受人は、譲渡人の相続財産全体に対する分数的割合をそのまま取得します。したがって、遺産分割を請求する権利を取得します。すなわち譲受人は遺産分割の当事者となります。相続債務も移転しますが、それは対内関係では譲受人が債務者になり、譲渡人は債務を免れるものの、対外関係、すなわち債権者に対する関係では両者が連帯債務ないしは不可分債務を負担する関係と解されています。

▶相続放棄をした者が取得した生命保険金等

みなし相続財産になる生命保険金等は、相続財産そのものではないので、**相続放棄をした相続人でも取得することができます**。これはめずらしいことではありません。

相続放棄をした者は、民法では「初めから相続人とならなかった者とみなす」とされていますが（民法939条）、相続税の**遺産に係る基礎控除**についての「相続人の数」には含まれます（相法15②括弧書き）。そのため、例えば、被相続人が、多額の債務を残して死亡したが、被相続人を被保険者・保険料負担者として生命保険契約が締結されており、唯一の相続人である長男が保険金の受取人である場合、その長男が相続放棄をすれば被相続人の多額の債務は負担しなくてよくなる一方で、保険金を手に入れることができ、なおかつ基礎控除まで受けられることになります。

なお、保険金の非課税規定（相法12①五）の適用はありません（4-2-1「生命保険金、死亡退職手当金等の非課税限度額」の事例で確認できます）。

た

▶代襲相続人がいる場合の例（相続人の数）

被相続人には配偶者と長男・長女がいたとします。しかし、長男が先に亡くなっ

ていました。長男には妻及び子が4人います。

　この場合の相続人は、配偶者・長女・長男の代襲相続人（子）4人、合計6人となります。基礎控除額は3,000万円＋（600万円×6人）＝6,600万円ということになります。代襲相続人の相続は被代襲者の相続分を各代襲相続人で相続するだけですが、相続人の数をカウントする上では、それぞれが相続税法15条1項の相続人となるわけです。

▶代襲相続の要件
① 代襲相続人が被代襲者の直系卑属であること
② 相続開始時に被代襲者に**代襲原因**があること
③ 代襲相続人が相続開始時にいること

▶代償金の取得費性
　他の相続人に代償金を支払って遺産の全部又は一部を取得した相続人がその資産を譲渡した場合、譲渡所得の計算においては、代償金を取得費として譲渡収入から控除できません（判例、通説）。

　代償分割も遺産分割の一形態ですから、その効果は相続開始時に遡及します（民法909）。そのため、譲渡者はその資産を相続又は遺贈により初めから取得していたことになります。代償金が取得費にならない理由はそこにあります。

▶注意すべき相続債務（控除の可否）
1　相続財産に関する費用（民法885）
　　被相続人の生前の債務ではなく、相続開始の際に現に存在する債務でもないから、控除される債務にはなりません（相基通13-2）。
2　保証債務
　　原則として控除できません。保証債務は主たる債務が履行されない場合の人的担保であるとともに、代弁済した保証人は主たる債務者に対して求償権を取得しますから、主たる債務者に特別な事情がない限り「確実な債務」ではないわけです。ただし、主たる債務者にこの特別な事情がある場合は例外になります。主たる債

務者が弁済不能の状態であり、保証人が債務の履行をしなければならない場合で、主たる債務者に求償しても弁済を受ける見込みのない金額については控除できることになります（相基通14－3(1)）。

3　消滅時効にかかった債務

債務は、消滅時効の期間が満了しても、それだけで当然に債務が消滅するわけではありませんが、相続人は時効を援用して債務を免れることができます。相続開始の時点では「確実な債務」ではないことになります（相基通14－4）。

▶特定遺贈の受遺者である相続人の遺産分割

この場合でも、受遺者は相続人ですから、遺産分割に参加して遺贈を放棄した上で遺産分割をすることができます。

判例として「遺贈を受けた相続人が、自己に有利な遺言の内容を知りながらこれと異なる遺産分割協議を成立させた場合には、特段の事情のない限り遺贈の全部又は一部を放棄したものと認めるのが相当である」というものがあります（東京地判平6・11・10　金法1439－99）。

▶特定贈与財産の要件と加算されない課税価格

当該贈与が

①　配偶者に対する贈与であること

②　婚姻期間が贈与の年において20年以上であること

③　居住用不動産又はその取得のための金員の贈与であること

④　取得の年の翌年3月15日までに次のいずれかである場合

　ⅰ　居住用不動産の場合は受贈者の居住の用に供するとともに、以後も供する見込みであること

　ⅱ　居住用不動産取得のための金銭をもって取得して、これを受贈者の居住の用に供するとともに、以後も供する見込みであること

⑤　当該贈与の課税価格から控除される部分（2,000万円が限度）

　（注）①～④は、贈与税の配偶者控除の適用要件です。

▶どんな人が特別縁故者になるのか

裁判所がケースごとに被相続人との生活上、経済上の関係を総合して認定します。

認められた具体例

- 被相続人の被雇用者であるが、被相続人の日常生活の世話、看護を献身的に行い、葬儀も執り行った（大阪高決平4・3・19 家月45・2-162）。
- 法人格を有しない老人ホームだが被相続人の療養看護に尽くした（那覇家裁石垣支部審判平2・5・30 家月42・11-61）
- 被相続人の有償の付添人（神戸家裁審判昭51・4・24 判時822-17）
- 相続権のない親族であるが、相続財産の管理維持ないし被相続人の監護及び死後の世話一切について寄与するところが大であるとしたもの（京都家裁審判昭42・8・18 家月20・3-91）

認められなかった例

- 特別縁故関係が認められるとしても、療養看護期間中に被相続人の財産管理の過程で資産を不当に利得し、使途不明金のある者には分与しない（さいたま家裁川越支部審判平21・3・24 家月62・3-53）

相続財産に対する寄与が考慮されることもありますが、この制度自体は、そのリターンを目的としているものではありません。なお、相続財産が多くても全部が分与されるとは限りません。裁判所が相当と認めた範囲の額しか分与されません。

な

▶2回目以後の未成年者控除（障害者控除）の計算

過去に、未成年者控除又は障害者控除の適用を受けた人の控除額の計算は、最初に未成年者又は障害者控除額をアの計算式によって計算します。

次いでイの金額を計算します。控除できる金額は、ア又はイのいずれか少ない方の金額となります。

ア　控除額の計算

未成年者控除の控除額

10万円×(20歳－未成年者の年齢)＝控除額

障害者の控除額

　　10万円(特別障害者20万円)×(85歳－障害者の年齢)＝控除額

　いずれも相続開始時の年齢。また、控除した年齢に1年未満の端数があるときは1年とします。控除額がその人の相続税額を超える場合には、その超える金額を、その人の扶養義務者の相続税額から控除することができます。

イ　残額計算（既往控除の残り）

　未成年者の場合

　　10万円×(20歳－前相続開始日年齢)－過去の未成年者及びその人の扶養義務者が実際に受けた未成年者控除の金額

　障害者の場合

　　10万円(特別障害者20万円)×(85歳－前相続開始日年齢)－過去の障害者及びその人の扶養義務者が実際に受けた障害者控除の金額

は

▶廃除者に対する遺贈

　廃除も相続権を奪う制度ですが受遺者にはなれます。被相続人が、廃除をしておきながら、その者に遺贈をするというのは不自然ですが、事実上の廃除の取消しとみるか、遺言書作成後に廃除の審判申立をしているのなら、遺言書の書直し（撤回）を忘れたとでも考えるしかありません。

▶扶養義務者の範囲（未成年者控除の適用がある扶養義務者）

　扶養義務者の範囲は、配偶者及び民法877条に規定する親族となっています（相法1の2一）。これに従えば、配偶者、直系血族、兄弟姉妹、家庭裁判所が扶養義務を負わせる審判をした3親等内の親族ということになるのですが、実務では、3親等内の親族で生計を一にする者も、ここでの扶養義務者と扱っています（相基通1の2－1）。しかも、家庭裁判所の審判がなくても含まれます。

　未成年者控除の制度が養育費負担軽減の税制上の支援策であることから、未成年者において控除しきれない分をその扶養義務者の養育費負担軽減に及ぼそうとする

のが扶養義務者からの控除規定です。そこで、生計一親族にして3親等内なら、実際的な未成年者の養育費負担者であるとみなしているのがこの実務です。生計一親族であるかないかは、相続開始時を基準にして判断されます。

▶平成25年最決（嫡出でない子の相続分差別違憲決定）の影響

1　違憲決定前の相続、決定後の遺産分割

　　平成25年9月4日以前（違憲決定以前）に未分割遺産の相続税の申告（相法55による相続税額計算）をしている場合は、遺産分割は嫡出でない子と嫡出の子との相続分は平等のものであることを前提にして行うのですが、相続税の計算も同様に嫡出に関する規定がないものとして計算します。その計算結果に基づいて**更正の請求**又は**修正申告**をします。

2　法定相続分が平等

　　嫡出に関する規定がないものとして遺産分割をします。**特別受益者**の具体的相続分の計算、遺留分相当額の計算にも影響します。嫡出でない子の法定相続分が従前と異なりますから、相続税の総額の計算に影響します。**価額弁償金**の計算に影響します。

3　遡及効と確定的法律関係

　　本決定は、少なくとも平成13年7月当時において、嫡出に関する民法の規定が違憲であったとして違憲決定の遡及効を認めています。したがって、平成13年7月1日以後に開始した相続についても、同規定がないものとして遺産分割をし、相続税の計算をすることになりますが、すでに遺産分割の審判、調停の成立、合意等によって法律関係が確定したものについては影響を及ぼさないことにしています。遺産分割前でも、すでに払戻しを受けた預貯金や生命保険金等については、それらがすでに遺産分割の対象にはならない取得財産になっていますから、取得者が改正法による相続分相当の払戻請求や保険金請求をしたとしても認められません。

　　相続税の計算は法律関係を基にしていますから、遺産分割等が確定していれば税額の計算結果に影響しません。

▶法人に対する資産の遺贈又は死因贈与

　個人が法人に対して資産を**遺贈**又は**死因贈与**をした場合は、遺言者又は贈与者について、資産をその時の時価で譲渡したものとみなして譲渡所得税が課税されることがあります（所法59①一）。役員が法人に賃貸している不動産を遺贈などする場合は、注意が必要です。

ま

▶みなし相続財産の種類

1　代表的なもの

　生命保険金、事故時に支払われる死亡損害保険金（相法3①一）

　死亡退職手当金等（相法3①二）

　生命保険契約に関する権利（相法3①三）

　定期金に関する権利（相法3①四）

　保証期間付定期金に関する権利（相法3①五）

　契約に基づかない定期金に関する権利（相法3①六）

　特別縁故者に分与された財産（相法4）

2　特殊なもの

　遺言による次の受贈益

　①　低額譲受利益（相法7）

　②　債務免除益（相法8）

　③　その他の受贈利益（相法9）

　これらは取得した利益が遺贈により取得したものとみなされます。遺言でなければ贈与税の対象になるものです。

　遺言による信託の受益権利（相法9の2ないし9の5）

　相続又は遺贈により財産を取得しなかった相続時精算課税適用者の受贈財産（相法21の16①）

や

▶遺言書と異なる遺産分割

　遺言書がある場合でも、相続人全員が同意すれば、遺言内容と異なる**遺産分割**はできます。ただし、遺言内容に従った財産の分割、登記、相続税の申告などをした後に遺言を否定する遺産分割をしても、相続税法上は、いったん遺言どおり帰属した相続人の固有財産を契約によって移転するものととらえられて、有償であれば譲渡所得税、無償であれば贈与税が課税されるおそれがあります。

▶遺言による債務承継者の指定

　遺言が**相続分の指定**をしている場合は、特段の事情がない限り、共同相続人間においては、法定相続分ではなく指定相続分の割合に応じて**相続債務**を承継するものと解します（相続人の１人に財産全部を相続させる旨の遺言について、最判平21・3・24 判時2041－45）。**包括遺贈**の場合、債務は包括遺贈の割合で承継されるというのが実務です(相基通13－3)。しかし、これは相続税の課税価格の計算についてのことで、債権者に対して相続分の指定割合の効力は及ばないと解されています（前掲最判）。

　なお、包括受遺者が包括遺贈の割合に応じて負担することとした場合の債務の金額が、遺贈により取得した財産の価額を超えることとなる場合に、その超える部分の金額を他の共同相続人又は包括受遺者の相続税の課税価格の計算上控除することとする申告も認められます（前掲相基通）。

▶養子の実親との相続関係

　養子は養親の血族との間で法定血族関係になります（民法727）。しかし、実親との血族、親子関係がなくなるわけではありませんから、実親の相続人であることには変わりありません。

　ただし、いわゆる**特別養子**は実方の父母等との親族関係が終了しますから（民法817の9）、実父母の相続人にはなりません。また、特別養子は戸籍の父母欄に養親のみが記載され、実親の氏名は記載されません。

▶養子の代襲相続

養子の子でも、縁組前に生まれた者は、養親の相続に際して養子を代襲しません。しかし、縁組後に生まれた子は養子を代襲できます。なぜなら、**代襲相続**ができるのは「被相続人の直系卑属」に限られているところ（民法887②）、縁組前の養子の子と養親（被相続人）は縁組によっても親族関係に入るわけではありませんから、その養子の子は直系卑属にならないからです。縁組後に生まれた養子の子は法定血族である養子の子ですから、被相続人の孫であり当然に直系卑属になります。

▶養子の重複身分関係と相続分の例

1 代襲相続人が被相続人の養子という場合（被相続人の孫が養子であるが被相続人の子が先に死亡しているとか、相続の**欠格・廃除**によって相続権を剥奪されている場合など）は、養子は、代襲相続人としての相続分と養子としての相続分との双方を有します（相基通15－4（注））。ただし、遺産の基礎控除額を算定する場合（相法15①）の「相続人の数」に関しては、その養子は実子1人として計算します（相法15②、相基通15－4本文）。

2 養子になった者が、その養親とは別の養親と縁組をしても、前の縁組の効力には影響しません。したがって、その養子縁組の養親がいずれも夫婦縁組であれば、養子は実親2名、養親4名について相続権を持つことになります。

索引兼用語解説

あ

- **遺産課税方式（遺産方式）・遺産取得課税方式（遺産取得税方式）**   4-1-2

　遺産課税方式は遺産全体を課税対象にするのに対して、遺産取得課税方式は相続人らの取得した財産を課税の対象にする思想といえます。わが国の現行相続税法は、**課税遺産総額**を基礎にして、いったん**相続税の総額**を算出する点では遺産課税方式です。他方で、その相続税の総額を各相続人らの取得財産価額に応じて按分して各人の相続税額を算出する点で、遺産取得課税方式の思想も取り込んでいます。このため、わが国の相続税法の課税方式は両者の折衷型だといわれています

- **遺産に係る基礎控除（額）（基礎控除）**   4-1-2

　課税遺産総額を算出するために課税価格の合計額から控除する金額です。**課税価格の合計額**のうち基礎控除金額を超える部分に相続税が課税されます。

　基礎控除金額は次の算式で計算されます（相法15①）。「相続人」には相続を放棄した者を含みます（相法15②）。養子が相続人の場合は人数に制限があります（相法15②）。

　3,000万円＋（600万円×相続人の数）

　課税価格の合計額からこの金額を控除した残額が**課税遺産総額**です。

　課税遺産総額が０円以下の場合は**相続税非課税案件**です。

　　▶代襲相続人がいる場合の例（相続人の数）

- **遺産分割**   4-4-1

　共同相続人が取得する遺産を決める契約です。特定の遺産である財産の取得者を決めることも、取得の割合を決めることもあります。相続人の権利関係を確定して、相続税の課税関係も確定する非常に重要な法律行為（合同行為、契約）です。**現物分割**、**代償分割**、**換価分割**、共有化分割などがあります。

　遺産分割によって取得した相続財産の価額に応じて相続税の金額は決まります。

　遺産分割が相続税法の特例の適用要件となっていることがあります。

　　例　配偶者税額軽減特例、小規模宅地等の課税価格の計算特例

　　　▶遺言書と異なる資産分割
　　　▶遺産分割協議書の要件
　　　▶特定遺贈の受遺者である相続人の遺産分割
　　　▶共有化分割は危険

- ●遺産分割と更正の請求　　　　　　　　　　　　　　　5-3-2
    - ・精選Q&A　　　4-Q1, 4-Q2, 7-Q1
    - ・実務問答NOTE　4-16

- ●遺産分割のやり直し（再分割）　　　　　　　　　　　4-4-6
    - ・精選Q&A　　　1-Q2
    - ・基本解説　　　1-3-5, 4-4-4

- ●遺産未分割（未分割遺産）　　　　　　　　　　　4-3-2, 4-4-1
    - ・精選Q&A　　　4-Q2, 4-Q4, 7-Q1
    - ・実務問答NOTE　4-14

- ●遺贈　　　　　　　　　　　　　　　　　　　　2-1-2, 2-1-3

　　遺言により財産を無償で受遺者に取得させる単独行為です（民法964）。遺贈は相続税の課税原因です（相法1の3）。相続税法では、原則として**死因贈与**を遺贈と同様に扱います（同一括弧書き）。また、民法上の遺贈には該当しませんが、相続税法が遺贈とみなして、相続税の課税対象にしているものがあります（**みなし遺贈**。相法3、4など）。
　　　　　▶遺贈についての留意点
　　　　　▶特定遺贈の受遺者である相続人の遺産分割
　　　　　▶廃除者に対する遺贈

- ・特定遺贈　　　　　　　　　　　　　　　　　　　　2-1-2

　　財産を特定して、それを目的とする遺贈です。遺言の効力が発生（停止条件付きでない限り遺言者の死亡）すると同時に目的物の権利者となります。遺贈の典型です。
　　　　　▶特定遺贈の受遺者である相続人の遺産分割

- ・包括遺贈　　　　　　　　　　　　　　　　　　　　2-1-2

　　遺産の全部又は割合をもってする遺贈です。特定の財産の一部の一定割合を目的とする遺贈は包括遺贈ですが、特定財産の全部を目的にすれば特定遺贈になります。包括遺贈の特色は相続人と同一の権利義務を有することです（民法990）。したがって、包括受遺者は相続人ではなくても遺産分割の当事者になります。

- ●遺贈と相続税　　　　　　　　　　　　　　　　　　　2-1-2
    - ▶遺贈についての留意点
    - ▶法人に対する資産の遺贈又は死因贈与

- ●遺贈の放棄　　　　　　　　　　　　　　　　　　　　2-1-5

258

- **一身専属権**
　特定の者だけが権利の主体になれる性質を持った権利です。相続税法において問題になるのは、帰属上の一身専属権（民法881の扶養請求権など）といわれるもので、相続の対象になりません（民法896但書き）。行使上の一身専属権は、権利の行使が当該権利者に限られているだけですから、相続の対象になります。なお、遺留分減殺請求権（民法1031）は行使上の一身専属権ですから、**遺留分権利者**の相続人はこれを相続できます（同）。
　　・精選 Q&A　　　4-Q6
　　・実務問答 NOTE　3-4, 8-2

- **一部分割**　　　　　　　　　　　　　　　　　　　　　　4-4-4
　　・精選 Q&A　　　2-Q2

- **遺留分**　　　　　　　　　　　　　　　　　　　　　　　2-2-1
　一種の相続分という理解でもよいと思います。一般には「遺言によっても奪われない相続分」といわれています。相続税法には**更正の請求**の事由に見られるだけですが（相法32①三）、遺留分減殺請求権を行使して取得する財産は「相続により取得した財産」であって、相続税の課税関係に及ぼす影響は大きいです。また、遺産相続をめぐる法的紛争の要因でもあります。
　　・精選 Q&A　　　5-Q3
　　・実務問答 NOTE　8-1, 8-2, 8-3, 8-4
　　▶遺留分に関する中小企業経営承継円滑化法の特例

　・**遺留分権利者**
　　兄弟姉妹以外の法定相続人が遺留分を有します（民法1028）。

　・**遺留分減殺請求（権）**　　　　　　　　　　　　　　2-2-3, 2-2-4
　　遺留分権利者は、遺留分を侵害する遺贈、生前贈与に対して遺留分減殺請求をすることができます（民法1031）。
　　　・精選 Q&A　　　5-Q3, 6-Q1
　　　・基本解説　　　5-2-1, 5-3-1

　・**遺留分の算定**　　　　　　　　　　　　　　　　　　2-2-2
　　遺留分算定の基礎となる財産の価額の算定式
　　（相続開始時に被相続人が有した財産の価額＋贈与財産の価額）－被相続人の債務額
　　（民法1029①）
　　　▶遺留分侵害が生じている可能性がある場合

259

・遺留分の割合
　　直系尊属のみが相続人である場合は被相続人の財産の３分の１
　　上記以外の場合は２分の１
となります（民法1028）。
　　　・巻末第６表

か

●外国税額控除　　　　　　　　　　　　　　　　　　　　　4-5-1

　相続税の納税義務者が、外国にある財産を相続又は遺贈等によって取得して、その所在地国において相続税に相当する税金を課せられた場合は、その分を日本の相続税法による算出相続税額から控除します（相法20の２）。これが外国税額控除の制度です。
　　　・基本解説　　　4-3-1

●解約払戻金（解約返戻金、解約返還金）　　　　　　　　　3-3-3

　保険においては、契約期間中に保険を解約した場合に、保険契約者に払い戻されるお金のことを解約払戻金といいます。「解約返戻金」や「解約返還金」とも称されます。

　・解約払戻金のみなし相続財産性
　　生命保険契約に関する保険契約者が相続開始時点で有している権利（解約払戻金）の価額のうち、被相続人が負担した保険料に相当する部分が「みなし相続財産」です。
　　　・精選Q&A　　　7-Q4

●家屋の評価　　　　　　　　　　　　　　　　　　　　　　3-2-1
　　　▶建築途中の家屋の評価

●価額弁償（価額弁償金）　　　　　　　　　　　　　2-2-3, 2-2-4

　遺留分減殺請求をされた相続人、受遺者らは、贈与又は遺贈の目的物を現物で返還することになりますが（減殺された範囲についてですから、土地や建物の場合は共有持分での返還をすることになる場合もあります）、それに代えて返還すべき財産の価額を弁償して返還義務を免れることができます（民法1041）。これを「価額弁償（金）」といいます。価額弁償金は相続税の課税対象となります。
　　　・精選Q&A　　　6-Q1, 6-Q2, 7-Q2

●貸地の価額　　　　　　　　　　　　　　　　　　　　　　3-2-2

- 貸付事業用宅地等　　　　　　　　　　　　　　　　　　　　4-2-4

  「小規模宅地等の課税価格計算特例」（措法69の4①）の適用がある貸付事業の用に供されている宅地等です。ここでの「事業」は、不動産貸付業、駐車場業、自転車駐車業及び準事業（事業と称するに至らない不動産の貸付け及びその他これに類する行為で相当の対価を得て継続的に行うもの）に限られます。特例の対象がある貸付事業用宅地等は、一定面積を限度として課税価額の50％が減額されます。

- 貸家の価額　　　　　　　　　　　　　　　　　　　　　　　　3-2-2

- 課税遺産総額　　　　　　　　　　　　　　　　　　　　　　　4-1-1

  各人の課税価格を合計した相続財産の課税価格の合計額から**遺産に係る基礎控除額**（3,000万円＋600万円×法定相続人の数）を控除した金額のことです。課税遺産総額が０円以下のマイナスの場合は相続税が課税されません。

  　・実務問答 NOTE　1-2
  　・巻末第１表

- 課税価格（相続税の課税価格）　　　　　　　　　　　　　　　4-1-1

  相続税において「課税価格」という場合は、相続税法が規定している相続財産の評価方法に基づく相続財産の評価額を指します。相続税額算定の基になる価格です。所得税法なら課税標準に相当します。他の税種目では「課税標準」といわれているものを相続税・贈与税では課税価格と称するのが一般です。

  　▶遺言による債務承継者の指定

- 課税価格の合計額（相続税の課税価格の合計額）　　　　　　　4-1-1

  相続税の「課税価格の合計額」とは、相続又は遺贈によって財産を取得した者らの取得財産について、**みなし相続財産の加算や３年以内贈与加算**、債務・葬式費用の控除等を経た後の各自の「**相続税の課税価格**」を合計した額のことです。課税遺産総額のベースとなります。

  　・実務問答 NOTE　1-1, 1-9
  　▶課税価格の合計額と各相続人らの相続財産

  ・（相続人）各人の課税価格　　　　　　　　　　　　　　　4-3-1

  　相続又は遺贈により財産を取得した者の取得財産について、相続税法の規定に従い、加算・控除・評価した課税価格です。なお、相続又は**包括遺贈**により取得した財産の全部又は一部が分割されていない場合は、共同相続人又は包括受遺者が民法に規定する相続分（ただし、寄与分は考慮されません）又は包括遺贈の割合にしたがって財産を取得したものとして相続税の課税価格を計算します。

  　・精選 Q&A　　　4-Q3

●課税案件・非課税案件　　　　　　　　　　　　　　　　　　4-1-2
　　→相続税課税案件・相続税非課税案件

●課税標準
　　課税物件を金額又は数量で表わしたものを意味します。相続税、贈与税の課税標準を「**課税価格**」と称しています。課税標準に税率を乗じて税額を算定します。つまり、税額算定の基礎です。

●課税物件
　　課税の対象となる物、行為、事実など。納税義務が成立するための要件の一つです。課税客体とも言われます。課税物件を金額又は数量で表わしたものが課税標準・課税価格です。

●仮装・隠蔽（配偶者税額軽減特例）　　　　　　　　　　　　4-5-3
　　相続人が仮装又は隠蔽していた財産については、その財産の金額について本特例の適用はありません（相法19の2⑤）。

●換価分割　　　　　　　　　　　　　　　　　　　　　　　　4-4-3
　　共同相続人又は包括受遺者のうちの一人又は数人が相続又は包括遺贈により取得した財産の全部又は一部を金銭に換価し、その換価代金を分割する遺産分割方法です（相基通19の2-8（注））。換価の対価が相続税の課税標準額になるのではなく、換価相続財産の相続税評価額がそれになります。換価分割は、譲渡所得税の課税問題が生じることがあります。
　　　　　・精選 Q&A　　　　4-Q2

●期限後申告（書）　　　　　　　　　　　　　　　　　　　　5-2-1
　　確定申告を提出する必要がある納税者及びその相続人（包括受遺者も含む）が法定の申告期限内に申告書を提出していなかった場合に、申告期限を過ぎてから申告書を提出して行う申告です（通法18）。任意ですが、税務署長の決定があるまではできます。無申告加算税が課されますが、正当な理由があると認められる場合は免除されます。
　　　　　・基本解説　　　　1-3-3, 2-2-3, 3-3-4, 5-2-2
　・相続税における期限後申告の特則
　　　　国税通則法の特則として、相続税は法定申告期限内に申告義務がなかった者について、一定の事由が生じたために、申告書を提出しなければならなくなった（つまり申告義務者になった）場合には、期限後申告書を提出することを認めています（相法30①）。

・期限後申告ができる事由
　期限後申告書が提出できる「一定の事由」というのは、相続税の「更正の請求ができる事由」と重なっています（相法30①、32①一から六）。更正の請求は、先に申告した相続税の額が過大となった場合にするもの（税金の還付請求）ですが、期限後申告は新たに納税義務者になった者がするものです。
　　　・精選Q&A　　　6-Q2, 6-Q3

●基礎控除　　　　　　　　　　　　　　　　　　　　　　　　　4-1-2
　→遺産に係る基礎控除（額）

●寄与分　　　　　　　　　　　　　　　　　　　　　　　　　　1-3-6
　被相続人の財産の維持又は形成に寄与した者（寄与分権利者）に付与される特別の相続分です（民法904の2）。寄与分が認められるのは共同相続人に限られます。寄与の具体的な例としては、被相続人の事業に労務、役務あるいは経済的な支援をして被相続人の財産の増加に貢献すること、被相続人の療養看護や介護をすることによって財産を維持しその減少を防止したことなどが考えられます。寄与分は、法定相続分又は遺言による**指定相続分**に加えるものですが、それは寄与分権利者の課税価格を増加させるだけで、**相続税の総額に影響するものではありません。**
　　　・基本解説　　　1-3-1, 1-3-5, 1-3-6, 4-3-2, 4-4-1

●金銭債権の評価　　　　　　　　　　　　　　　　　　　　　　3-1-2

●具体的相続分（率）　　　　　　　　　　　　　　　　　　　　1-3-4
　→特別受益
　　　▶相続人に対する生前贈与は賢明か

●決定
　税務署長が申告書を提出していない納税者に対して、課税標準、納付税額を確定する処分です。国税通則法25条
　　相続税の特例　相続税法35条（更正及び決定の特則）
　　　・基本解説　　　5-2-1, 5-2-2

●限定承認　　　　　　　　　　　　　　　　　　　　　　　　　1-3-3
　相続人が相続によって得た財産の限度で被相続人の債務及び遺贈を弁済することを留保して相続の承認をすることです（民法922）。つまり、限定承認をした相続人は相続財産を超えて債務等を弁済する義務はないわけです。限定承認は、**熟慮期間**内に家庭裁判所に申し述べてします（同

924)。限定承認は、共同相続人の全員が共同でしなければできません（同923）。不動産等の譲渡所得の起因となる資産が相続財産に含まれていた場合は、限定承認がされると当該資産が時価で譲渡されたものとみなされます（所法59①一）。これは被相続人の所得（譲渡所得）になりますから、相続人らは4か月以内にいわゆる準確申告をしなければなりません（同125①）。

- 検認　　　　　　　　　　　　　　　　　　　　　　　　2-1-4

　検認は、相続人に対し遺言の存在及びその内容を知らせるとともに、遺言書の検認の日現在における遺言書の内容を明確にして遺言書の偽造・変造を防止するための手続とされています。家庭裁判所が行います（民法1004）。公正証書遺言は検認をする必要がありません。検認が終わると、申請により裁判所が遺言書に「検認済証明書」を付けます。検認の有無は遺言書の有効、無効とは関係ないのですが、この検認済証明書がないと、預金の払戻し、相続登記等の遺言の執行はできません。

　　　　・実務問答 NOTE　1-4, 1-5, 1-6

- 権利能力なき社団　　　　　　　　　　　　　　　　　　3-3-4
　→人格のない社団

- 現物分割　　　　　　　　　　　　　　　　　　　　　　4-4-2

　遺産分割形態の一つで遺産分割の基本形といってもよいものです。個々の遺産について相続取得する相続人を決める遺産分割です。分割によって個々の遺産は相続開始の時点から当該相続人に帰属していたことになります（民法909）。各相続人が取得した財産の価額が**相続税の課税価格**のベースになります。

　いわゆる共有化分割も、所有権の持分を取得することですから、現物分割の一つです。

- 更正（更正処分）　　　　　　　　　　　　　　　　　　2-1-5

　税務署長による課税標準金額を確定する処分です。納付すべき税額も確定します。申告された税額に対することが「決定」と異なります（通法24）。
　相続税法の特則　相続税法35条

- 更正の請求　　　　　　　　　　　　　　　　　　　　　5-3-1

　提出した申告書に記載した**課税標準**や税額の計算が法律の規定どおりでなかったとか、計算に誤りがあったことにより納付した税額が過大になった場合に、所轄税務署長に対して減額の**更正処分**を求める請求です

（通法23①）。請求が認められると、納付税額の過大分が還付されます。法定申告期限から5年以内なら更正の請求ができます。それを過ぎると、特別な事由に限ってできます（同②）。いわゆる事後的更正の請求です。

  ・精選Q&A   4-Q1, 4-Q2, 6-Q3
  ▶遺産分割ができないうちに次の相続が開始した場合と特例の適用
  ▶相続財産の帰属が争われている財産

・**相続税法の特則（相法32）**

 相続税の申告書を提出した者について、その後に相続税法32条1項各号の事由が生じて税額が過大となった場合は、当該事由が生じたことを知った日の翌日から4か月以内に上記の更正の請求をして税金の還付をうけることができます。相続税には法定申告期限がありますが、それ以後に相続人の税額に影響を与える事由が生じることがあるからです。典型例が遺産分割です（相法32①一）。逆に申告税額に不足を生じた場合は、**修正申告**をすることができます（同31①）。

さ

- 財産評価基本通達   3-1-1

- 再代襲   1-2-5

- 債務控除   4-2-5
  →相続債務、相続債務控除

- 債務分割   4-4-5
  ・実務問答NOTE 3-2
  ▶遺産債務の分割協議
  ▶遺言による債務承継者の指定
  ▶遺産債務の分割協議

- 3年以内贈与   4-2-2

 被相続人から相続開始前3年以内に贈与によって財産を取得した相続人・受遺者については、その財産の価額を**相続税の課税価格**に加算します（相法19①）。民法では**特別受益**に該当しますが、相続税法には特別受益という概念がありません。

  ・基本解説   1-3-4, 1-3-5, 2-2-2, 2-2-4, 3-3-4, 4-1-1, 4-3-1,
         4-5-1, 4-5-3
  ▶相続の開始があった年に生前贈与があった場合

- 死因贈与　　　　　　　　　　　　　　　　　　　　　　　2-1-4

　　贈与者の死亡を契約の効力発生条件とする贈与をいいます（民法554）。**遺贈**と似ていますが、当事者間の契約による点が遺贈とは異なります。その性質に反しない限り遺贈に関する規定が準用されます。相続税法では、特に断りがない限り、遺贈と死因贈与は同じ扱いです。
　　　・精選 Q&A　　　　5-Q4
　　　・基本解説　　　　1-1-1, 1-2-1, 2-1-1, 4-3-2, 4-5-3, 4-5-4, 4-5-5, 5-1-1
　　　▶死因贈与のメリット
　　　▶死因贈与の受贈者が贈与者よりも先に死亡した場合
　・負担付死因贈与
　　　死因贈与の受贈者が贈与されるについて負担を課せられているものです。負担付遺贈と類似する面がありますが、条文がなく、契約であることから、負担の内容によっては困難な問題を生じさせることがあります。

- 時価　　　　　　　　　　　　　　　　　　　　　　　　　3-1-1

- 時効期間を経過した金銭債権　　　　　　　　　　　　　　3-1-3
　　　▶時効と相続財産

- 失踪宣告　　　　　　　　　　　　　　　　　　　　　　　1-1-2

　　所在不明のまま生死が7年間不明の場合は、家庭裁判所が失踪宣告をすれば、その人は法律上死亡したものと扱われます（民法31）それは相続が開始する原因です。家庭裁判所が相続人らの利害関係人の請求により宣告をします。
　　戦地に行ったり、沈没した船に乗船していたり、その他死亡の原因となるような危険な事故等に遭遇した人の場合は、戦争が止んだ後、船が沈没した後、あるいはその他の危難が去った後で生死が1年間不明であれば、同様に失踪宣告がされます（同30②）。

- 指定相続分
　　　→相続分

- 死亡退職手当金等　　　　　　　　　　　　　　　　　　　3-3-2

- 借地権の価額　　　　　　　　　　　　　　　　　　　　　3-2-2

- 借家権の価額　　　　　　　　　　　　　　　　　　　　　3-2-2

●修正申告　　　　　　　　　　　　　　　　　　　　　　5-2-2

　申告に係る課税標準又は税額等を修正する内容の申告のことです（通法19）。申告等の内容を自己の不利益に変更する申告であるのが特徴です。税務署長の**更正**があるまではできますが、更正後はできません。修正申告書を提出して認められると、以前に提出している申告書に係る税額等は自動的に変更されます（同20）。

　　　　・精選 Q&A　　　4-Q1, 4-Q2

・相続税法の特則

　相続税の申告書又は期限後申告書を提出した者について、次の事由（相法32①一から六）が生じて、すでに確定した相続税額に不足を生じた場合には修正申告書を提出することができます（相法31①）。なお、この事由は相続税の更正の請求の事由の一部とまったく同じです。
　① 未分割遺産の分割により、法定相続分で算出した課税価格と異なることになった。
　② 相続人の異動（認知など）。
　③ 遺留分減殺請求により、返還すべき金額又は**価額弁償金**の金額が確定
　④ 遺贈遺言書の発見又は遺贈の放棄等
　その他

●受益相続人　　　　　　　　　　　　　　　　　　　　　2-1-3

　本稿では、「相続させる遺言」で遺産を相続取得することを指名された相続人の意味です。

　　　　・精選 Q&A　　　5-Q1

●熟慮期間　　　　　　　　　　　　　　　　　　　　　　1-3-3

　相続人は、「自己のために相続の開始を知った時から3ヶ月以内」に放棄の手続きをしないでいると（限定承認をしない限り）単純承認したものとみなされます（民法921二）。この、放棄か承認か限定承認のいずれかを選択できる3か月間を熟慮期間 といいます。

　　　　・精選 Q&A　　　4-Q6
　　　　・実務問答 NOTE　2-2, 2-8
　　　▶熟慮期間の起算点の実務

●障害者控除　　　　　　　　　　　　　　　　　　　　　4-5-5

　障害者が相続人である場合に、障害者の生活保障の趣旨から、その者及び扶養義務者の相続税の負担を軽減する制度です。一般障害者は10万円、特別障害者は20万円に障害者が85歳に達するまでの年数を乗じた金額が控除金額です（相法19の4）。

　　　　▶扶養義務者の範囲

267

● 小規模宅地等
　→ 小規模宅地等の課税価格計算特例

● 小規模宅地等の課税価格計算特例　　　　　　　　　　　　　　4-2-4
　居住用の不動産は相続人らの相続後の生活の基盤であり、事業用の不動産は相続人が事業を承継する上で不可欠の資産です。これに対する相続税の負担を軽減して、居住用資産の維持や事業承継を税制面から支援するため、租税特別措置法によって、一定の居住用又は事業用の宅地等について大幅な課税価格の評価減を認めている特例のことです。
　本特例の適用を受けることのできる宅地等と最大評価減の割合は以下のとおりです。

　　特定事業用宅地等　　　　　　　80％減
　　特定居住用宅地等　　　　　　　80％減
　　特定同族会社事業用宅地等　　　80％減
　　貸付事業用宅地等　　　　　　　50％減
　　・精選 Q&A　　　　1-Q1, 1-Q2, 6-Q3
　　・実務問答 NOTE　　4-15
　　・基本解説　　　　3-2-2, 4-1-1, 4-3-2, 4-4-1, 4-4-4, 4-5-1,
　　　　　　　　　　　5-1-1, 5-3-2
　　▶遺産分割ができないうちに次の相続が開始した場合と特例
　　　の適用

● 承認
　→ 相続の承認

● 人格のない社団又は財団
　　権利能力なき社団
　　社団（ある一定の目的のもとに集まった人の団体）としての実質を備えているが法令上の要件を満たさないために法人としての登記ができない、または要件を満たしていても登記をしていないため法人格がない社団のことをいいます。「法人格なき社団」ともいいます。
　　所得税法では「法人でない社団又は財団で代表者又は管理人の定めがあるものをいう」と規定されています（所法２①八）。また、「単なる個人の集合体でなく、団体としての組織を有し統一された意思の下にその構成員の個性を超越して活動を行うもの」をいうとされています（所基通２−５）。

●推定相続人　　　　　　　　　　　　　　　　　　　　1-2

　現状で相続が開始すれば相続人となる者を指します。相続が実際に開始している場合に法律の規定で相続人になる**法定相続人**とは意味が少し違います。推定相続人であることが適用要件となる規定が民法等に見られます。民法892条（推定相続人の廃除）は「相続が開始した場合に相続人になるべき者」と定義しています。**廃除**の対象になるのは遺留分を有する推定相続人です。

　　　　・精選 Q&A　　　　7-Q2
　　　　・基本解説　　　　1-2-5, 1-3-2, 4-2-3

●制限納税義務者　　　　　　　　　　　　　　　　　　4-2-5
　　　　→無制限納税義務者

●生前贈与と遺留分　　　　　　　　　　　　　　　　　2-2-4
　　　　▶相続人に対する生前贈与は賢明か

●生命保険金等の非課税制度（非課税限度額）　　　　　　4-2-1

　みなし相続財産となる生命保険金等の一定額までは相続税の課税価格に算入されません（相法12①五）。つまり相続税が課税されません。
　　　　非課税限度額＝500万円×法定相続人の数
　各相続人が取得した死亡保険金等の合計額が、この計算式によって算出された金額の範囲内であれば、相続税は課税されません。

　　　　・基本解説　　　　1-2-2, 1-2-3, 1-2-5, 1-3-5, 2-1-2, 3-3-2,
　　　　　　　　　　　　　4-1-2, 5-3-3
　　　　▶相続放棄をした者が取得した生命保険金等

●生命保険金等とみなし相続財産　　　　　　　　　　　3-3-1
　　　　・巻末第10表、第12表
　　　　▶相続放棄をした者が取得した生命保険金等

●生命保険契約に関する権利の価額　　　　　　　　　　3-3-3
　保険契約の解約時に支払われる解約返戻金の金額がこれに相当します。
　　　　▶生命保険契約等に基づく年金の所得税課税問題

●葬式費用　　　　　　　　　　　　　　　　　　　　　4-2-5
　　　　・実務問答 NOTE　1-2, 3-6, 6-1
　　　　・基本解説　　　　1-2-6, 1-3-2, 3-3-4, 4-1-1
　　　　・巻末第15表
　　　　▶課税価格の合計額と各相続人らの相続財産

•相次相続控除　　　　　　　　　　　　　　　　　　4-5-6

•相続開始の年の贈与　　　　　　　　　　　　　　　　4-2-2

•相続欠格（相続の欠格）　　　　　　　　　　　　　　1-3-2
　民法891条一ないし五号に列記されている事由の一つでも相続人にあれば、当該相続人は相続権を失います。欠格者は受遺者にもなれません。相続欠格者の子は、被相続人の直系卑属である限り、被相続人の**代襲相続人**になります。
　　・基本解説　　　　1-2-2, 1-2-5, 4-1-2, 4-2-1
　　・巻末第3表、第4表

•相続財産　　　　　　　　　　　　　　　　　　　　　3-1-1
　　▶時効と相続財産
　　▶相続財産の帰属が争われている財産

•相続財産管理人　　　　　　　　　　　　　　　　　　1-2-6
　相続人の存在が明らかでない場合（民法951）、つまり相続財産法人が成立する場合、利害関係人又は検察官の請求によって家庭裁判所が選任する相続財産の管理人（民法952）。

•相続財産法人　　　　　　　　　　　　　　　　　　　1-2-6
　相続が開始しても相続人の存在が不明の場合に法律上自動的に成立する法人のことです（民法951）。

•相続債務（債務控除、相続債務控除）　　　　　　　　4-2-5
　相続税の課税価格の計算において、取得財産の価額から控除できる被相続人の債務です（相法13①）。相続人又は包括遺贈の受遺者は、その負担した債務（「**債務分割**」参照）の金額を取得財産の価額から控除します。控除できる相続債務は、確実と認められるものに限られます（相法14①）。葬式費用は、被相続人の債務ではありませんが、その負担者は相続債務と同様に取得財産の金額から負担額を控除できます（相法13①二）。
　　・実務問答 NOTE　2-5, 2-7, 2-8, 3-2, 3-6, 3-7, 4-15, 8-3
　　・基本解説　　　　1-3-3, 1-3-6, 2-2-2, 3-1-3, 3-3-4, 4-1-1,
　　　　　　　　　　　5-3-2
　　▶注意すべき相続債務（控除の可否）

- 相続させる遺言　　　　　　　　　　　　　　　　　　　2-1-3
　　→遺言
　　　　　　▶「相続させる遺言」による遺産取得相続人が遺言者より先
　　　　　　　に死亡した場合

- 相続時精算課税　　　　　　　　　　　　　　　　　　4-2-3, 2-2-4
　　贈与を受けた者が、受贈した年に低率（2,500万円までは課税なし）で計算した贈与税を支払い、後の相続では、当該受贈財産が存在すると仮定して他の相続財産と合計した相続税の課税価格をもとに相続税額を計算したうえ、当該贈与に係る納付贈与税額を控除した金額を相続税の納付税額とする課税方式です。贈与を受けた者が、受贈した年の贈与税申告に際して、通常の贈与税を納税するか精算課税による納税をするかを選択します（相法21の9以下）。
　　　　　　・基本解説　　　1-1-1, 1-2-1, 2-2-2, 4-1-1, 4-1-2, 5-1-1

- 相続税額の加算　　　　　　　　　　　　　　　　　　　4-5-1

- 相続税額の計算　　　　　　　　　　　　　　　　　　　4-3-1
　　　　　　・巻末第2表

- 相続税額の控除　　　　　　　　　　　　　　　　　　　4-5-1
　　　　　　▶遺言による債務承継者の指定

- 相続税課税案件・相続税非課税案件（課税案件・非課税案件）　4-1-2
　　課税遺産総額が遺産に係る基礎控除の金額を超える場合とそうでない場合の区分です。課税遺産総額が0円以下の相続事案であれば相続税は課税されません。課税案件というのは相続税が課税されるだけの遺産がある相続の案件を指します。当初（未分割の段階）は課税案件であっても、遺産分割が成立して小規模宅地等の課税価格の計算特例の適用により課税価格の合計額が減額して、結果として相続税が非課税になることもあります。非課税案件については相続税の申告は不要ですが、この場合は相続税の申告をしなければ特例の適用を受けられません。また、配偶者税額軽減特例が適用された結果、相続税非課税案件になる場合は相続税の申告を要します。
　　　　　　・実務問答 NOTE　4-18
　　　　　- 相続税の課税価格（の合計額）　　　　　　　　4-1-1
　　→課税価格の合計額
　　→課税価格
　　　　　　▶課税価格の合計額と各相続人らの相続財産
　　　　　　▶相続の開始があった年に生前贈与があった場合

- 相続税の申告義務　　　　　　　　　　　　　　　**5-1-1**
    ▶「相続の開始があったことを知った日」の意義

- 相続税の税額計算　　　　　　　　　　　　　　　**4-3-1, 4-3-2**
    1　**課税価格の合計額**を算出
    2　**基礎控除額**を控除して**課税遺産総額**を算出
    3　法定相続分による仮の取得金額に税率を乗じて**相続税の総額**を算出
    4　各相続人らの課税価額に応じて税総額を按分、各自の相続税額を算出
    5　税額の加算・控除をして各自の納付すべき税額を算出
       1・2は巻末第1表、3から5は巻末第2表で確認できます。

- 相続税の総額　　　　　　　　　　　　　　　　　**4-1-2, 4-3-1**
    相続税の総額は、**課税遺産総額**を相続税法15条2項に規定する相続人が法定相続分の割合で取得した場合の各自の取得金額に相続税の税率を乗じて算出した税額を合計したものです。受遺者を含む相続人らの相続税額は、それぞれの**課税価格**に応じて按分した金額になります。

- 相続税の納税義務者　　　　　　　　　　　　　　**1-2-1**

- 相続人の異動　　　　　　　　　　　　　　　　　**5-3-3**
    ・基本解説　　　1-1-2, 4-1-2

- 相続人の廃除　　　　　　　　　　　　　　　　　**1-3-2**
    →廃除
        ▶相続人廃除の効果と代襲相続
        ▶廃除者に対する遺贈

- 相続人の不存在　　　　　　　　　　　　　　　　**1-2-6**

- 相続の開始原因　　　　　　　　　　　　　　　　**1-1-1**

- 相続の欠格・廃除と税務　　　　　　　　　　　　**1-3-2**

- 相続の承認　　　　　　　　　　　　　　　　　　**1-3-3, 4-4-5**
    ・精選 Q&A　　　4-Q5, 4-Q6
    ・実務問答 NOTE　2-1, 2-3, 2-5, 3-1
    ▶相続の単純承認とみなされる処分行為等

●相続分（指定相続分、法定相続分） 1-3-1

　相続分とは、相続人が被相続人の権利・義務を承継・取得する割合です。相続人が１人なら相続財産全部に対して承継する権利、すなわち100％の相続分を持っているわけですが、相続人が複数の場合は、各共同相続人はその相続分に応じてその権利義務を承継します（民法899）。
　　　▶遺言による債務承継者の指定

・指定相続分

　指定相続分は遺贈者が指定した相続分です。相続税法では、遺言によって相続分の指定がされていた場合は、それによって相続人の相続税額の計算の基礎になる取得財産の価額も決まりますから、相続税額決定の重要な要因です（いわゆる「**相続させる遺言**」は、遺言による相続分指定の典型例です）。

　　・精選 Q&A　　　　4-Q4
　　・基本解説　　　　1-3-4, 1-3-6, 4-4-1, 4-4-2, 4-4-5, 4-4-7

・法定相続分 1-3-1,2-1-3

　民法が定める相続人の相続分の割合です（民900－902）。**特別受益**を受けて修正された相続分も法定相続分です（同903）。**寄与分**が認められた相続人の相続分も同様ですが（同904の２①）、相続税法55条（未分割遺産の相続人らが取得したものとみなされる相続分）では除外されています。

　　・精選 Q&A　　　　1-Q1, 1-Q2, 2-Q1, 7-Q1
　　・基本解説　　　　1-2-3, 1-2-7, 5-3-2
　　・実務問答 NOTE　1-10, 3-2, 4-1, 4-14, 5-2
　　・巻末第９表
　　▶遺言による債務承継者の指定

●相続分の指定 1-3-1
　→指定相続分

●相続分の譲渡 4-4-7
　　・精選 Q&A　　　　4-Q3
　　・実務問答 NOTE　4-4
　　▶相続分譲渡の法律問題
　　▶相続人間での相続分の譲渡があった場合

●相続分の放棄
　　・実務問答 NOTE　1-13, 2-7

273

●**相続放棄（放棄、相続の放棄）**　　　　　　　　　　　　　　　**1-3-3, 4-1-2**

　被相続人の権利・義務を承継しないことを宣言する意思表示です。相続を放棄した者は初めから相続人とならなかったとみなされます（民法939）。相続税法でも、相続人ではない取り扱いになりますが、**遺産に係る基礎控除**や**相続税の総額**を計算する際の「相続人の数」には含めていますから注意が必要です。

　消極遺産である相続債務は、被相続人が発生させたもので相続人が発生させたものではありませんから、相続人はこれを放棄して債務の承継を拒否できます。ただし、自己のために相続の開始があったことを知った時から3か月以内（**熟慮期間**）に放棄の申述をする必要があります（民法915）。

　　・精選 Q&A　　　　4-Q5, 4-Q6, 7-Q2
　　・基本解説　　　　1-2-2, 1-2-5, 2-1-5, 2-2-1, 3-3-2, 3-3-4,
　　　　　　　　　　　4-2-1, 4-4-5, 4-5-3, 4-5-6, 4-5-2, 5-3-3
　　・巻末第3表、第4表
　　▶事実上の相続放棄

●**相続又は遺贈により取得した財産**　　　　　　　　　　　　　　　**5-1-1**

　相続税の課税対象となる財産です。遺贈には**死因贈与**も含みます。相続税の課税対象には「**みなし相続財産**」も該当します。相続又は遺贈により財産を取得した者が相続税の納税義務者です（相法1の3）。

　　・巻末第8表

●**贈与税額控除**　　　　　　　　　　　　　　　　　　　　　　　　**4-5-1**

　相続又は遺贈により財産を取得した者について、**相続税の課税価格に加算された贈与**（**3年以内贈与**）がある場合は、納付されている贈与税額を、算出された相続税額から控除します（相法19①）。

　　・基本解説　　　　4-1-1, 4-3-1

●**贈与税の配偶者控除（贈与税の配偶者控除額）**　　　　　　　　　**4-2-2**

　婚姻期間が20年以上の配偶者から、居住用不動産又はそれを取得するための金銭を贈与された者は、その贈与財産に係る贈与税の課税価格から2,000万円を控除することができます（相法21の6①）。これが「贈与税の配偶者控除」、その控除額が「贈与税の配偶者控除額」です。

●**損害賠償請求権と相続税**　　　　　　　　　　　　　　　　　　　**3-1-3**

た

- **胎児と相続税**　　　　　　　　　　　　　　　　　　　　1-2-4
  ・基本解説　　　1-2-2, 4-1-2, 5-2-1, 5-2-2, 5-3-3

- **代襲原因**　　　　　　　　　　　　　　　　　　　　　　1-2-5

　代襲相続が生じる原因です。相続開始「以前」に被代襲者（子又は兄弟姉妹）が死亡していることが主たる代襲原因ですが、被代襲者が**相続欠格者**（民法891）であること、**廃除の審判を受けていること**（民法892）も代襲原因です。同時死亡が推定される場合（民法32の2）も代襲原因になります。

- **代襲相続（代襲相続人）**　　　　　　　　　　　　　　　1-2-5

　推定相続人である子又は兄弟姉妹が、相続の開始以前に死亡した場合又は廃除・相続欠格によって相続権を失ったときに（**代襲原因**）、その子（直系卑属）がその者に代わって相続することを「代襲相続」といい、その者を「代襲相続人」といいます（民法887②、889②）。代襲相続の効果は、代襲相続人が被代襲者の相続分を相続することです。代襲相続人が複数の場合は、各代襲相続人の相続分は法定相続分（民法900）の割合で相続することになります（民法901）。

　　・実務問答 NOTE　4-11, 4-12
　　・基本解説　　　1-1-1, 1-2-2, 1-2-3, 1-3-1, 2-1-3, 4-1-2, 4-5-2, 5-3-3
　　・巻末第3表、第4表
　▶代襲相続の要件
　▶養子の代襲相続
　▶代襲相続人がいる場合の例（相続人の数）

- **代償財産（代償金・代償債務）**　　　　　　　　　　　　4-4-2

　代償分割において、代償財産が金銭である場合あるいは代償債務の内容が金銭の場合の支払金員です。代償分割は代償金を支払う債務を負担することによる方法がほとんどです。

　遺産分割を命じる審判において、超過相続分の調整金として支払を命じられる金員も代償金です。

　　・精選 Q&A　　　4-Q3
　　・実務問答 NOTE　4-2, 4-17

- 代償分割　　　　　　　　　　　　　　　　　　　　　　　　4-4-2

　「代償分割」とは、共同相続人又は包括受遺者のうち1人又は数人が相続又は**包括遺贈**により財産の現物を取得し、その現物を取得した者が他の共同相続人又は包括受遺者に対して債務（代償債務）を負担する方法による遺産分割です（相基通19の2-8（注））。**代償債務**を負担させる方法として家事事件手続法195条に規定があります。

　代償債務の内容は、金銭（代償金）の支払いの他に、土地等の財産の譲渡を債務の内容とすることもできます。代償債務は、それを負担した相続人が取得した財産の課税価格から控除できます。代償債権を取得した相続人に対しては、当該代償債権が取得財産となって相続税が課税されます。

　▶代償金の取得費性

- 退職金等の相続税と所得税　　　　　　　　　　　　　　　　3-3-2

- 退職手当金等　　　　　　　　　　　　　　　　　　　　　　3-1-3

- 嫡出でない子　　　　　　　　　　　　　　　　　　　　　　1-2-7
　▶平成25年最決（嫡出でない子の相続分差別違憲決定）の影響

- 定期金に関する権利　　　　　　　　　　　　　　　　　　　3-3-3

- 停止条件付き遺贈　　　　　　　　　　　　　　　　　　　　2-1-1

- 同時死亡の推定　　　　　　　　　　　　　　　　　　　　　1-1-1

　複数の人が死亡した場合に、そのうちの一人が他の人が死亡した後も生存していたことが不明のときは、その人らは同時に死亡したものと推定されることをいいます（民法32条の2）。この推定の効果は、同時死亡が推定される者の間では互いに相続をしないことにあります。

- 当初申告要件（申告要件）　　　　　　　　　　　　　　　　4-5-3

　期限内申告（当初申告）において、特例等の適用を受けるべき金額などを申告書に記載し、または書類を添付していなければ、後の更正の請求等では適用を認めないという規定が特例規定には多いのですが、これを「当初申告要件」といいます。平成23年度税制改正時に多くが廃止されています。相続税関係では「配偶者の税額軽減特例（相法19の2）」について廃止されています。

- 特殊な債権の評価   3-1-3

- 特定遺贈   2-1-2
  → 遺贈

- 特定居住用宅地等   4-2-4

- 特定事業用宅地等   4-2-4

- 特定贈与財産   4-2-2

  相続税法21条の6（贈与税の配偶者控除）、1項に規定されている婚姻期間が20年以上の配偶者に対する贈与で、居住用財産又はその取得のための金員の贈与を意味します。2,000万円までが非課税とされています。いわゆる**3年以内贈与**からは除外されています（相法19①括弧書き）。

  ▶特定贈与財産の要件と加算されない課税価格

  ・特定贈与財産の要件

  次の①から④に該当する贈与です。
  ① 配偶者に対する贈与であること
  ② 婚姻期間が贈与の年において20年以上であること
  ③ 居住用不動産又はその取得のための金員の贈与であること
  ④ 取得の年の翌年3月15日までに次のいずれかである場合
  　a 居住用不動産の場合は受贈者の居住の用に供するとともに、以後も供する見込みであること
  　b 居住用不動産取得のための金銭をもって取得して、これを受贈者の居住の用に供するとともに、以後も供する見込みであること

- 特定贈与者   2-2-4, 4-2-3

  相続時精算課税選択届出書に係る贈与者のことです（相法21の9⑤）。つまり、受贈者が相続時精算課税を選択した場合の贈与者です。その受贈者を「相続時精算課税適用者」といいます（同）。

- 特定同族会社事業用宅地等   4-2-4

● 特別縁故者　　　　　　　　　　　　　　　　　　　　3-3-4
　　相続人が存在しないことが法的に確定した場合に、家庭裁判所の審判によって、相続財産の全部又は一部を分与される被相続人と特別な関係にあった者です。特別縁故者は、分与された相続財産を遺贈により取得したものとみなされます（相法4）から相続税の申告義務があります（**相続税課税案件**の場合）。
　　　　　・基本解説　　　　1-1-1, 1-2-1, 1-2-6, 5-1-1, 5-2-2, 5-3-1
　　　　　・巻末第14表
　　　　　▶どんな人が特別縁故者になるのか

● 特別受益（特別受益者、具体的相続分、持戻し）　　1-3-4, 2-1-3, 4-2-2
　　他の相続人とは別に被相続人から得た経済的利益です。この利益を得ている相続人を特別受益者といいます。民法では、共同相続人の中の「被相続人から、遺贈を受け、又は婚姻若しくは養子縁組のため若しくは生計の資本として贈与を受けた者」と規定されています（民法903①）。
　　　　　・精選 Q&A　　　　1-Q7
　　　　　・実務問答 NOTE　2-7, 4-11, 4-12, 4-13, 7-7
　　　　　・基本解説　　　　2-1-3, 2-2-2, 2-2-4, 4-2-2
　・**具体的相続分・持戻し**
　　　　特別受益の相続分は、相続開始時の遺産に特別受益の価額を加算して取得相続財産を計算します（持戻計算）。この加算が「持戻し」です。この持戻しによって計算された相続財産に、各相続人の法定又は**指定相続分**（民法900～902）を乗じて、そこから**特別受益**の価額を控除したものが特別受益者の「具体的相続分」になります（民法903①）。

● 特別養子　　　　　　　　　　　　　　　　　　　　　1-2-3
　　→養子
　　　　　▶養子の実親との相続関係

● 土地の評価　　　　　　　　　　　　　　　　　　　　3-2-1

───────────────── な ─────────────────

● 2割加算　　　　　　　　　　　　　　　　　　　　　4-5-2
　　相続税法の規定により算出された相続税額の2割相当額を増額する制度です。被相続人との関係が、一親等の血族及び配偶者以外という理由だけで一律に税額が増額される特殊な制度です。
　　　　　・基本解説　　　　1-3-3, 2-1-3, 2-1-4, 3-3-4, 4-1-1, 4-5-1
　　　　　・巻末第16表

- 認定死亡　　　　　　　　　　　　　　　　　　　　1-1-2

　認定死亡は、人の死亡が確認できない場合に死亡を認定するものです。公に死亡と認定されますから、相続開始の原因となります。認定死亡はあくまで推定です。生存が証明されれば死亡という効果は生じません。**失踪宣告**のように家庭裁判所に取消しの審判（民法32）を求める必要はありません。

- 納税義務の成立　　　　　　　　　　　　　　　　　　2-1-1

- 納税義務者　　　　　　　　　　　　　　　　　　　　1-2-1

　相続又は遺贈（死因贈与を含む）により財産を取得した個人です（相法1の3）。法定相続人、受遺者、死因贈与の受遺者がこれに該当します。これが納税義務者の範囲です。なお、法人は受遺者になれますが、遺贈財産は法人の益金になるだけで、法人が相続税の納税義務者になることはありません。

　　　・基本解説　　　1-2-5, 1-3-3

は

- 廃除（相続の廃除）　　　　　　　　　　　　　　　　1-3-2

　遺留分を有する**推定相続人**の相続権を剥奪する制度です（民法892）。被相続人は、自己を虐待したり、重大な侮辱を加えたり、相続人に著しい非行があった場合にはその相続人の相続権を剥奪することができます。ただし、廃除された相続人でも遺贈によって財産を取得することはできます。廃除された相続人の子は被相続人の直系卑属である限り、被相続人の**代襲相続人**になります。

　　　・実務問答NOTE　7-9
　　　・基本解説　　　1-2-2, 1-2-5, 2-2-1, 3-3-2, 3-3-4, 4-1-2,
　　　　　　　　　　　4-2-1, 4-5-2, 5-2-1, 5-2-2, 5-3-3
　　　・巻末第3表、第4表
　　　▶廃除者に対する遺贈
　　　▶相続人廃除の効果と代襲相続

● **配偶者税額軽減特例**　　　　　　　　　　　　　　　　　　　4-5-3, 5-3-2

　　配偶者には、原則として、法定相続分に相当する相続財産の取得については相続税が課税されません。その取得財産の課税価格が1億6,000万円に満たない場合も同様です（相法19の2）。本書ではこれを「配偶者税額軽減特例」と称しています。「配偶者控除」と称するのも見かけますが、所得税法上の配偶者控除と区分しています。

　　遺産分割ができている財産が対象ですが、遺産分割を経ていなくても、すでに配偶者の取得が確定している相続財産については適用があります。

　　　　・精選 Q&A　　　　1-Q1, 1-Q2, 1-Q3, 6-Q2
　　　　・実務門答 NOTE　　1-9, 4-10, 4-15, 5-1
　　　　・基本解説　　　　　4-4-4, 4-4-6, 4-5-1, 5-1-1, 5-3-2
　　　▶遺産分割ができないうちに次の相続が開始した場合と特例
　　　　の適用
　　　▶遺産金額の払戻しと配偶者税額軽減特例の適用
　　　▶申告漏れ遺産の配偶者取得と特例の適用

● **半血の兄弟姉妹**　　　　　　　　　　　　　　　　　　　　　　1-2-7

● **非課税限度額**　　　　　　　　　　　　　　　　　　　　3-3-2, 4-2-1
　　→生命保険金等の非課税制度
　　　　　▶相続放棄をした者が取得した生命保険金等

● **非課税財産（相続税法）**

　　相続又は遺贈によって取得した財産ではあっても**相続税の課税価格に**算入しない財産です。課税に対する例外ですから、相続税法に規定されたものに限られます。墓所・霊びょう・祭具（相法12①二）、公益事業用財産（相法12①三）のほかに、特殊ですが、実務上重要なものとして、生命保険金、退職手当金等の一定額を限度とする金額（相法12①五・六）などが非課税とされます。

　　　　・基本解説　　　　　3-1-3, 4-1-1, 4-2-2

● **評価の補正**　　　　　　　　　　　　　　　　　　　　　　　　3-2-1

● **複利年金現価率**　　　　　　　　　　　　　　　　　　　　　　3-3-3

● **複利年金終価率**　　　　　　　　　　　　　　　　　　　　　　3-3-3

● **負担付遺贈**　　　　　　　　　　　　　　　　　　　　　　　　2-1-1

- 扶養義務者の控除　　　　　　　　　　　　　　　　4-5-4, 4-5-5
    ▶扶養義務者の範囲

- 平成25年最決　　　　　　　　　　　　　　　　　　1-2-7
    ▶平成25年最決（嫡出でない子の相続分差別違憲決定）の影響

- 包括遺贈（遺贈）　　　　　　　　　　　　　　　　　2-1-2
    →相続分

- 放棄　　　　　　　　　　　　　　　　　　　　　　1-3-3
    →相続放棄

- 法定相続人　　　　　　　　　　　　　　　　　　　1-2-2
    民法の定める順位により相続人となる者をいいます。
    法定相続人であっても、相続を**放棄**すると相続開始の時から相続人でなかったことになりますから、相続権を有していません。しかし、相続税法では、**遺産に係る基礎控除額**や**相続税の総額**、あるいは生命保険金等又は退職手当金等の非課税限度額を計算する場合の「相続人の数」に放棄相続人を含めることになっています（相法15①、16、12①五イ、六イ）。
    また、養子の場合は、その「相続人」について制限があります（相法15②）。

- 法定相続分　　　　　　　　　　　　　　　　　　1-3-1, 2-1-3
    →相続分

- 保証期間付定期金に関する権利　　　　　　　　　　　　3-3-3

――― ま ―――

- 未成年者控除　　　　　　　　　　　　　　　　　　4-5-4
    ▶2回目以後の未成年者控除の計算
    ▶扶養義務者の範囲

- みなし相続財産（みなし遺贈財産）　　　　　　3-1-1, 3-3-1, 3-3-2
    民法上の相続財産ではありませんが、相続税法によって特に「相続又は遺贈によって取得した」ものとみなされる財産を意味します。死亡保険金は典型例ですが、みなし相続財産となるのは被相続人が負担した保険料金額の割合相当額です。受取人が相続人以外の場合はみなし遺贈になります。**特別縁故者**が分与された財産はみなし遺贈財産です。

・精選 Q&A　　　　1-Q4
　　　・実務問答 NOTE　2-6, 4-10
　　　・基本解説　　　　1-3-5, 4-1-2, 3-1-3, 3-3-3, 4-2-1
　　　・巻末第10表
　　　▶相続放棄をした者が取得した生命保険金等
　　　▶みなし相続財産の種類

●無制限納税義務者
　取得した財産が日本にあるか外国にあるかを問わず、その取得したすべての財産について相続税の納税義務を負うのが「無制限納税義務者」です。
　相続財産を取得した日本人は、日本に住所がなくても、日本国籍を有している限り、5年以上日本から出ていて住所を日本国内に持っていない場合を除いて、相続又は遺贈によって取得したすべての財産について納税義務があります。

　・制限納税義務者
　　日本にある財産についてのみ相続税の納税義務を負うのが「制限納税義務者」です。
　　　・基本解説　　　　4-2-5, 4-5-4

●持戻し　　　　　　　　　　　　　　　　　　　　　　　1-3-4, 2-2-4
　→特別受益

――――――――――――――――――― や ―――――――――――――――――――

●遺言　　　　　　　　　　　　　　　　　　　　　　　　　　　2-1-3
　被相続人が遺産について相続人の取得割合、分割方法、遺産の取得者などを指定する法定の書面です。自筆証書遺言、公正証書遺言などがあります。遺言は、被相続人が死亡した時点で効力が生じます。

　・相続させる遺言　　　　　　　　　　　　　　　　　　　　　2-1-3
　　遺産分割方法及び分割割合を指定する遺言です。相続人に対してのみできます。相続人でない者に対しては、遺贈はできても相続させる遺言はできません。特段の事情がないかぎり、何らの行為も要せずに、相続開始と同時に対象財産は「相続させる」と指名された相続人（受益相続人）が取得します。
　　　・精選 Q&A　　　　2-Q2, 2-Q4, 4-Q4, 5-Q1, 5-Q2, 6-Q3, 7-Q2
　　　・実務問答 NOTE　7-1, 7-2, 7-4
　　　・基本解説　　　　1-3-1, 1-3-4, 2-2-1, 2-2-2, 4-5-3
　　▶法人に対する資産の遺贈又は死因贈与
　　▶相続させる遺言

•養子　　　　　　　　　　　　　　　　　　　　　　　　　　1-2-3

　血族関係ではなくて、法律により「子」とされる者です。養子縁組という合意をして、それを戸籍法にもとづいて届け出ることによって形成される親子関係です。養子は養親の血族との間で法定血族関係になります（民法727）。法律上の権利義務は実子と変わりませんが、相続税においては、**遺産に係る基礎控除額**を算定する相続人の数に制限があります（相法15②）。被相続人に実子がいる場合は1人まで、実子がいない場合は2人までと制限されています。もとより、養子には実子と同じ相続権がありますし、その関係では制限はありません。

　　　　▶養子の実親との相続関係
　　　　▶養子の代襲相続
　　　　▶養子の重複身分関係と相続分の例

・特別養子　　　　　　　　　　　　　　　　　　　　　　　　1-2-3

　民法817条の2　1項の規定による特別養子縁組により養子となった者です。養子の実方の父母等との親族関係が終了します（民法817の9）。上記の相続人の数の制限は受けません。

――――――――――――――　ら　――――――――――――――

•累進課税（累進税率）

　課税標準額が高くなるほど、より高い税率を課する課税方式のことを累進課税といいます。所得税法では、納税者の所得が多いほど高い税率で課税がされています。相続税法も同じです。累進課税に適用される税率のことを累進税率といいます。

　　　・精選Q&A　　　　7-Q1
　　　・基本解説　　　　1-2-7, 1-3-2

•路線価図の見方　　　　　　　　　　　　　　　　　　　　　　3-2-1

図表一覧

第1表

【課税遺産総額の計算の流れ】

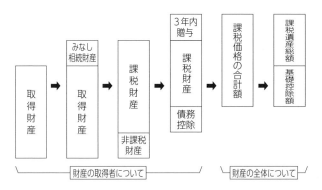

【課税遺産総額の計算】

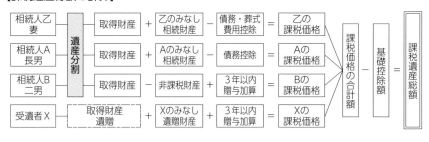

第2表

【相続税額計算の流れ】

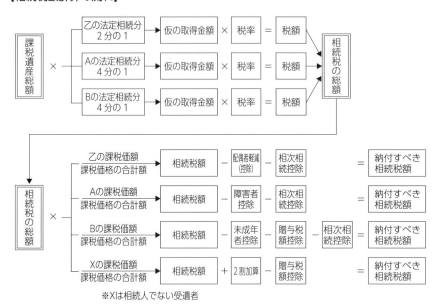

※Xは相続人でない受遺者

〔第3表〕

【相続人の相続権及び相続税法】

被相続人との関係		相続権（相続分）	相続税法	備　考
配偶者		常に相続人	配偶者軽減特例	
子		第1順位相続人		
孫		なし 代襲相続		子に代襲原因があれば相続人。
父・母		第2順位相続人		子を代襲しない。
祖父母		同	2割加算	父母を代襲しない。
兄弟姉妹	父母を同じくする	第3順位相続人	2割加算 遺留分なし	
	父母の一方のみを同じくする	同上 父母を同じくする兄弟姉妹の2分の1	2割加算 遺留分なし	
甥・姪		なし 代襲相続	代襲相続した場合は2割加算	兄弟姉妹に代襲原因があれば相続人
養子		第1順位相続人	相法15①の相続人としては制限がある（同②）	相続税に係る基礎控除を計算する際の相続人の数
養子の子	縁組前の子	なし		被相続人とは他人
	縁組後の子	なし 代襲相続	相法15①の相続人としての養子制限はない	養子に代襲原因があれば相続人
胎児		あり	相法15①の相続人には含めない	出生が停止条件
相続放棄者		なし	相法15①相続人	非代襲原因
上記の子		なし		代襲しない
廃除された相続人		なし		代襲原因
上記の子		代襲相続	相法15①相続人	
相続欠格相続人		なし		代襲原因
上記の子		代襲相続	相法15①相続人	

※代襲原因：代襲相続が生じる原因（▶**代襲相続の要件**）
※相法15①相続人：**遺産に係る基礎控除額**を算定する際に600万円に乗じる相続人
　なお、相法12①五イ・同六イ（生命保険金等、死亡保険金等の**非課税限度額**）の相続人として引用されています。
※2割加算：納付相続税額が自動的に2割加算されます（「**2割加算**」）

第4表

【相続の放棄・廃除・欠格と相続税法・民法の適用関係整理】

民法・相法 \ 相続人	放棄した相続人	廃除された相続人	相続欠格相続人	備　考
相続権	なし			相続権を喪失させる
遺留分	なし			
相次相続控除	適用なし			遺贈、死因贈与によって財産を取得したとしても「相続人」ではない。
代襲相続	子は代襲できない	子は代襲できる	子は代襲できる	相続放棄は代襲原因にならない。
基礎控除額計算	相法15①の「相続人の数」にカウントする。	代襲相続人は相法15①の「相続人の数」にカウントする。		3,000万円＋600万円×相続人の数＝遺産に係る基礎控除額
生命保険金等、死亡退職手当金等の取得	みなし相続財産 非課税枠の利用はできない			対象は相法3①一・二に規定する「みなし相続財産」。
生命保険金等、死亡退職手当金等の非課税限度額の計算	放棄者も相法12①五イの「相続人の数」にカウントする	代襲相続人は相法12①五イの「相続人の数」にカウントする		500万円×相続人の数＝非課税限度額（非課税枠）
債務控除	できない			遺贈、死因贈与によって財産を取得した場合が問題になる。
				葬式費用は控除できる。

※生命保険金等が「**みなし相続財産**」となるのは被相続人が保険料を負担した部分です。
※死亡退職手当金等が「みなし相続財産」となるのは、被相続人の死亡後3年以内に支給が確定した場合です。

第5表

【相続税額速算表】

平成26年12月末日までに開始する相続				平成27年1月1日以後に開始する相続			
各相続人の取得金額	税率	控除額		各相続人の取得金額	税率	控除額	
1,000万円以下	10%	0円		1,000万円以下	10%	0円	
3,000万円以下	15%	50万円		3,000万円以下	15%	50万円	
5,000万円以下	20%	200万円		5,000万円以下	20%	200万円	
1億円以下	30%	700万円		1億円以下	30%	700万円	
3億円以下	40%	1,700万円		2億円以下	40%	1,700万円	
3億円超	50%	4,700万円		3億円以下	45%	2,700万円	
				6億円以下	50%	4,200万円	
				6億円超	55%	7,200万円	

第6表

【共同相続人と遺留分の割合例】

相続人	遺留分	各相続人の遺留分	備 考
子ども3人	2分の1	子ども 各 6分の1	
配偶者と子ども3人	2分の1	配偶者 4分の1 子ども 各 12分の1	同
配偶者と直系尊属	2分の1	配偶者 6分の2 直系尊属 6分の1	例えば妻と母親が相続人の場合
配偶者と兄弟姉妹	2分の1	配偶者 2分の1	兄弟姉妹に遺留分はない
直系尊属の父母	3分の1	父母 各 6分の1	父母のいずれかのみが相続人の場合は3分の1
兄弟姉妹	0	・兄弟姉妹が同順位の共同相続人になるのは配偶者のみ ・兄弟姉妹に遺留分はない	

（第7表）

【法定相続人に対する生前贈与と相続税の課税価格加算及び遺留分】

生前贈与の時期（受贈者について）		課税価格加算[※1]	遺留分算定[※2]
相続開始前3年以内贈与		○	○
相続開始前3年超贈与	精算課税選択	○	○
	精算課税非選択	×	○

※1 「課税価格加算」は、相続税の課税価格に生前贈与財産の価額を加算するものです（相法19①、21の15①）
※2 「遺留分算定」は、遺留分の基礎となる価額を算定する場合に、被相続人の財産に加える財産の価額の意味です（民1029①、1030）。

（第8表）

【相続又は遺贈により財産を取得した者】

取得原因	相続財産取得者	取得財産の確定	備　考
相続	法定相続人	遺産分割	未分割でも納税義務はある
遺言	受遺者	特定遺贈の目的財産	包括遺贈は遺産分割をする
	相続人	相続させる遺言	
死因贈与	受贈者	贈与契約の目的財産	
遺留分減殺請求	遺留分権利者	返還される財産の額又は価額弁償金の額	遺留分減殺請求をした相続人は相続税の申告をする
代償金受領	代償金受領相続人	遺産分割	代償金は相続によって取得した財産
相続分の譲受	譲受人（相続人）	遺産分割	対価は控除できる
相続財産の分与	特別縁故者	家裁の分与決定	遺贈による取得とみなされる

第9表

【法定相続人の相続分】

	相続人	相続分	
I	配偶者と 子（実子・養子）	配偶者　2分の1 子　　　2分の1	子が複数いるときはそれぞれ均等割合（民900四本文）
II	配偶者と直系尊属	配偶者　　3分の2 直系尊属　3分の1	直系尊属が複数いるときはそれぞれ均等割合（同）
III	配偶者と兄弟姉妹	配偶者　4分の3 兄弟姉妹　4分の1	兄弟姉妹のうち、父母の一方のみを同じくする者は父母の双方を同じくする者の2分の1（同但書）
IV	配偶者のみ	全部	
V	直系尊属のみ、子のみ、兄弟姉妹のみ	それぞれ同一親族間で均等の割合	父母の一方のみを同じくする兄弟姉妹についてはIIIの場合と同じ

第10表

【みなし相続財産になる財産と相続・遺贈の別】

相続又は遺贈	財産の種類
相続人が取得➡相続 相続人ではない者が取得➡遺贈	みなされる金額（払込総額に対する割合）
相続又は遺贈により 取得したとみなされる	死亡生命・損害保険金（相法3①一）
	被相続人が負担した保険料金額の割合相当額
	死亡退職手当金等（同二）
	相当と認められる限り全額
	生命保険契約に関する権利等（同三）
	被相続人が負担した保険料金額の割合相当額
	定期金契約に関する権利（同四）
	被相続人が負担した保険料・掛金金額の割合相当額
	保証期間付定期金に関する権利（同五）
	被相続人が負担した掛金・保険料金額の割合相当額
	契約に基づかない定期金に関する権利（同六）
	定期金に関する権利
遺贈により取得したとみなされる	特別縁故者に対する分与財産（相法4）
	低額譲渡（同7）
	債務免除益等（同8）
	その他の利益（同9）
	信託に関する権利（同9の2）
	特別の法人から受ける利益（同65）

第11表

【相続人となる養子の数】

被相続人の実子の有無	相続人の数に含める養子の人数
いる	1人のみ
いない	2人まで

※相続税法15条1項の「相続人」です。

第12表

【死亡保険金の課税関係一覧表】

被保険者	保険金受取人	保険料負担者	課税関係
被相続人	相続人	被相続人	相続税
被相続人	第三者	被相続人	相続税(遺贈)
被相続人	相続人	相続人	所得税(一時所得)
被相続人	相続人	第三者	贈与税 (第三者から相続人に対する贈与)

第13表

【相続人らが取得する退職金等の相続税と所得税】

	相続人らが受ける退職金等		課税関係	備考
相続人らが取得する	被相続人の死亡によって支給される死亡退職手当金、功労金等	被相続人の死亡後3年以内に支給が確定	相続税	相法3①二 みなし相続財産（非課税枠がある相法12①六） 所得税は非課税（所法9①十六）
		被相続人の死亡後3年を超えてから支給が確定	所得税 （一時所得）	所基通34－2 相続税は非課税
被相続人の権利を相続人らが承継する	被相続人の生前退職による退職手当金等	支給されるべき額が、被相続人の死亡前に確定しなかったもので、被相続人の死亡後3年以内に確定したもの	相続税	相法3①二 みなし相続財産（非課税枠がある相法12①六） 所得税は非課税（所法9①十六） 相基通3－31
	被相続人が受けるべきであった賞与で、その額が被相続人の死亡後に確定したもの		相続税	相基通3－32 本来の相続財産（非課税枠がない） 所得税は非課税（所基通9－17）
	相続開始時に支給期の到来していない俸給、給与等		相続税	相基通3－33 本来の相続財産（非課税枠がない） 所得税は非課税（所基通9－17）
	被相続人の生前に支給が確定している退職金等（死亡後に相続人らが取得するもの）		相続税 （被相続人の退職所得等）	支給が死亡後であっても税引後の額が相続財産に算入される

（注）「支給が確定」とは、被相続人に支給されるべきであった退職手当金等の額が確定することです。株主総会での決議等によって決定されます。実際に3年以内支給されることが要件ではありません（相基通3-30）。

第14表

【特別縁故者に対する課税関係整理】

対象事由	課税関係	備考
取得形態	遺贈	相法4（みなし規定）
課税	相続税	
	法人税	特別縁故者が法人の場合
申告期限	分与審判確定から10か月以内	相法29
適用法令等	相続開始時の相続税法等	神戸地判昭58・11・14
財産評価	分与審判確定時の財産の時価	相法4
基礎控除	3,000万円	相法15 相続の放棄者がいない場合
兄弟姉妹等加算	2割加算	相法18
3年内贈与	課税価格に加算	相法19
債務控除	なし	相続人ではない
葬式費用等	控除できる	相基通4－3

第15表

【葬式費用】

控除できるもの	控除できないもの
・葬式・通夜費用 ・粗供養・会葬御礼費用 ・相当な範囲の会食費、奉仕者謝礼 ・遺体運搬費用 ・寺院費用（お布施、読経料、戒名料等） ・火葬、埋葬、納骨費用 ・遺体捜索、回収費用（事故の場合）	・香典返し ・霊園等墓地の購入又は借入費用 ・墓石の購入費用 ・仏壇・仏具の購入費用 ・初七日、忌明けなどの法事費用

(第16表)

【2割加算規定適用関係】

被相続人との関係	適用の有無	2割加算の有無
妻	なし	加算なし
子	なし	加算なし
養子	なし	加算なし
父母	なし	加算なし
兄弟姉妹	あり	2割加算
孫養子	あり	2割加算
代襲相続人である孫	なし	加算なし
代襲相続人である甥・姪	あり	2割加算
放棄している一親等受遺者	なし	加算なし
廃除された一親等受遺者	なし	加算なし

(第17表)

【税務署長の承認事由と更正の請求の起算日】　　　　　　　　　　　(相令4の2①)

遺産が未分割であることについてのやむを得ない事由 （相続税の申告期限の翌日から3年を経過する日において、以下の事由があること）	更正の請求の期限 （以下の日の翌日から4か月）
その相続又は遺贈に関する訴えが提起されている場合（和解又は調停の申立てがされている場合は、その申立ての時に訴えの提起がされたものとみなされる時を含む）	判決の確定又は訴えの取下げの日その他その訴訟の完結の日
その相続又は遺贈に関する和解、調停、審判の申立てがされている場合	これら申立てに係る事件の終了の日（和解、調停の成立、審判の確定、各申立ての取下げなど）
その相続又は遺贈に関し、遺産の分割が禁止され、又は相続の承認若しくは放棄の期間が伸長されている場合	その分割が禁止されている期間又は伸長されている期間が経過した日
その他、税務署長がやむを得ない事情があると認める場合	その事情の消滅の日

◆編著者紹介

山名　隆男（やまな・たかお）

弁護士・税理士

1968年3月　立命館大学法学部　　　卒業

元立命館大学大学院法務研究科教授

現立命館大学大学院法学研究科講師

[主な論文・著書]

「未必的所得に対する課税問題」税研56号、第17回日税研究賞優秀賞

「実現前権利の課税問題」　立命館法学352号　他

『遺産分割の法律と税務』（清文社）

『弁護士業務にまつわる税法の落とし穴（三訂版)』

　　（共著・大阪弁護士会協同組合）

『実務家のための税務相談―民法編（第2版)』（共著・有斐閣）

『相続税・贈与税』（共著・清文社）　　　　　　　　　　　　　　　他

◆著者紹介

山崎　　笑（やまざき・えみ）

弁護士

2004年3月　立命館大学法学部　　　　　中退（飛び級）

2006年3月　立命館大学大学院法務研究科　修了

立命館大学大学院法務研究科客員教授

[主な論文・著書]

「個別対応方式における課税仕入れの用途区分の判断基準について」（立命館法学352号）

『会社合併の理論・実務と書式［第2版］』（共著・民事法研究会）

『事業譲渡の理論・実務と書式［第2版］』（共著・民事法研究会）

『演習ノート　租税法［第3版］』（共著・法学書院）

藤井　宣行（ふじい・のぶゆき）

弁護士・税理士

2001年3月　中央大学法学部法律学科　　　卒業

2007年3月　立命館大学大学院法務研究科　修了

2012年-2013年　中国上海、台湾の法律事務所にて実務研修留学

相続相談 法律・税務の実践対応

2015年8月10日　発行

編著者	山名 隆男
著 者	山崎 笑／藤井 宣行
発行者	小泉 定裕
発行所	株式会社 清文社 東京都千代田区内神田1-6-6（MIFビル） 〒101-0047　電話03(6273)7946　FAX03(3518)0299 大阪市北区天神橋2丁目北2-6（大和南森町ビル） 〒530-0041　電話06(6135)4050　FAX06(6135)4059 URL http://www.skattsei.co.jp/

印刷：奥村印刷㈱

■著作権法により無断複写複製は禁止されています。落丁本・乱丁本はお取り替えします。
■本書の内容に関するお問い合わせは編集部までFAX（03-3518-8864）でお願いします。

ISBN978-4-433-55435-4